21世纪经济管理类应用型本科系列教材

会计学原理实验教程

Experimental Course of Accounting Principles

主编◎杨 敏　　副主编◎吴云端

·广州·

图书在版编目（CIP）数据

会计学原理实验教程/杨敏主编．—广州：华南理工大学出版社，2023.12
ISBN 978-7-5623-7442-8

Ⅰ.①会… Ⅱ.①杨… Ⅲ.①会计学－教材 Ⅳ.①F230

中国国家版本馆 CIP 数据核字（2023）第 185028 号

会计学原理实验教程
杨　敏　主编

出 版 人：	柯　宁
出版发行：	华南理工大学出版社
	（广州五山华南理工大学17号楼，邮编510640）
	http://hg.cb.scut.edu.cn　E-mail：scutc13@scut.edu.cn
	营销部电话：020-87113487　87111048（传真）
策划编辑：	吴兆强
责任编辑：	吴兆强
特聘编辑：	邓荣任
责任校对：	伍佩轩
印 刷 者：	广州小明数码印刷有限公司
开　　本：	787mm×1092mm　1/16　印张：18.5　字数：455千
版　　次：	2023年12月第1版　印次：2023年12月第1次印刷
定　　价：	45.00元

版权所有　盗版必究　印装差错　负责调换

前　言

"会计学原理"是经济管理类专业的必修基础课程，它的理论知识比较抽象，学生对如何将理论知识应用于实际工作难以形成全面直观的认识。因此会计学原理课程的教学必须采用理论与实践相结合的方法，既要注重基本理论知识的教授，更要注重培养学生解决实际问题的能力。会计实践教学在很大程度上是依靠模拟实验教学完成的，通过模拟实验的教学，使经济管理类专业的学生能够掌握会计核算的基本知识和方法，掌握会计凭证的填写要素和审核技巧，熟悉会计建账方法，熟练掌握会计记账、登账、对账等账务处理技能及基本会计报表的编制方法，从而加深对会计学原理理论课程中基本原理和基本知识的理解认识。在培养学生掌握实验的基本操作、基本技能和基本知识的同时，进一步培养学生分析问题和解决问题的能力，培养学生的创新意识、创新精神和创新能力，为学生今后从事科研、教学或企事业单位的会计核算工作打下扎实的基础。

本书是高等院校经济管理类专业会计学原理课程的配套实验教材，为会计实践教学用书。本实验教程以最新的《企业会计准则》和《会计基础工作规范》为依据，基于厦门网中网软件有限公司 EPC 基础会计理实互动实训教学平台，涵盖从原始凭证、记账凭证的填制与审核，账簿的登记到报表的编制等日常会计业务的全部流程，可结合讲课内容或学习进度进行练习，便于复习、巩固各理论章节的学习内容。本书提供了涵盖会计学原理各方面知识以及会计基本书写规范的实验，通过实验，可以全面了解企业的整套账务处理流程，有效巩固所学知识；可以熟悉会计基本书写方法，掌握会计基本书写技能。本书共分6章，每章分别由多项实验组成，每项实验基本按"实验目的""预备知识""实验案例"和"实验步骤"的结构来编写，每章正文后面还设置了"练习题"。通过操作训练，使学生掌握会计基本书写技能和方法，掌握凭证的填制与审核、登记账簿以及编制会计报表等基本技能和方法，从而加强对学生会计实践操作能力的培养，为其后续专业课程的学习以及将来从事会计工作打下坚实的基础。书中所模拟的公司名称、各种公章及个人

姓名皆为虚拟，如有雷同，纯属巧合。

本书具有以下特色：

1. 时效性

教材依据最新企业财务报表格式、最新增值税税率以及新收入准则等最新财税法规来编写，体现了最新财税法规的变化，紧跟会计实务发展，具有较强的时效性。

2. 仿真性

教材使用目前各行业最新的票据、单证和印章等，力求仿真，图文并茂。同时穿插鲜活的会计案例、模拟实际业务，使学生获得真实的业务实操体验，以方便理解，提高学习兴趣。

3. 合理性

在编写的整体设计思路上，注重教、学、训、练、用的结合；在内容的编排上着重培养学生动手能力，从各项基本技能的每个环节入手，教与学结合、学与训一体、练与用衔接，既注重实际工作中常用技能的介绍，又兼有知识技能的拓展，为培养一专多能的应用型人才奠定基础。

4. 实操性

所有实验项目均能让学生真刀实枪地操作，突出培养学生的动手能力，包括掌握会计书写基本功能力、填制和审核会计凭证能力、登记会计账簿和编制会计报表的能力等。无论是对后续课程的学习，还是将来从事会计及与会计相关的工作都非常有用。

5. 针对性

教材编写具有较强的针对性，给学生的上机实验提供了理论指导。与时俱进，采用了"互联网＋教育"的模式，教材章节内容与厦门网中网软件有限公司 EPC 基础会计理实互动实训教学软件相匹配，通过结合配套的教学软件，提升学生的学习效果。

6. 可理解性

本实验教程对所涉及的企业经济业务既提供文字描述，又提供相应的原始凭证，极大地方便了学生理解和分析经济业务，并运用会计基本方法和技术来处理实际经济业务。

本书由肇庆学院教师杨敏担任主编，吴云端担任副主编。具体编写分工如下：第1章、第2章、第3章和第6章由杨敏撰写，并负责全书框架结构的设计和章节目录的编排，写作大纲的拟定，编写的组织工作，内容总撰、修订和最终定稿；第4章、第5章由吴云端撰写。

  本书可作为高等院校财经类专业及其他相关专业基础会计课程，如"会计学原理""基础会计学""会计基础"及"初级会计学"等课程的配套实验教材，也可作为财务人员和经济管理人员的参考用书。本教材既可单独使用，也可配套厦门网中网软件有限公司实训教学软件使用，可实现线上与线下融合。

  本书在编写过程中参考了大量的相关教材和论著，在此向有关作者致以深深的谢意！本书的编写也得到了厦门网中网软件有限公司以及华南理工大学出版社吴兆强的大力支持，在此表示衷心的感谢！

  本书的编写虽先后经过多次讨论研究及修改，但难免存在考虑不周或疏漏之处，敬请广大读者提出宝贵的意见和建议，以便我们日后修订改进。

杨　敏
2023年8月

目 录

第1章 会计基本书写规范 1
1.1 会计小写数字的书写规范 1
1.2 中文大写数字的书写规范 2
1.3 大小写金额的书写规范 3
　练习题 6

第2章 原始凭证的填制与审核 18
　实验2.1 支票的填制 24
　　2.1.1 实验目的 24
　　2.1.2 预备知识 24
　　2.1.3 实验案例 31
　　2.1.4 实验步骤 33
　实验2.2 银行进账单的填制 36
　　2.2.1 实验目的 36
　　2.2.2 预备知识 37
　　2.2.3 实验案例 39
　　2.2.4 实验步骤 41
　实验2.3 收款收据的填制 44
　　2.3.1 实验目的 44
　　2.3.2 预备知识 44
　　2.3.3 实验案例 47
　　2.3.4 实验步骤 49
　实验2.4 现金解款单的填制 51
　　2.4.1 实验目的 51
　　2.4.2 预备知识 51
　　2.4.3 实验案例 54
　　2.4.4 实验步骤 56
　实验2.5 增值税发票的填制 59
　　2.5.1 实验目的 59
　　2.5.2 预备知识 59
　　2.5.3 实验案例 68
　　2.5.4 实验步骤 70

  实验 2.6 原始凭证的审核 ··· 74
   2.6.1 实验目的 ·· 74
   2.6.2 预备知识 ·· 74
   2.6.3 实验案例 ·· 76
   2.6.4 实验步骤 ·· 77
  练习题 ··· 80

第 3 章 记账凭证的填制与审核 ·· 107

  实验 3.1 收款凭证的填制 ··· 113
   3.1.1 实验目的 ·· 113
   3.1.2 预备知识 ·· 113
   3.1.3 实验案例 ·· 114
   3.1.4 实验步骤 ·· 115
  实验 3.2 付款凭证的填制 ··· 118
   3.2.1 实验目的 ·· 118
   3.2.2 预备知识 ·· 118
   3.2.3 实验案例 ·· 119
   3.2.4 实验步骤 ·· 120
  实验 3.3 转账凭证的填制 ··· 123
   3.3.1 实验目的 ·· 123
   3.3.2 预备知识 ·· 123
   3.3.3 实验案例 ·· 125
   3.3.4 实验步骤 ·· 126
  实验 3.4 通用记账凭证的填制 ·· 129
   3.4.1 实验目的 ·· 129
   3.4.2 预备知识 ·· 129
   3.4.3 实验案例 ·· 130
   3.4.4 实验步骤 ·· 132
  实验 3.5 记账凭证的审核 ··· 134
   3.5.1 实验目的 ·· 134
   3.5.2 预备知识 ·· 134
   3.5.3 实验案例 ·· 135
   3.5.4 实验步骤 ·· 136
  练习题 ··· 138

第 4 章 账簿登记与错账更正 ··· 160

  实验 4.1 账簿的启用 ··· 160
   4.1.1 实验目的 ·· 160
   4.1.2 预备知识 ·· 160

	4.1.3 实验案例	161
	4.1.4 实验步骤	163

实验4.2 日记账的登记 ································· 166
   4.2.1 实验目的 ································· 166
   4.2.2 预备知识 ································· 166
   4.2.3 实验案例 ································· 168
   4.2.4 实验步骤 ································· 171

实验4.3 明细分类账的登记 ····························· 173
   4.3.1 实验目的 ································· 173
   4.3.2 预备知识 ································· 173
   4.3.3 实验案例 ································· 176
   4.3.4 实验步骤 ································· 178

实验4.4 总分类账的登记 ······························· 180
   4.4.1 实验目的 ································· 180
   4.4.2 预备知识 ································· 180
   4.4.3 实验案例 ································· 180
   4.4.4 实验步骤 ································· 185

实验4.5 对账 ··· 189
   4.5.1 实验目的 ································· 189
   4.5.2 预备知识 ································· 189
   4.5.3 实验案例 ································· 190
   4.5.4 实验步骤 ································· 194

实验4.6 结账 ··· 194
   4.6.1 实验目的 ································· 194
   4.6.2 预备知识 ································· 194
   4.6.3 实验案例 ································· 195
   4.6.4 实验步骤 ································· 196

实验4.7 错账更正 ····································· 198
   4.7.1 实验目的 ································· 198
   4.7.2 预备知识 ································· 199
   4.7.3 实验案例 ································· 199
   4.7.4 实验步骤 ································· 207

练习题 ··· 211

第5章 会计报表的编制 ································· 229
实验5.1 资产负债表的编制 ····························· 229
   5.1.1 实验目的 ································· 229
   5.1.2 预备知识 ································· 229
   5.1.3 实验案例 ································· 238

  5.1.4 实验步骤 …………………………………………………………………… 240
 实验 5.2 利润表的编制 …………………………………………………………………… 243
  5.2.1 实验目的 …………………………………………………………………… 243
  5.2.2 预备知识 …………………………………………………………………… 243
  5.2.3 实验案例 …………………………………………………………………… 247
  5.2.4 实验步骤 …………………………………………………………………… 249
 练习题 …………………………………………………………………………………… 251

第 6 章　账务处理程序 ……………………………………………………………………… 255
 实验 6.1 记账凭证账务处理程序 ………………………………………………………… 255
  6.1.1 实验目的 …………………………………………………………………… 255
  6.1.2 预备知识 …………………………………………………………………… 255
  6.1.3 实验案例 …………………………………………………………………… 257
  6.1.4 实验步骤 …………………………………………………………………… 262
 实验 6.2 科目汇总表账务处理程序 ……………………………………………………… 265
  6.2.1 实验目的 …………………………………………………………………… 265
  6.2.2 预备知识 …………………………………………………………………… 266
  6.2.3 实验案例 …………………………………………………………………… 268
  6.2.4 实验步骤 …………………………………………………………………… 269
 实验 6.3 汇总记账凭证账务处理程序 …………………………………………………… 272
  6.3.1 实验目的 …………………………………………………………………… 272
  6.3.2 预备知识 …………………………………………………………………… 272
  6.3.3 实验案例 …………………………………………………………………… 275
  6.3.4 实验步骤 …………………………………………………………………… 276
 练习题 …………………………………………………………………………………… 279

参考文献 ……………………………………………………………………………………… 286

第 1 章　会计基本书写规范

数字是会计核算中反映计算成果的记录，数字的书写是财务工作的一项基本功。在会计实务工作中，财务人员书写的数字与日常数字书写有所不同，具有一定的规范性和特殊性。正确、规范的会计书写是从事会计工作的基本要求。

在基本实现了会计信息化的会计实务工作中，尽管需要会计人员书写的账务资料已经很少，但是，在披露会计信息时，仍然需要遵循会计书写的基本规范，只有符合书写规范的会计信息的文字、数字及符号才能为信息使用者所理解。2019 年 3 月 14 日，财政部发布的《会计基础工作规范》修订版，仍然规定了会计书写的基本要求。

会计工作离不开书写，会计书写是会计工作的一项基本技能，书写规范与否直接关系到整个会计工作的质量。会计书写规范包括会计小写数字（阿拉伯数字）、中文大写数字以及大小写金额的书写规范。

1.1　会计小写数字的书写规范

阿拉伯数字既是数学上通用的数字，也是世界各国会计记录通用的数码字或"通用文字"。被称为会计小写数字的阿拉伯数字"1234567890"具有笔画简单、书写方便、易写易认的特点。正确、规范和流利地书写阿拉伯数字，是会计人员应掌握的基本功，加强会计工作中数码字的训练，有助于提高会计人员的业务素质。

1. 用笔要求

书写时一般使用黑色或蓝黑色碳素笔，特殊情况下使用红色笔，不得使用圆珠笔或铅笔。书写时不准涂改、挖补、刮擦或者用修正液消除字迹。

2. 会计小写数字的书写要求

阿拉伯数字，简称小写数字（如 1、2、3、4、5、6、7、8、9、0）。会计工作中，阿拉伯数字的书写有如下具体要求：

（1）大小均匀。书写阿拉伯数字要大小均匀，笔画流畅；每个数字一个一个地写，独立有形，不能连笔书写。特别是在连续写几个"0"时，一定要逐个地写，不能将几个"0"连在一起一笔写完。数字排列要整齐，数字之间的空隙应均匀，不宜过大。

如果是在印有数位线的凭证、账簿、收据、报表上，每一格只能写一个数字，不能几个数字挤在一格内书写，也不能在数字中间留有空格。

（2）保持倾斜。阿拉伯数字书写应有一定的倾斜度。按照书写的习惯，数字和底线一般应倾斜约 60°角（数字的中心线与底线成 60°夹角），字体要自右上方向左下方倾斜，各数字的倾斜度要大体一致。

（3）限高标准。阿拉伯数字书写还有高度标准，一般要求每个数字要紧贴凭证或账表的行格底线书写，字体高度占该行格高度的1/2，这样既美观，又便于改错。

（4）高低一致。数字书写除"6""7""9"外，其他数字应高低一致。"6"的上端应比一般数字高出1/4，下端与其他数字一致；"7"和"9"上端可以比其他数字低约1/4，下端可以向下（过底线）伸出行格约1/4；其他数字均要紧靠行格底线，落笔于底线上。

（5）不易涂改。对于易混淆且笔顺相近的数字，尽可能地按规范字体书写，书写时应区分笔顺，避免混同，以防被涂改，具体要求如下：

①"1"不能写得过短，下端应紧靠分位格的左下角，将格子占满，以防止被改写为"4""6""7""9"。

②"2"的底部要上绕，以防止被改写为"3"。

③"4"的顶部不能封口，写"∠"时应上抵中线，下至下半格的1/4处。

④"6"的下圆要明显，以防止被改写为"8"。

⑤有圆的数字，如"6""8""9""0"等都必须把圆圈笔画写顺，并且数字中的圆必须封口，以防混淆，防止他人涂改。

（6）笔画正确。书写一组数字时，应按照从左至右，笔画自上而下的顺序书写。字形要一致，字体大小和字距要均匀，同行的相邻数字之间应空出半个阿拉伯数字的位置。

（7）数位对齐。自上而下按纵行累加的数字，同数位对齐，例如个位对个位、十位对十位、百位对百位书写。

3. 会计小写数字的标准字体

会计小写数字的标准字体如图1–1所示。

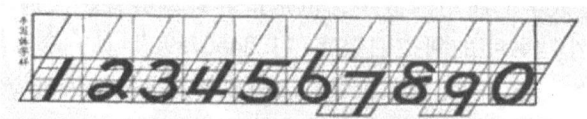

图1–1 会计小写数字的标准字体

1.2 中文大写数字的书写规范

财会人员几乎每天都离不开书写，不仅要使用会计小写数字，而且要使用中文大写数字书写。可见，中文大写数字的书写练习，也是会计训练的基本功之一。中文大写数字笔画多，不易涂改，主要用于销货发票、银行结算凭证（如支票、汇票等）等重要票据。如果写错，要标明凭证作废，需要重新填制。

1. 中文大写数字的书写要求

（1）中文大写数字的写法：壹、贰、叁、肆、伍、陆、柒、捌、玖、拾、佰、仟、万、亿、元、角、分、零、整（正）等。

（2）中文大写数字一律用正楷或行书字体书写，不允许使用未经国务院公布的简化字或谐音字。如不能用〇、一、二、三、四、五、六、七、八、九、十等文字代替中文大写数字；不能用"毛"代替"角"，"另"代替"零"，"两"或"弍"代替"贰"等。

（3）中文大写数字必须是完整的文字书写，不能用中文小写数字代替，更不能与中文小写数字混合使用。

（4）如果中文大写数字写错或漏记，不能涂改，也不能用"划线更正法"，必须重新填写。所以在填写大写数字的时候一定要慎重，避免因重填而增加工作量。

2. 中文大写数字参考字体

中文大写数字书写，字体要各自成形，大小匀称，排列整齐，字迹要工整、清晰。

中文大写数字参考字体如表1-1所示。

表1-1 中文大写数字参考字体

楷	壹	贰	叁	肆	伍	陆	柒	捌	玖	零	拾	佰	仟	万	亿	整	正
行	壹	贰	叁	肆	伍	陆	柒	捌	玖	零	拾	佰	仟	万	亿	整	正

3. 中文大写日期的书写要求

（1）银行结算票据（包括支票、汇票和本票）的出票日期必须使用中文大写。

（2）按阿拉伯数字表示的年份对应的大写中文书写年份，例如2022年，应写为贰零贰贰年。为防止变造票据的出票日期，在填写月、日时，月为壹、贰和壹拾的，日为壹至玖和壹拾、贰拾和叁拾的，必须在其前加"零"；叁月至玖月前"零"字可写可不写（实务工作中，为了方便记忆，养成正确的书写习惯，可在壹至玖月的中文日期书写前都加上"零"）；月为拾壹、拾贰的，日为拾壹至拾玖的，必须在其前加"壹"。又如10月13日，应写为零壹拾月壹拾叁日；再如11月30日，应写为壹拾壹月零叁拾日。

（3）票据出票日期使用小写数字填写的，银行不予受理。大写日期必须符合规范，未按照要求规范填写的，银行可予受理，但由此造成的损失，由出票人自行承担。

（4）票据和结算凭证上金额、出票或者签发日期、收款人名称不得更改，更改的票据无效，更改的结算凭证，银行不予受理。票据和结算凭证金额以中文大写和阿拉伯数字同记载的，两者必须一致，否则票据无效，结算凭证银行不予受理。

（5）票据和结算凭证上一旦写错或漏写了数字，必须重新填写单据，不能在原单据上改数字，以保证所提供数字真实、准确、及时、完整。

1.3 大小写金额的书写规范

各种银行结算凭证，包括支票、汇票、本票、托收凭证、汇兑凭证等，以及对外开出的原始凭证，如销货发票、收款收据、借款单等，都必须同时填有大小写金额。两者同时填列可以印证金额数字的真伪，保证金额数字的真实性。

用阿拉伯数字表示的金额数字简称"小写金额"，通常用于各种原始凭证、记账凭证、账簿和报表；用中文大写数字表示的金额数字简称"大写金额"，主要用于银行结算凭证、收据、发票等重要的原始凭证。大小写金额的书写要符合规范。

1. 小写金额的书写要求

（1）没有数位分割线的凭证、账、表上的标准写法

① 阿拉伯数字金额前应当书写货币币种符号或货币名称简写，如人民币符号"￥"、

港币符号"HK＄"、美元符号"US＄"等,且币种符号与阿拉伯数字金额之间不得留有空白。凡在阿拉伯数字金额前面写有币种符号的,数字后面不再写货币单位。如人民币符号"￥",它是汉语拼音文字"元"(yuan)第一个字母缩写变形,既代表人民币的币种,又表示人民币"元"的单位,所以小写金额前填写人民币符号"￥"以后,数字后面可不写货币单位"元"字。

② 所有以元为单位的阿拉伯数字金额,除表示单价等情况外,一律在元位小数点后写到角、分。无角、分的,角、分位可写"00"或用符号"—"表示;有角无分的,分位应写"0",不能用符号"—"表示。

③ 小写金额数字书写可采用"三位分节制"记数法。"三位分节制"记数法是国际上通用的一种记数方法,即对整数位在四位或四位以上的数,从个位起,向左每三位数字作为一节,用分节点","或通过四分之一空格分开,最前面不足三位的可单独成一个分节。例如￥3,636,388.95 或者￥3 636 388.95。

(2) 有数位分割线的凭证、账、表上的标准写法

① 数字按对应固定的位数填写,不得错位。

② 只有分位金额的,在元位和角位上均不得写"0"字。

③ 只有角位或角位和分位金额的,在元位上不得写"0"字。

④ 分位是"0"的,在分位上写"0";角分位都是"0"的,在角分位上各写一个"0"字。金额要采用"0"占位到"分"为止,不能采用划线等方法代替。

2. 大写金额的书写要求

(1) 大写金额前加"人民币"字样

中文大写金额前应加"人民币"字样。有固定格式的重要凭证,大写金额栏一般都印有"人民币"字样,书写时,首位金额数字应紧接"人民币"(货币名称)三字书写,货币名称与金额数字之间不得留有空白;大写金额前未印有货币名称的,应在大写金额数字前加填货币名称(如"人民币"字样)。

(2) 正确填写"整"字

大写金额数字到元或角位为止的,即分位没有金额的(无角无分或有角无分),在"元"或"角"之后应写"整"或"正"字结尾;大写金额数字有分的,即分位有金额的,"分"字后面不写"整"或"正"字。例如￥68.35,可写为:人民币陆拾捌元叁角伍分。因其分位有金额,在"分"后不必写"整"字。又如￥68.30,可写为:人民币陆拾捌元叁角整。再如￥1 300.00,可写为:人民币壹仟叁佰元整。因其分位没有金额,应在大写金额后加上"整"字结尾。

(3) 不同数位"零"的写法

① 分位是"0"可不写"零分"字样。例如￥6.80 应写为:人民币陆元捌角整。

② 阿拉伯数字金额中间有"0"时,大写金额要写"零"字。例如￥106.50,大写金额应写成:人民币壹佰零陆元伍角整。阿拉伯数字金额中间连续有几个"0"时,大写金额中可以只写一个"零"字,如￥3 009.55,大写金额应写成:人民币叁仟零玖元伍角伍分。

③ 阿拉伯数字金额元位为"0",或数字中间连续有几个"0",元位也是"0",但角位不是"0"时,大写金额可以只写一个"零"字,也可以不写"零"字。例如

¥590.50，中文大写金额应写为：人民币伍佰玖拾元零伍角整，或者写为：人民币伍佰玖拾元伍角整。又如¥28 000.74，中文大写金额应写为：人民币贰万捌仟元零柒角肆分，或者写为：人民币贰万捌仟元柒角肆分。

④ 阿拉伯数字金额角位是"0"，而分位不是"0"时，中文大写金额"元"后面应写"零"字。例如¥3 608.08，中文大写金额应写为：人民币叁仟陆佰零捌元零捌分。

（4）数位前必须有数量字

大写金额的数位（如"拾""佰""仟""万"等）前必须要有数量字（如"壹""贰""叁"……"玖"等），不可省略。特别是数位前的"壹"字，当阿拉伯数字金额最高位是"1"时，中文大写金额前应加写"壹"字。因为"拾"字代表位数，而不是数字。例如¥19.60，应写为：人民币壹拾玖元陆角整。由于人们习惯把"壹拾几""壹拾几万"说成"拾几""拾几万"，因此在书写大写金额数字时很容易将"壹"字漏掉。

（5）大写金额前的空位画"⊗"注销

在印有大写金额万、仟、佰、拾、元、角、分位置的凭证上书写大写金额时，金额前面如有空位，可画符号"⊗"注销。阿拉伯数字金额中间有几个"0"（含分位），中文大写金额就写几个"零"字。例如¥800.60，中文大写金额应写成：人民币⊗万⊗仟捌佰零拾零元陆角零分。

3. 大小写金额转换书写的常见错误

（1）小写金额为¥7 800

正确写法：人民币柒仟捌佰元整

错误写法：人民币：柒仟捌佰元整

错误原因："人民币"后面多一个冒号。

（2）小写金额为¥2 350.55

正确写法：人民币贰仟叁佰伍拾元零伍角伍分

错误写法：人民币贰仟叁佰伍拾元零伍角伍分整

错误原因：最后多写一个"整"字。

（3）小写金额为¥106 000.00

正确写法：人民币壹拾万零陆仟元整

错误写法：人民币拾万陆仟元整

错误原因：漏记"壹"和"零"字。

（4）小写金额¥80 036 000.00

正确写法：人民币捌仟零叁万陆仟元整

错误写法：人民币捌仟万零叁万陆仟元整

错误原因：多写一个"万"字。

（5）小写金额¥45 000.95

正确写法：人民币肆万伍仟元零玖角伍分

错误写法：人民币肆万伍仟零玖角伍分

错误原因：漏写一个"元"字。

（6）小写金额¥130 005.00

正确写法：人民币壹拾叁万零伍元整

错误写法：人民币壹拾叁万元另伍元整

错误原因：将"零"写成"另"，多写一个"元"字。

（7）小写金额￥540.50

正确写法：人民币伍佰肆拾元伍角整

错误写法：人民币伍佰肆拾伍角整

错误原因：少写了一个"元"字。

（8）小写金额￥95.00

正确写法：人民币玖拾伍元整

错误写法：人民币 玖拾伍元整

错误原因："人民币"与大写金额之间留有空白。

练习题

1. 练习目的：按会计小写数字的标准写法及要求进行书写练习，掌握会计小写数字书写的基本技巧，做到书写规范、清晰、美观。

练习要求：请将0～9这10个阿拉伯数字反复书写30遍，共书写10次（见表1-2～表1-11），且须符合标准。财会专业的学生要求达到三级标准，非财会专业的学生要求达到四级标准。

考核标准：一级标准：2.5分钟内完成；二级标准：3分钟内完成；三级标准：3.5分钟内完成；四级标准：4分钟内完成。

表1-2　会计小写数字书写练习表1

日期：　　　　　　　　　　　　　　　　　　　　　　　完成时间：　　　分钟

千	百	十	万	千	百	十	元	角	分	千	百	十	万	千	百	十	元	角	分	千	百	十	万	千	百	十	元	角	分

表1-3　会计小写数字书写练习表2

日期：　　　　　　　　　　　　　　　　　　　　　　　　完成时间：　　　分钟

千	百	十	万	千	百	十	元	角	分	千	百	十	万	千	百	十	元	角	分	千	百	十	万	千	百	十	元	角	分

表1-4　会计小写数字书写练习表3

日期：　　　　　　　　　　　　　　　　　　　　　　　　完成时间：　　　分钟

千	百	十	万	千	百	十	元	角	分	千	百	十	万	千	百	十	元	角	分	千	百	十	万	千	百	十	元	角	分

表 1-5 会计小写数字书写练习表 4

日期：　　　　　　　　　　　　　　　　　　　　　　　　完成时间：　　分钟

千	百	十	万	千	百	十	元	角	分	千	百	十	万	千	百	十	元	角	分	千	百	十	万	千	百	十	元	角	分

表 1-6 会计小写数字书写练习表 5

日期：　　　　　　　　　　　　　　　　　　　　　　　　完成时间：　　分钟

千	百	十	万	千	百	十	元	角	分	千	百	十	万	千	百	十	元	角	分	千	百	十	万	千	百	十	元	角	分

表 1-7　会计小写数字书写练习表 6

日期：　　　　　　　　　　　　　　　　　　　　　　　完成时间：　　　分钟

千	百	十	万	千	百	十	元	角	分	千	百	十	万	千	百	十	元	角	分	千	百	十	万	千	百	十	元	角	分

表 1-8　会计小写数字书写练习表 7

日期：　　　　　　　　　　　　　　　　　　　　　　　完成时间：　　　分钟

千	百	十	万	千	百	十	元	角	分	千	百	十	万	千	百	十	元	角	分	千	百	十	万	千	百	十	元	角	分

表1-9　会计小写数字书写练习表8

日期：　　　　　　　　　　　　　　　　　　　　　　　完成时间：　　分钟

千	百	十	万	千	百	十	元	角	分	千	百	十	万	千	百	十	元	角	分	千	百	十	万	千	百	十	元	角	分

表1-10　会计小写数字书写练习表9

日期：　　　　　　　　　　　　　　　　　　　　　　　完成时间：　　分钟

千	百	十	万	千	百	十	元	角	分	千	百	十	万	千	百	十	元	角	分	千	百	十	万	千	百	十	元	角	分

表 1-11 会计小写数字书写练习表 10

日期：　　　　　　　　　　　　　　　　　完成时间：　　　分钟

千	百	十	万	千	百	十	元	角	分	千	百	十	万	千	百	十	元	角	分	千	百	十	万	千	百	十	元	角	分

2. 练习目的：按照会计中文大写数字书写标准及要求进行书写训练，掌握会计中文大写数字和数位专用中文的标准写法及书写技巧，做到书写规范、流畅。

练习要求：请规范书写中文大写数字：壹、贰、叁、肆、伍、陆、柒、捌、玖、零、拾、佰、仟、万、亿、整（正），反复书写 10 遍，共书写 10 次（见表 1-12 ～ 表 1-21），且须符合标准。财会专业的学生要求达到三级标准，非财会专业的学生要求达到四级标准。

考核标准：一级标准：2.5 分钟内完成；二级标准：3 分钟内完成；三级标准：3.5 分钟内完成；四级标准：4 分钟内完成。

表 1-12 中文大写数字书写练习表 1

日期：　　　　　　　　　　　　　　　　　完成时间：　　　分钟

壹	贰	叁	肆	伍	陆	柒	捌	玖	零	拾	佰	仟	万	亿	整	正

续表

壹	贰	叁	肆	伍	陆	柒	捌	玖	零	拾	佰	仟	万	亿	整	正

表1–13　中文大写数字书写练习表2

日期：　　　　　　　　　　　　　　　　　　　　　　　　完成时间：　　分钟

壹	贰	叁	肆	伍	陆	柒	捌	玖	零	拾	佰	仟	万	亿	整	正

表1–14　中文大写数字书写练习表3

日期：　　　　　　　　　　　　　　　　　　　　　　　　完成时间：　　分钟

壹	贰	叁	肆	伍	陆	柒	捌	玖	零	拾	佰	仟	万	亿	整	正

表 1-15　中文大写数字书写练习表 4

日期：　　　　　　　　　　　　　　　　　　　　　完成时间：　　分钟

壹	贰	叁	肆	伍	陆	柒	捌	玖	零	拾	佰	仟	万	亿	整	正

表 1-16　中文大写数字书写练习表 5

日期：　　　　　　　　　　　　　　　　　　　　　完成时间：　　分钟

壹	贰	叁	肆	伍	陆	柒	捌	玖	零	拾	佰	仟	万	亿	整	正

表 1-17　中文大写数字书写练习表 6

日期：　　　　　　　　　　　　　　　　　　　　　完成时间：　　分钟

壹	贰	叁	肆	伍	陆	柒	捌	玖	零	拾	佰	仟	万	亿	整	正

续表

壹	贰	叁	肆	伍	陆	柒	捌	玖	零	拾	佰	仟	万	亿	整	正

表1-18 中文大写数字书写练习表7

日期： 完成时间： 分钟

壹	贰	叁	肆	伍	陆	柒	捌	玖	零	拾	佰	仟	万	亿	整	正

表1-19 中文大写数字书写练习表8

日期： 完成时间： 分钟

壹	贰	叁	肆	伍	陆	柒	捌	玖	零	拾	佰	仟	万	亿	整	正

续表

壹	贰	叁	肆	伍	陆	柒	捌	玖	零	拾	佰	仟	万	亿	整	正

表 1-20 中文大写数字书写练习表 9

日期：　　　　　　　　　　　　　　　　　　　　　　完成时间：　　分钟

壹	贰	叁	肆	伍	陆	柒	捌	玖	零	拾	佰	仟	万	亿	整	正

表 1-21 中文大写数字书写练习表 10

日期：　　　　　　　　　　　　　　　　　　　　　　完成时间：　　分钟

壹	贰	叁	肆	伍	陆	柒	捌	玖	零	拾	佰	仟	万	亿	整	正

3. 练习目的：按照会计大小写金额的书写标准及要求进行书写练习，掌握大小写金

额的标准写法及大小写金额转换的书写技巧,做到书写规范、流畅。

练习要求:请将表 1-22 中小写金额数字写成大写金额数字,将大写金额数字写成小写金额数字。

表 1-22　会计大小写金额书写表

小写金额	大写金额
¥8.60	
¥12.09	
¥736.50	
¥3 800.00	
¥16 390.08	
¥147 900.00	
¥240.07	人民币:　佰　拾　万　仟　佰　拾　元　角　分
¥1 050.80	人民币:　佰　拾　万　仟　佰　拾　元　角　分
¥58 003.02	人民币:　佰　拾　万　仟　佰　拾　元　角　分
¥16 000.40	人民币:　佰　拾　万　仟　佰　拾　元　角　分
¥38 000.00	人民币:　佰　拾　万　仟　佰　拾　元　角　分
¥250 709.53	人民币:　佰　拾　万　仟　佰　拾　元　角　分
¥60.50	人民币:　佰　拾　万　仟　佰　拾　元　角　分
	人民币伍拾元零柒分
	人民币叁万零捌拾元整
	人民币肆拾陆万零贰元伍角整
	人民币玖角伍分
	人民币陆佰伍拾叁元柒角捌分
	人民币玖仟伍佰贰拾元整

4. 练习中文大写日期的书写。要求:根据实训资料,练习票据出票日期的写法,做到正确、规范书写。

(1) 2022 年 1 月 3 日　　　大写:＿＿＿＿＿＿＿＿＿＿＿＿＿＿＿

(2) 2022 年 1 月 12 日　　　大写:＿＿＿＿＿＿＿＿＿＿＿＿＿＿＿

(3) 2022 年 3 月 3 日　　　大写:＿＿＿＿＿＿＿＿＿＿＿＿＿＿＿

(4) 2022 年 5 月 20 日　　　大写:＿＿＿＿＿＿＿＿＿＿＿＿＿＿＿

(5) 2022 年 10 月 16 日　　大写:＿＿＿＿＿＿＿＿＿＿＿＿＿＿＿

(6) 2022 年 2 月 5 日　　　大写:＿＿＿＿＿＿＿＿＿＿＿＿＿＿＿

(7) 2022 年 4 月 10 日　　　大写:＿＿＿＿＿＿＿＿＿＿＿＿＿＿＿

（8）2022 年 6 月 15 日　　　大写：＿＿＿＿＿＿＿＿＿＿＿＿＿＿＿＿＿＿＿＿＿

（9）2022 年 8 月 9 日　　　　大写：＿＿＿＿＿＿＿＿＿＿＿＿＿＿＿＿＿＿＿＿＿

（10）2022 年 11 月 30 日　　 大写：＿＿＿＿＿＿＿＿＿＿＿＿＿＿＿＿＿＿＿＿＿

（11）2022 年 10 月 25 日　　 大写：＿＿＿＿＿＿＿＿＿＿＿＿＿＿＿＿＿＿＿＿＿

（12）2022 年 9 月 8 日　　　 大写：＿＿＿＿＿＿＿＿＿＿＿＿＿＿＿＿＿＿＿＿＿

（13）2022 年 12 月 2 日　　　大写：＿＿＿＿＿＿＿＿＿＿＿＿＿＿＿＿＿＿＿＿＿

（14）2022 年 10 月 11 日　　 大写：＿＿＿＿＿＿＿＿＿＿＿＿＿＿＿＿＿＿＿＿＿

（15）2022 年 12 月 9 日　　　大写：＿＿＿＿＿＿＿＿＿＿＿＿＿＿＿＿＿＿＿＿＿

第 2 章 原始凭证的填制与审核

会计凭证是记录经济业务发生或者完成情况的书面证明，也是登记账簿的依据，它包括纸质会计凭证和电子会计凭证两种形式。每个企业都必须按一定的程序填制和审核会计凭证，根据审核无误的会计凭证进行账簿登记，如实反映企业的经济业务。取得和填制会计凭证是会计核算的专门方法之一，是整个会计核算工作的起点和基础。通过填制或取得会计凭证，可以明确经济责任。

会计凭证按照填制程序和用途的不同，可以分为原始凭证和记账凭证两类。证明经济业务发生和完成情况的书面证明，会计上称为原始凭证；审核原始凭证是否合理、合法、合规，并用会计的语言记录原始凭证所描述的经济业务，则为编制记账凭证。原始凭证和记账凭证统称为会计凭证。

1. 原始凭证的概念

原始凭证又称单据，是在经济业务发生或完成时取得或填制的，用于记录或证明经济业务的发生或完成情况的原始凭据。原始凭证的作用主要是记载经济业务的发生过程和具体内容，是填制记账凭证、进行会计核算的原始资料和重要依据。一般由经办人员填制。常用的原始凭证有收款收据、现金支票、银行进账单、增值税专用发票、增值税普通发票、差旅费报销单、入库单、领料单等。

2. 原始凭证的分类

原始凭证可以按照取得来源、格式、填制的手续和内容分类。

（1）按取得的来源分类

原始凭证按其取得的来源不同，可以分为自制原始凭证和外来原始凭证两类。

① 自制原始凭证。自制原始凭证是指由本单位内部经办业务的部门和人员在完成交易或事项时自行填制的原始凭证，如收料单、领料单、入库单、工资发放明细表、借款单、付款申请书和制造费用分配表等。入库单和付款申请书的格式如图 2-1 和图 2-2 所示。

入　库　单

2022 年 09 月 10 日　　　　　　　　　　　　　　单号 002018

交来单位及部门	肇庆星湖机械有限公司		验收仓库	第二仓库		入库日期	2022.09.10		存根联
编号	名称及规格		单位	数量		实际价格			
				交库	实收	单价	金额		
GB-5	钢板（5mm）		吨	80	80				
合计				80	80				
部门经理：林峰		会计：郑明明			经办人：陈坤			制单人：陈露	

图 2-1　入库单

付款申请书

2022 年 11 月 06 日

用途及情况	金 额										收款单位(人)：天津捷安通物流有限公司
支付货款	亿	千	百	十	万	千	百	十	元	角	分	账　号：6229094435220356680
					￥	7	5	0	0	0	0	开户行：中国工商银行天津塘沽支行
金额（大写）合计	人民币 柒仟伍佰元整											结算方式：转账
总 经 理　王瑛瑛	财务部门				经 理　郑盈							业务部门	经　理　张安安
					会 计　张亮								经 办 人　李纯

图 2-2　付款申请书

② 外来原始凭证。外来原始凭证是指在经济业务发生或完成时，从其他单位或个人直接取得的原始凭证。如购买材料时取得的增值税专用发票，购物时由销售方开具的普通发票，付款时取得的收据，职工出差报销的火车票，飞机票和住宿费发票等。航空运输电子客票行程单（飞机票）的格式如图 2-3 所示。

图 2-3　航空运输电子客票行程单

（2）按照格式分类

原始凭证按照格式的不同，可分为通用凭证和专用凭证。

① 通用凭证。通用凭证是指由有关部门统一印制、在一定范围内使用的具有统一格式和使用方法的原始凭证。通用凭证使用范围较广，可以是某一地区、某一行业使用，也可以是全国通用。如某省（市）通用的增值税专用发票、收款收据等，全国通用的由人民银行印制的银行转账结算凭证等。北京市通用的增值税专用发票的格式如图 2-4 所示。

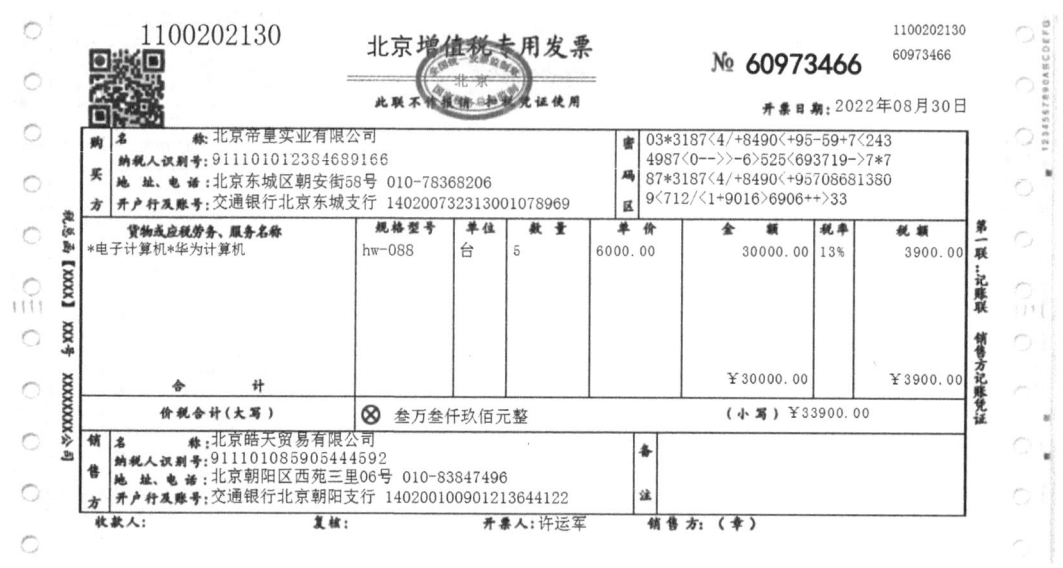

图 2-4 增值税专用发票

② 专用凭证。专用凭证是指由单位自行印制的原始凭证。如收料单、领料单、差旅费报销单、固定资产折旧计算表、工资费用分配表等。收料单如图 2-5 所示。

收 料 单

供应单位：广东国兴贸易有限公司												
材料类别：原材料					2022 年 06 月 18 日					编号：020		
										收料仓库：第一仓库		
材料编号	材料名称	规格	计量单位	数 量		实际价格				计划价格		
				应收	实收	单价	材料金额	运杂费	合计	单价	金额	
01	聚氨酯防水涂料	CS-0036	桶	300	300							
备注：												
部门经理：王浩			质量检验员：张强			仓库：方锐			经办人：李艳			

图 2-5 收料单

(3) 按填制的手续和内容分类

原始凭证按其填制的手续和内容不同，可以分为一次凭证、累计凭证和汇总凭证。

① 一次凭证。一次凭证是指填制手续一次完成的原始凭证。如增值税专用发票、各种银行结算凭证、收款收据、领料单、工资结算表、制造费用分配表等。该凭证应在经济业务发生或完成时，由相关业务人员一次填写完成。它是一次有效的凭证，已填列的凭证不能重复使用。所有外来原始凭证以及大部分自制原始凭证都属于一次凭证。银行承兑汇票的格式如图 2-6 所示。

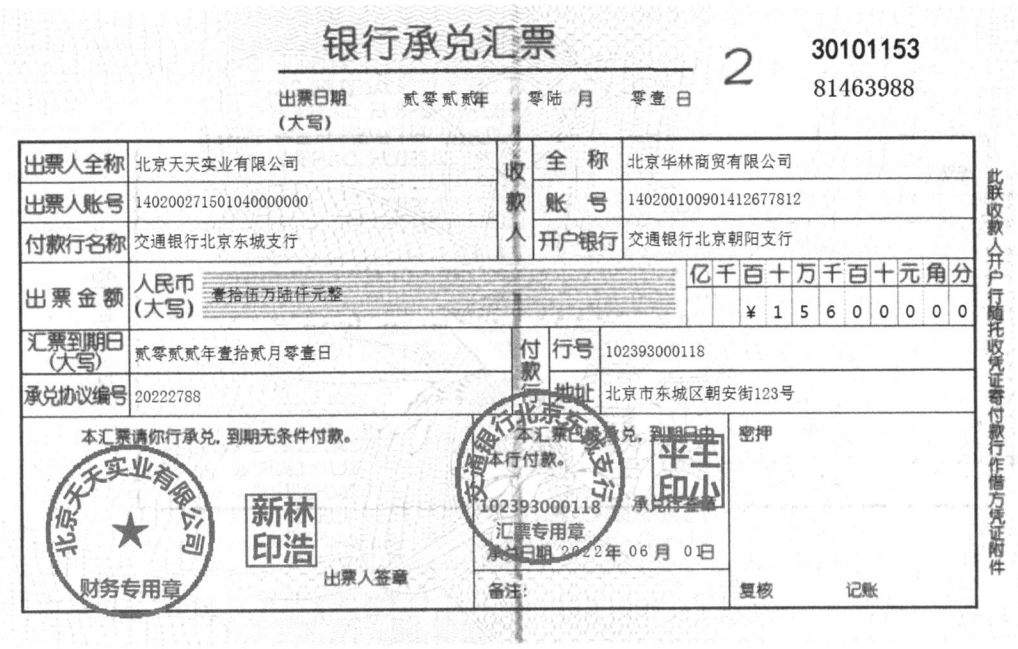

图 2-6 银行承兑汇票

② 累计凭证。累计凭证是指在一张凭证上连续多次记录在一定时期内不断重复发生的同类经济业务的原始凭证。累计凭证通常需要多次填制才能完成，它一般为自制原始凭证。典型的累计凭证是限额领料单，其格式如图 2-7 所示。

限额领料单

领料部门：第一生产车间					凭证编号：00000812				
用途：生产精品纸张			2022 年 09 月一日		发料仓库：第二仓库				
材料类别	材料编号	材料名称及规格	计量单位	领用限额	实际领用	单价		金额	备注
原材料	C01	纤维纸浆（A级）	吨	100	80				
供应部门负责人：刘丽娟				生产计划部门负责人：					
日期	数量		领料人签章	发料人签章	扣除代用数量	退料			限额结余
	请领	实发				数量	收料人	发料人	
20220901	50	50	王馨	李静					50
20220925	30	30	王馨	李静					20

图 2-7 限额领料单

③ 汇总凭证。汇总凭证也称原始凭证汇总表，是指将一定时期内反映经济业务内容相同的若干张原始凭证，按照一定标准综合填制的原始凭证，期末按其汇总数作为填制记账凭证的依据。如发出材料汇总表、差旅费报销单等。该凭证只能将类型相同的经济业务进行汇总，不能汇总两类或两类以上的经济业务。汇总凭证合并了同类经济业务，简化了凭证编制和记账工作。差旅费报销单的格式如图 2-8 所示。

图2-8 差旅费报销单

3. 原始凭证的基本内容

在会计实务中，由于经济业务的具体内容不同，记录经济业务的原始凭证的名称、格式和内容也各不相同。但无论何种原始凭证，作为反映经济业务的原始依据，都必须如实、客观地记录和反映经济业务的发生、完成情况，明确经办单位、部门及人员的经济责任。这些共同要求决定了每种原始凭证都必须具备以下基本内容，即原始凭证的基本内容（也称为原始凭证要素）。以增值税专用发票为例，原始凭证的基本内容如图2-9所示。

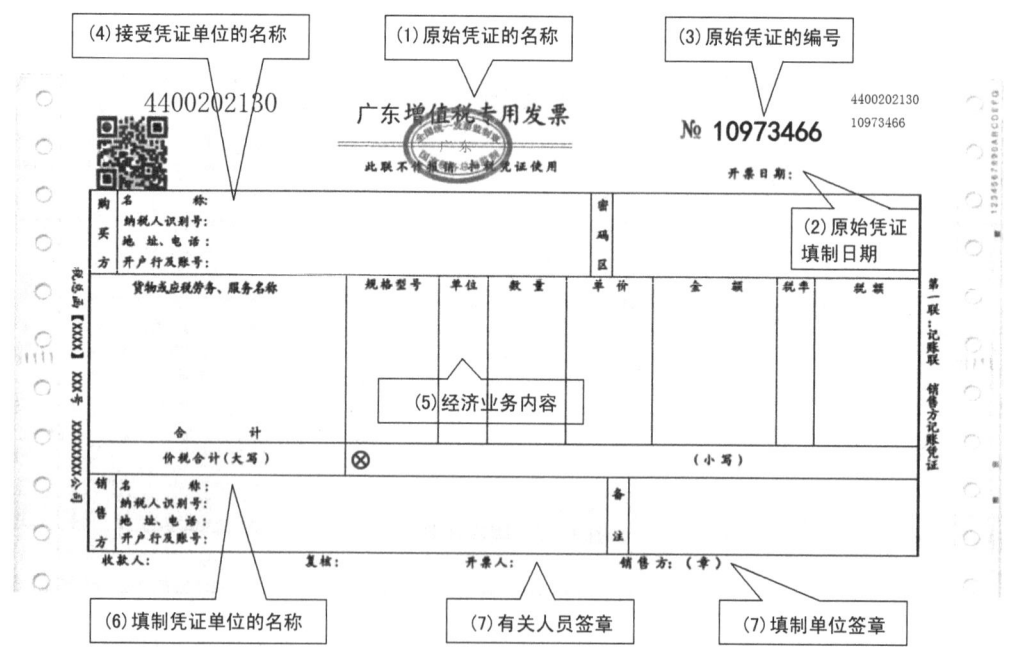

图2-9 原始凭证的基本内容

（1）原始凭证的名称。

原始凭证都应标明为何种凭证，如收料单、借款单、收据、增值税专用发票等。原始凭证的名称表明了原始凭证的种类和用途，如领料单是反映出库材料的原始凭证。

（2）原始凭证填制日期。

一般是业务发生或完成的日期。如果在业务发生或完成时未能及时填制原始凭证的，应以实际填制日期为准。

（3）原始凭证的编号。

（4）接受凭证单位的名称（抬头）。

原始凭证必须写明接受单位，接受原始凭证的单位是与填制原始凭证单位有凭证记载的经济业务往来的单位。

（5）经济业务内容（包含计量单位、数量、单价和金额等）。

这是原始凭证的核心内容。

（6）填制凭证单位的名称（或填制人姓名）。

（7）填制单位及有关人员（部门负责人、经办人员）签章。

为明确经济责任，原始凭证要由凭证的编制单位加盖公章，并由经办人员签名或盖章。

（8）原始凭证的附件。

如与业务有关的经济合同、费用预算等。

4. 原始凭证的填制要求

原始凭证是编制记账凭证的依据，是具有法律效力的书面证明。为保证原始凭证能准确、及时地反映经济业务的真实情况，保证会计核算工作的质量，填制原始凭证时必须严格遵守以下要求：

（1）记录真实。

原始凭证上记载的经济业务，必须与实际情况相符。如实记录经济业务的真实情况，决不允许有任何歪曲或弄虚作假的情况。每张凭证上填制的日期、业务内容、数量、单价、金额等应当真实可靠，这样才能保证会计信息的客观性。

（2）内容完整。

要求原始凭证填列的项目必须严格按规定的形式或内容逐项填列齐全，不得省略或遗漏。有关经办业务人员的签章必须齐全。有些原始凭证需要填写一式多联，则联次不能短缺。内容不完整的原始凭证不能作为经济业务的合法证明，也就不是有效的会计凭证。

（3）手续完备。

填制原始凭证时，需要办理的各种手续必须完整，不得缺项，而且填制手续必须符合内部牵制原则的要求。

从外单位取得的原始凭证，必须盖有填制单位的公章（或财务专用公章）；从个人取得的原始凭证，必须有填制人的签名或盖章。自制原始凭证，必须有部门负责人和经办人员的签名或盖章；对外开出的原始凭证，必须加盖本单位公章（或财务专用公章）。

购买实物的原始凭证，必须有验收证明。支付款项的原始凭证，必须有收款单位和收款人的收款证明。

一式几联的原始凭证，应当注明各联的用途，只能以一联作为报销凭证。一式几联的发票和收据，必须用双面复写纸套写，并连续编号。作废时应加盖"作废"戳记，连同存根一起保存，不得撕毁。

发生销货退回的，除填制退货发票外，还必须有退货验收证明；退款时，必须取得对方的收款收据或汇款银行的汇款凭证，不得以退货发票代替收据。

职工的各种借款收据必须附在记账凭证后面。收回借款时，应另开收据或退还借据副本，不得退还原借款收据。

经上级有关部门批准的经济业务，应当将批准文件作为原始凭证附件。如果批准文件需要单独归档的，应当在凭证上注明批准机关名称、日期和文件字号。

（4）书写规范。

凭证上的文字，用正楷字或行书书写，字迹要工整、清晰，易于辨认，不得使用未经国务院颁布的简化字。

一联几式的凭证，必须用双面复写纸套写，单页凭证必须用钢笔填写。

凡填有大写和小写金额的原始凭证，大写金额与小写金额必须相符且填写规范。填写大写金额时，大写金额前应加注币值单位，注明"人民币""港币""美元"等字样，且与大写金额数字之间不得留空；金额大写一律用正楷字或行书书写，如壹、贰、叁、肆、伍、陆、柒、捌、玖、拾、佰、仟、万、亿、元（圆）、角、分、零、整（正）。大写金额最后为"元"或"角"的应加写"整"或"正"字断尾。小写阿拉伯数字要单个书写，不得连笔；合计金额前要加写货币符号，如人民币用"￥"表示，港币用"HK＄"表示，美元用"US＄"表示等，且币种符号与阿拉伯数字金额之间不得留空。所有以元为单位的阿拉伯数字金额，除表示单价等情况外，一律写到角、分。无角、分的要用"00"或符号"—"表示；有角无分的，分位写"0"，不能用符号"—"表示。

原始凭证如果填写错误，应按规定的方法进行更正，不得随意涂改或刮挖擦补，并由更正人员在更正处盖章，以示负责。但对重要的原始凭证，如支票等提交银行的各种结算凭证，如有填错，则必须将其作废重填，并加盖"作废"印章，按原编号顺序连同存根联一起保存，不得随意撕毁。

（5）填制及时

所有经办业务的有关部门和人员，在经济业务实际发生或完成时，必须及时将原始凭证送交会计部门。会计人员都要立即填制原始凭证，做到不积压、不拖延。

实验 2.1　支票的填制

2.1.1　实验目的

通过实验，了解支票的定义及类别，熟悉支票的使用要求及填写内容，掌握现金支票和转账支票的填制方法。

2.1.2　预备知识

1. 支票的定义

支票是出票人签发的，委托办理支票存款业务的银行或其他金融机构在见票时无条件支付确定金额给收款人或持票人的票据。支票结算是同城结算方式中应用比较广泛的一种结算方式,单位和个人在同一票据交换区域的各种款项的结算,均可使用支票。

2. 支票的类别

支票由银行统一印制,由单位的出纳人员负责填写,按编号顺序使用。支票按照支付票款的方式不同,可分为现金支票、转账支票和普通支票三种类型,在支票正面上方有明确标注。支票上印有"现金"字样的为现金支票,现金支票只能用于支取现金。支票上印有"转账"字样的为转账支票,转账支票只能用于转账。支票上未印有"现金"或"转账"字样的为普通支票,普通支票可以用于支取现金,也可以用于转账。在普通支票左上角画有两条平行线的,为划线支票,划线支票只能用于转账,不能用于支取现金。签发支票应当按照规定逐项填写,并加盖留在银行的印鉴。下面主要介绍现金支票和转账支票。

(1)现金支票

现金支票是存款人用于向银行提取或支付给收款人现金的一种支票,是专门制作的用于支取现金的一种票据。现金支票可以由存款人签发用于到银行为本单位提取现金,也可以签发给其他单位和个人用来办理结算或委托银行代为支付现金给收款人。

现金支票有正反两面,正面又分为左右两部分,左边为存根联,右边为正联(也称为支票联);支票背面有两栏,左边栏是附加信息,右边栏是收款人签章。如图 2-10 和图 2-11 所示。

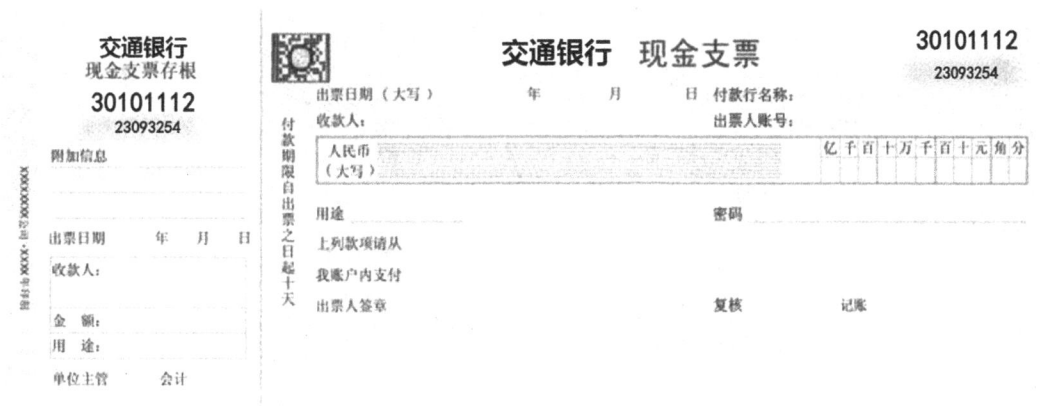

图 2-10 现金支票(正面)

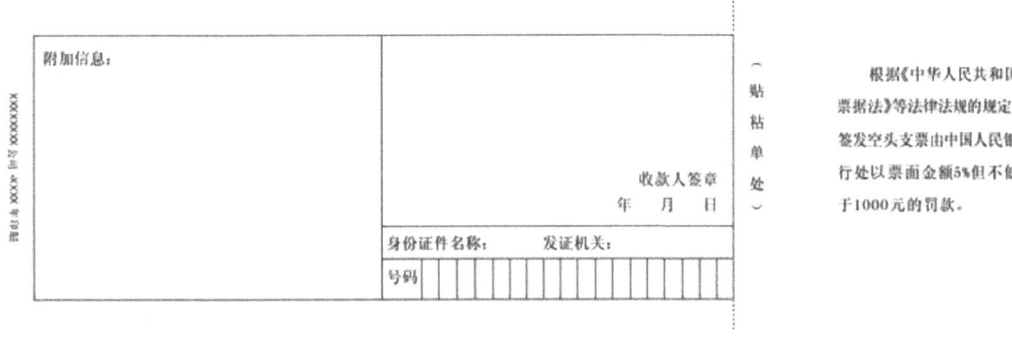

图 2-11 现金支票(背面)

(2) 转账支票

转账支票是出票人签发给收款人办理结算，或者委托开户银行将款项支付给收款人的票据。在银行开立存款账户的单位和个人客户，用于同城交易的各种款项，均可签发转账支票，委托开户银行办理付款手续。

转账支票有正反两面，正面又分为左右两部分，左边为存根联，右边为正联（也称为支票联）；转账支票背面有两栏，左边栏是附加信息，右边栏是收款人签章。如图2-12和图2-13所示。

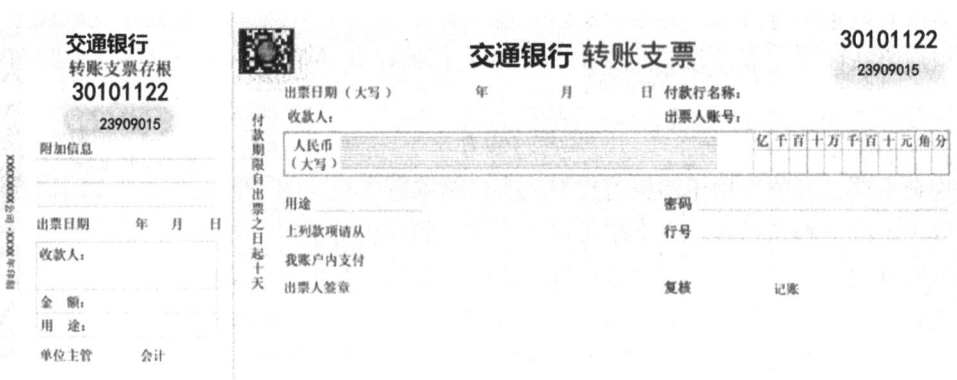

图 2-12 转账支票（正面）

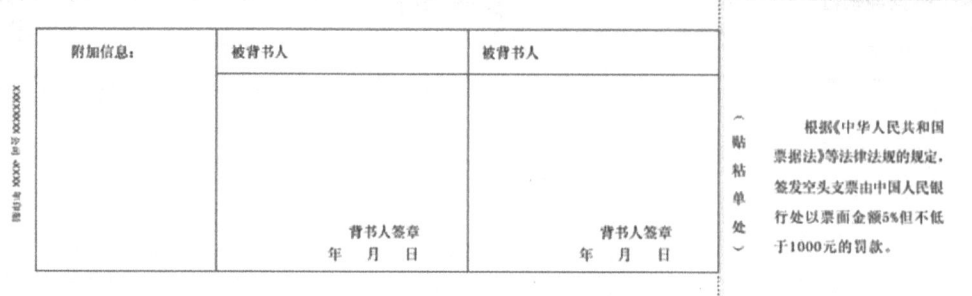

图 2-13 转账支票（背面）

3. 支票的填写内容

(1) 现金支票

◇ 现金支票正面

现金支票正面的填写内容如图 2-14 所示。

① 出票日期；

② 收款人名称；

③ 付款行名称和出票人账号；

④ 人民币大写金额；

⑤ 人民币小写金额；

⑥ 款项的用途；

⑦ 出票人签章；
⑧ 支付密码；
⑨ 存根联的出票日期；
⑩ 存根联的收款人；
⑪ 存根联的金额；
⑫ 存根联的用途；
⑬ 附加信息；
⑭ 会计人员签章；
⑮ 单位主管审批签章。

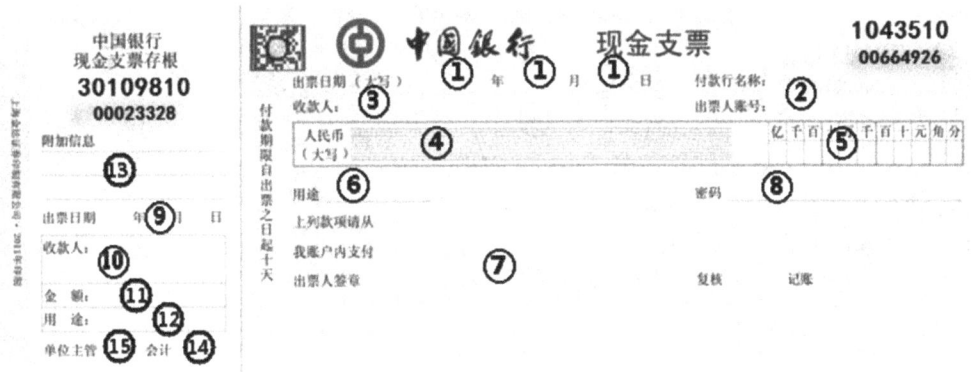

图 2-14　现金支票（正面）

◇ 现金支票背面

现金支票背面的填写内容如图 2-15 所示。

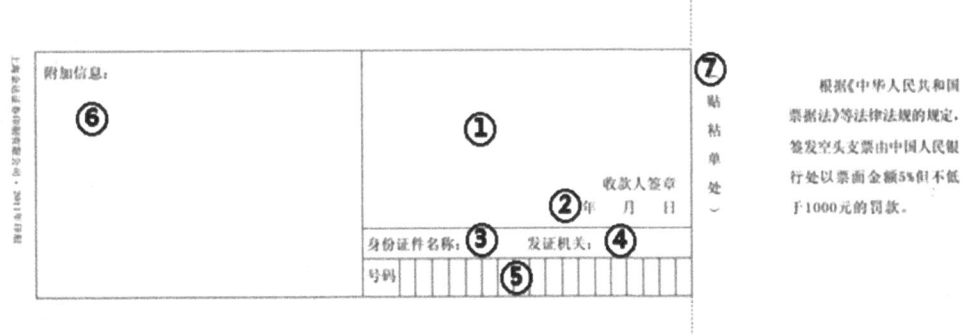

图 2-15　现金支票（背面）

① 收款人签章。若收款人为本公司则加盖预留银行的印鉴，收款人为个人则为个人的签名或盖章。
② 提示付款日期。
③ 身份证件名称。若收款人为个人，需填写提交的身份证件名称。
④ 发证机关。若收款人为个人，需填写提交的身份证件的发证机关。

⑤ 身份证件号码。若收款人为个人，需填写身份证件号码。

⑥ 附加信息。填写附加信息，如预算单位办理支付结算业务填写"附加信息代码"，非必要记载事项。

⑦ 粘单。票据凭证不能满足背书人记载事项的需要，可以加附粘单，粘附于票据凭证上。粘单上的第一记载人，应当在汇票和粘单的粘接处签章。

（2）转账支票

◇ 转账支票正面

转账支票正面的填写内容如图 2 - 16 所示。

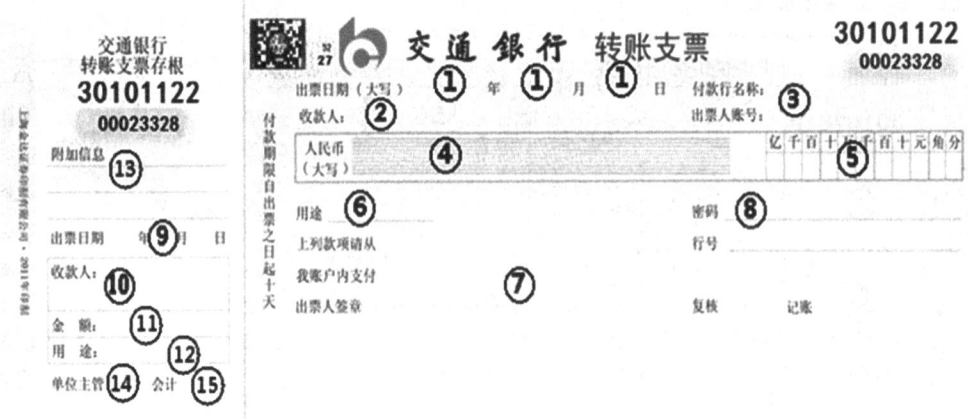

图 2 - 16 转账支票（正面）

① 出票日期；

② 收款人名称；

③ 付款行名称和出票人账号；

④ 人民币大写金额；

⑤ 人民币小写金额；

⑥ 款项的用途；

⑦ 出票人签章；

⑧ 支付密码；

⑨ 存根联的出票日期；

⑩ 存根联的收款人；

⑪ 存根联的金额；

⑫ 存根联的用途；

⑬ 附加信息；

⑭ 单位主管审批签章；

⑮ 会计人员签章。

◇ 转账支票背面

转账支票背面的填写内容如图 2 - 17 所示。

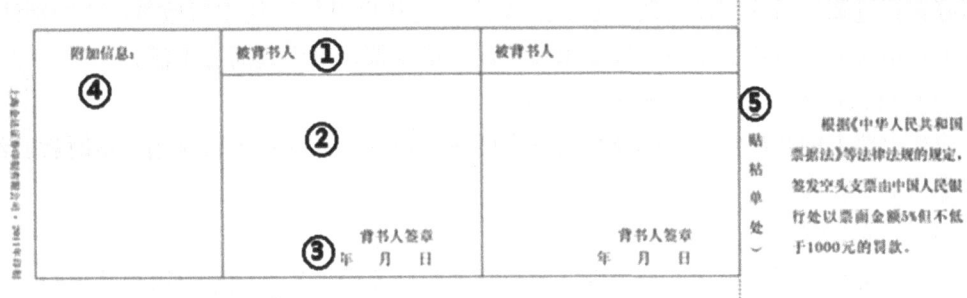

图 2-17 转账支票（背面）

① 被背书人。支票背书转让时，需填写被背书人的全称。

② 预留银行印鉴。支票办理进账或背书转让时，背面需加盖预留银行的印鉴。

③ 背书日期。支票背书转让时，记载背书日期，可用小写；未记载日期的，视为在票据到期日前背书。

④ 附加信息。填写附加信息，如预算单位办理支付结算业务填写"附加信息代码"，非必要记载事项。

⑤ 粘单。票据凭证不能满足背书人记载事项的需要，可以加附粘单，粘附于票据凭证上。粘单上的第一记载人，应当在汇票和粘单的粘接处签章。

4. 支票的填制方法

支票的规范填写是财务人员必须了解的内容，在会计实操中有关支票的填写是一个值得注意的问题。

（1）出票日期的填写

支票的出票日期一般填写开具支票的当天。为防止涂改，出票日期必须用中文大写书写，不得更改。出票日期必须按大写日期书写规范填写，月为壹、贰和壹拾的，应在其前加"零"；叁至玖月的应正常大写；月为拾壹、拾贰的，应在其前加"壹"。例如零壹月、零贰月、零壹拾月；壹拾壹月、壹拾贰月。日为壹至玖和壹拾、贰拾和叁拾的，应在其前加"零"；日为拾壹至拾玖的，应在其前加"壹"。例如零玖日、零壹拾日、零贰拾日、零叁拾日；壹拾壹日、壹拾玖日。

（2）收款人的填写

现金支票收款人为单位的，即本单位自行提取现金，现金支票上可填写本单位名称，要填写本公司单位公章上的全称，不得填写公司简称，并在其背面收款人签章处加盖银行预留印鉴（本单位的财务专用章和法人章），然后持票到开户银行提取现金。

现金支票收款人为个人的，应填写收款人个人姓名，此时支票背面不盖章，只需收款人在现金支票背面填写收款人身份证号码和发证机关名称即可，然后凭身份证和现金支票到付款单位的开户银行取款。

转账支票收款人应填写对方单位名称，且支票背面不需要加盖银行预留印鉴。收款单位取得转账支票后，在支票背面"背书人签章"栏内加盖收款单位财务专用章和法人章，填写好银行进账单后连同该支票一起交给收款单位开户银行委托银行收款。（特别注意：被背书栏由对方单位自己填写，以免填写错误造成支票作废引起对方不满）

（3）付款行名称及出票人账号的填写

应按出票人的开户银行名称及存款账户的账号填写。一般从银行领用支票时就已经打印在票面上了。

（4）金额的填写

正联要填写大写金额和小写金额，大小写金额必须严格按照金额书写规范填写，且字迹要清晰，大小写金额要一致。

填写人民币大写金额，不得更改。大写金额数字应紧接"人民币"字样填写，不得留有空白。人民币金额到元和角的，元、角后面要加整（或正）字；金额到分，就不用再加整（或正）字。填写人民币小写金额，不得更改。小写金额前面加货币符号，如人民币符号"￥"。

（5）用途的填写

填写款项的用途，必须符合国家现金管理的规定。现金支票的用途有一定限制，一般填写"备用金""差旅费""工资""劳务费"等。转账支票的用途没有具体规定，可填写如"购货款""代理费"等。如果开给个人的工程款，用途可填"劳务费"。

（6）出票人签章

在"出票人签章"处加盖出票人在银行的预留印鉴（预留印鉴可以是财务专用章和法人章，或者是公章和法人章，但两个章缺一不可）。在支票正面必须用红色印泥加盖预留银行印鉴，印章必须清晰，盖章时两个章不能重叠。如果印章模糊，只能将本张支票作废，换一张重新填写，重新盖章。背面盖章与否见"（2）收款人的填写"。

（7）支付密码的填写

需要使用支付密码时，填写支付密码。支付密码是依据票据的号码、日期、金额、账号等信息加密生成的一组16位的密码，填写在票据上与印鉴结合作为付款的依据。银行在受理支票取现或转账业务时，是根据银行预留印鉴及支付密码来判断是否将款项支付给持票人的。因此办理取现业务时，生成的支付密码最好另行记录，等到银行柜台将现金支票交付银行时再填写密码，以降低支票丢失造成的风险。

支付密码是银行为进一步加强票据风险控制而设置的最后一道防线，只有在支票上填写的密码与银行的数据一样，银行才会付款。获取支付密码需要用到支付密码器。支付密码器由企事业单位等存款人向其开户银行购买，按银行要求签订使用协议，然后按密码器的使用说明加载账号后即可使用，如图2-18所示。实际工作中，出于保障资金安全的角度考虑，各家银行都会建议使用支付密码器，但并非强制。

支付密码器的使用流程：每次开具时按照密码器上的文

图2-18 支付密码器

字提示，输入支票类型、开票日期、金额、账号、票号即可生成密码，将密码填到转账支票正联的密码区内即可。

（8）存根联的填写

存根联的填写内容要与正联保持一致。其中存根联的出票日期、金额都用小写书写，金额前加人民币符号"￥"；存根联的收款人，与正联一致，可简写；存根联的用途，与正联一致；需要时填写附加信息，如预算单位办理支付结算业务填写"附加信息代码"，非必要记载事项，与背面一致；会计人员签章；单位主管审批签章。

5. 支票的使用要求

（1）存款人领购支票必须填写"票据和结算凭证领用单"，并加盖预留银行印鉴。同时按标准交费购买，领取空白转账支票。结清销户时，必须将未用空白支票交还开户行。

（2）支票的出票人所签发的支票金额不得超过其付款时账户的实有存款余额，禁止签发空头支票。否则银行将予以退票，并按票面金额处以5%但不低于1 000元的罚款；持票人有权要求出票人赔偿支票金额2%的赔偿金。

（3）现金支票不能背书转让；转账支票可以背书转让给其他债权人。

（4）支票的提示付款期限为自出票日起10日，超过付款期的支票，银行不予受理。

（5）支票没有金额起点的限制。

（6）现金支票只能支取现金，不得用于转账；转账支票只能用于转账，不得支取现金。

（7）支票正联应加盖出票人预留在银行的单位印鉴（单位财务专用章及法人代表章），不得签发与其银行预留印鉴不符的支票。若缺漏签章或签章不符，银行不予受理。

开具转账支票用于支付时，不需在支票背面背书（即加盖银行预留印鉴），在收到支票用于银行进账时才需要在背面填写背书信息；现金支票若为企业取现的，应在其背面盖上银行预留印鉴。

支票的出票人预留银行印鉴是银行审核支票付款的依据，银行也可以与出票人约定使用支付密码，作为银行审核支付支票金额的条件。

（8）在实务工作中支票为一联，支票签发完毕，应将支票按虚线撕开，将正联作为支付凭证交付收款人，存根联连同购货发票一起作为编制记账凭证的原始凭证。

（9）收款人凭支票正联支取现金，须向银行出示本人身份证，并在支票背面背书（盖收款人的公章或名章、本人身份证号码等）。

（10）注意支票容易出现的错误：日期填写错误，印章加盖模糊不清，银行收款单位与背书单位印鉴不符。支票正面不能有涂改痕迹，否则本支票作废。受票人如果发现支票填写不全，支票上未记载金额和收款人名称的，经出票人授权可以补记，未补记的不得背书转让和提示付款。

2.1.3 实验案例

【案例2-1】2022年10月13日，广东广源机械制造有限公司开出3 000.00元的现金支票一张，从银行提取备用金，请根据上述资料及背景资料（见图 2－19 至图 2－21）填写现金支票（见图2－22 和图 2－23）。（密码器的签发人口令：＊＊＊＊＊＊；账号：412142478329005989；生成密码：2350－3658－1689－2367）

※ **背景资料**

参考资料：支付密码器；预留签章卡。如图2－19 至图 2－21 所示。

图 2－19　支付密码器

中国银行 肇庆端州支行 预留签章卡

必填信息	账号 412142478329005989	启用日期 2021 年 10 月 01 日	
	户名 广东广源机械制造有限公司	客户号 11022452785	
	联系电话 0758-2756388	邮编 526060	
	联系人 李卫刚	地址 广东省肇庆市端州区信安路89号	
预留签章	广东广源机械制造有限公司 财务专用章　李卫刚印		
	（旧预留签章卡装订于　年　月　日凭证）本行共预留　份预留签章卡		
	会计负责人：	经办：	

代号（米会44）10×15＝50K2003.6月版

图 2－20　预留签章卡（正面）

更换预留签章通知书（以下新开户免填）

我单位定于　　年　　月　　日启用新预留签章（见预留签章卡正面）旧预留签章同日注销，在更换预留签章以前本户开出之票据在规定有效期限内前来支取时该预留签章仍继续有效，由此产生的经济责任由本单位承担。

（原预留签章）

授权证明书

本签章系证明我单位所留预留签章（见预留签章卡正面）有效。

（单位公章及法定代表人签章）

广东广源机械制造有限公司　李卫刚印

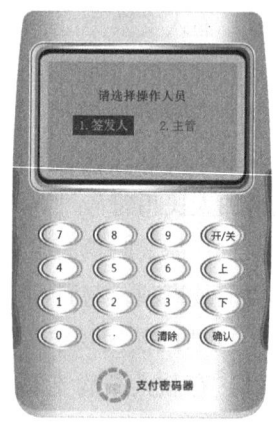

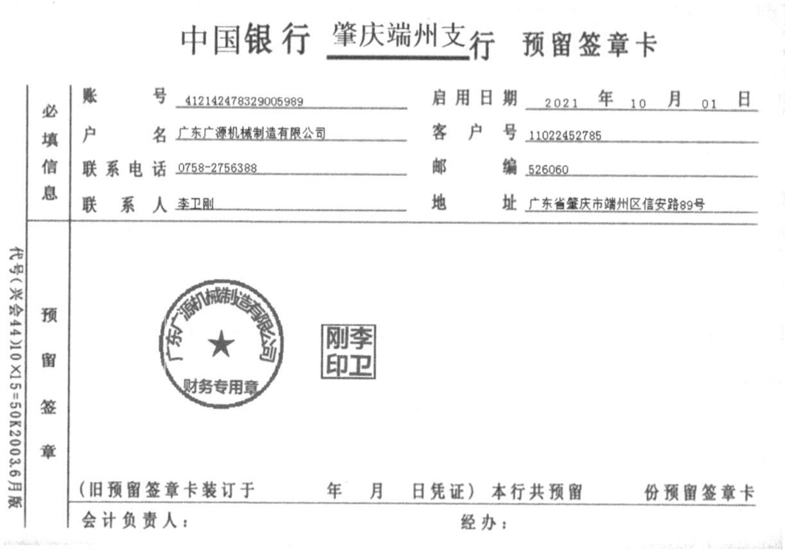

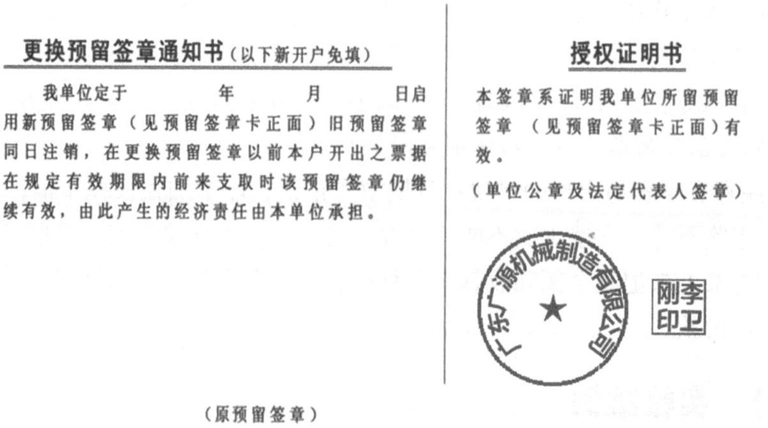

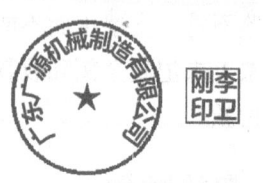

图 2－21　预留签章卡（背面）

※ **实验材料**

现金支票如图 2-22 和图 2-23 所示。

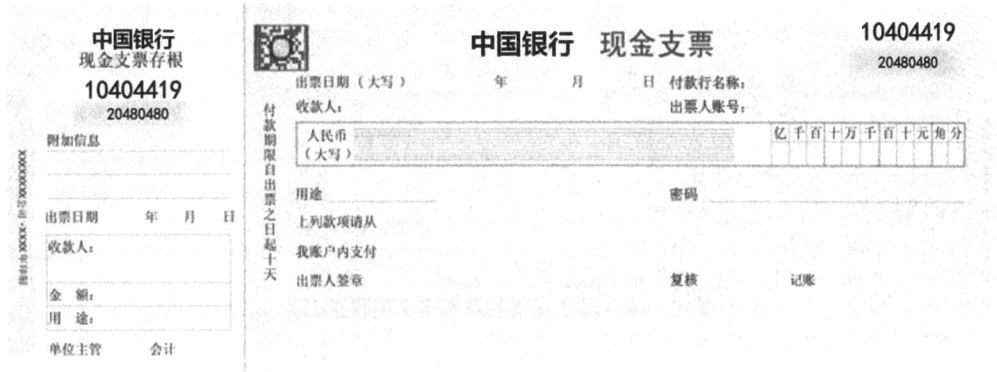

图 2-22　现金支票（正面）

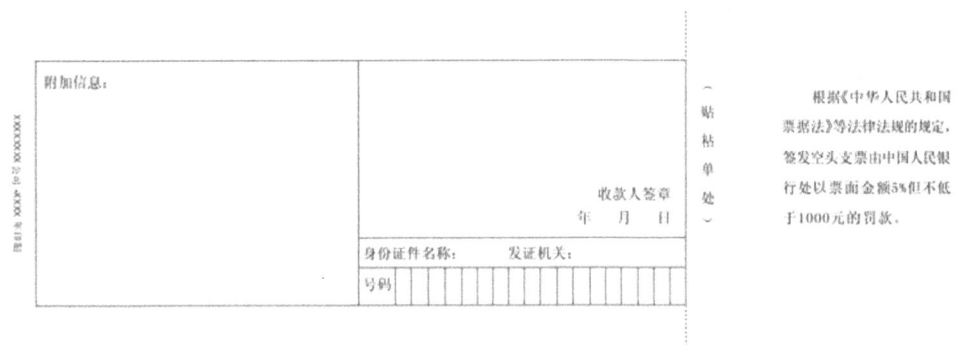

图 2-23　现金支票（背面）

2.1.4　实验步骤

（1）填写正联。

① 填写出票日期。出票日期用中文大写书写（贰零贰贰年零壹拾月壹拾叁日）。

② 填写收款人。在收款人栏填写本公司全称（广东广源机械制造有限公司）。

③ 填写付款行名称及出票人账号。分别按出票人的开户银行名称（中国银行肇庆端州支行）及存款账户的账号（418537642915915004）填写。

④ 填写金额。紧接"人民币"字样，填写大写金额（叁千元整）；在数位栏填写小写金额（3 000.00），并在小写金额数字前面添加人民币符号"￥"。

⑤ 填写用途。在用途栏填写（备用金）。

⑥ 支票背面填写取现的日期。在现金支票背面的"收款人签章"处填写取现当天的日期（2022 年 10 月 13 日）。

正联填写结果如图 2-24 和图 2-25 所示。

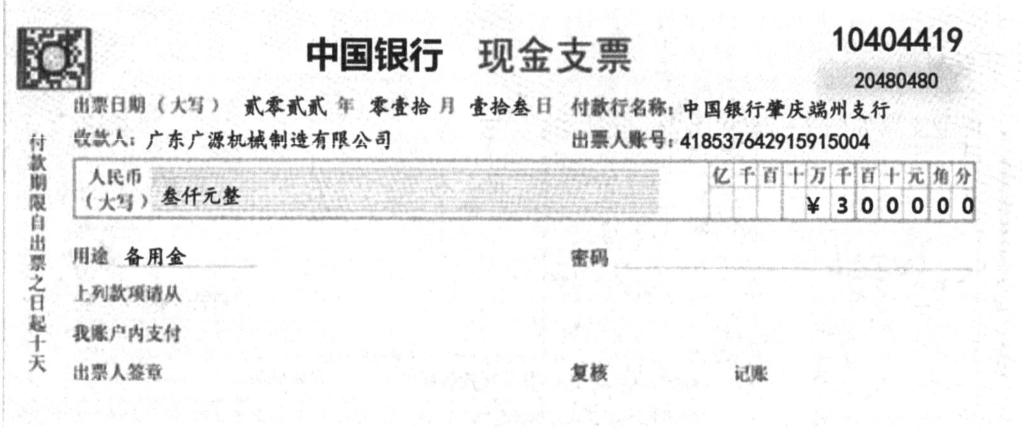

中国银行　现金支票

10404419
20480480

出票日期（大写）　贰零贰贰 年　零壹拾 月　壹拾叁 日　付款行名称：中国银行肇庆端州支行
收款人：广东广源机械制造有限公司　出票人账号：418537642915915004

付款期限自出票之日起十天

人民币（大写）	亿	千	百	十	万	千	百	十	元	角	分
叁仟元整					¥	3	0	0	0	0	0

用途　备用金　密码
上列款项请从
我账户内支付
出票人签章　复核　记账

图2－24　现金支票的填制1（正联正面）

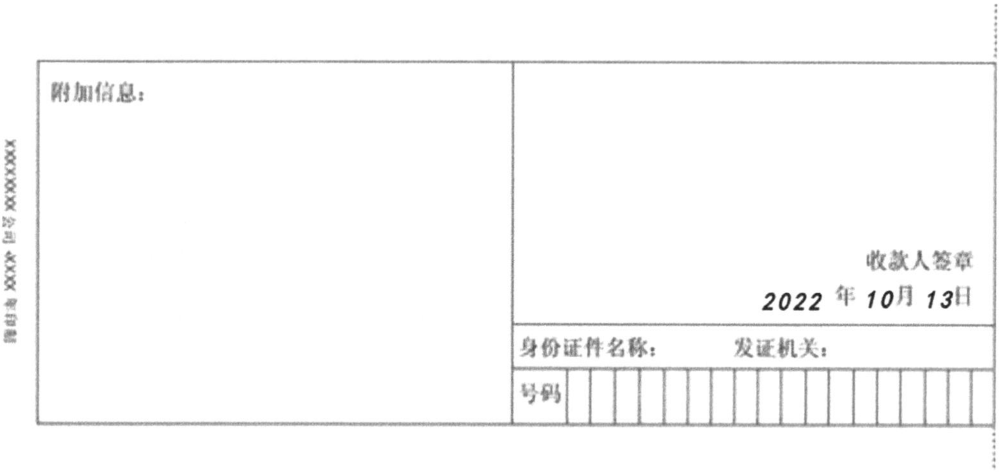

附加信息：

收款人签章
2022 年 10月 13日

身份证件名称：　发证机关：
号码

XXXXXXXX公司 XXXX年印制

图2－25　现金支票的填制2（正联背面）

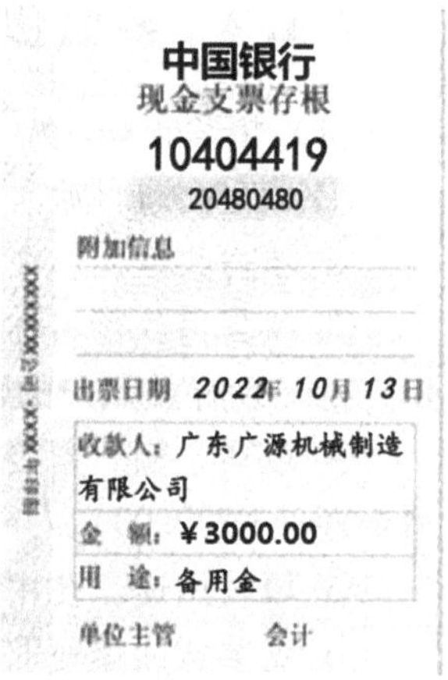

中国银行
现金支票存根
10404419
20480480
附加信息
出票日期　2022年 10月 13日
收款人：广东广源机械制造有限公司
金　额：¥3000.00
用　途：备用金
单位主管　会计

图2－26　现金支票的填制3（存根联）

（2）填写存根联。

填写存根联上的出票日期（2022年10月13日）、收款人（广东广源机械制造有限公司）、金额（¥3 000.00）和用途（备用金）。（提示：实务中支票存根联下方还应由会计和单位主管签章，本书略。）

存根联填写结果如图2－26所示。

（3）出票人签章。

现金支票填写好后，在现金支票正面和背面都加盖企业在银行的预留印鉴（财务专用章和法人章）。本例在现金支票正面的“出票人签章”处加盖预留银行的印鉴章（广东广源机械有限公司的财务专用章和单位法人章）。因本例开具的现金支票为企业取现，收款人就是本公司（广东广源机械制造有限公司），因此取款时，在现金支票背面的"收款人签章"处也要加盖预留银行的印鉴章（广东广源机械制造有限公司的财务专用章和单位法人章）。

① 财务经理签章。由财务经理在现金支票正面和背面加盖本公司财务专用章。
② 总经理签章。由总经理在现金支票正面和背面加盖法人章。

现金支票签章结果如图2-27和图2-28所示。

图2-27 现金支票的填制4（正面签章）

图2-28 现金支票的填制5（背面签章）

（4）生成并填写支付密码。

本例直接将支付密码器生成的支付密码（2350-3658-1689-2367）填入支票正联的密码栏。（提示：现金支票上的16位号码中，上面8位为银行代码，下面8位为现金支票的流水号，在使用支付密码器时，凭证号码应输入下面的8位流水号。）

支付密码填写结果如图2-29所示。

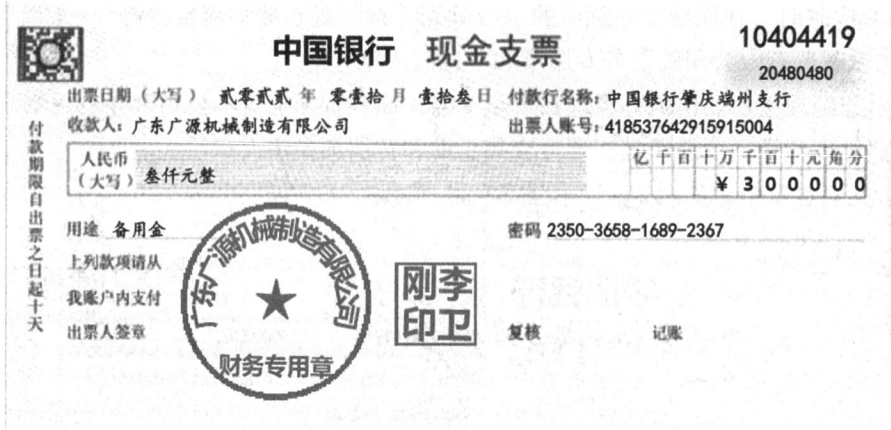

图 2-29 现金支票的填制 6（支付密码）

以上填制现金支票的实验结果如图 2-30 和图 2-31 所示。

图 2-30 现金支票填制结果（正面）

图 2-31 现金支票填制结果（背面）

实验 2.2 银行进账单的填制

2.2.1 实验目的

通过实验，了解银行进账单的定义，熟悉银行进账单的使用要求及填制内容，掌握银行进账单的填制方法。

2.2.2 预备知识

1. 银行进账单的定义

实际工作中,当企业向开户银行送交支票、银行本票、银行汇票、到期的商业汇票等票据办理入账时,需要填写银行进账单。银行进账单是持票人将票据款项存入其开户银行账户的凭证,也是开户银行将票据款项记入持票人或者收款人账户的凭证。

银行进账单一般一式三联,包括回单联、贷方凭证联(银行记账凭证联)和收账通知联,如图 2-32 至图 2-34 所示。第一联:回单联。银行交给持票人的回单,作为受理票据的依据;第二联:贷方凭证联(银行记账凭证联)。收款人开户银行留存作为贷方凭证;第三联:收账通知联。银行给收款人的收账通知,收款人据此联记账。

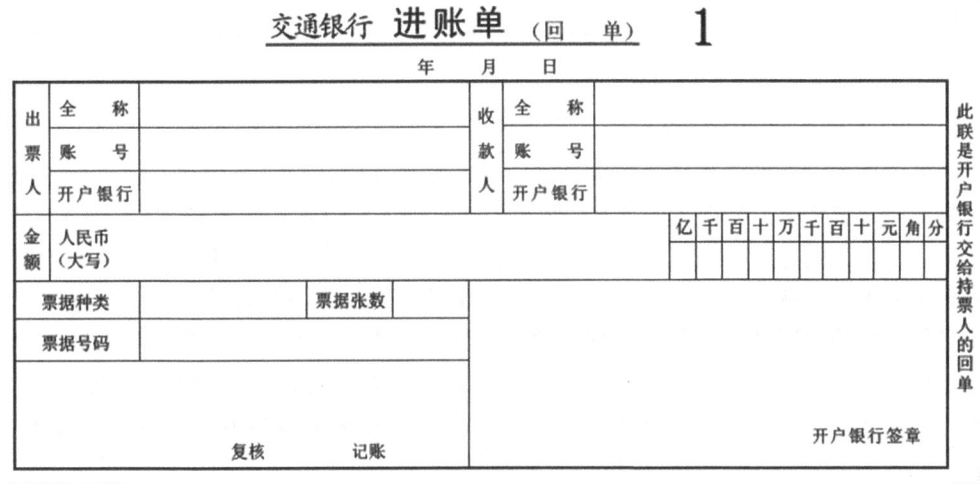

图 2-32 银行进账单(回单)

图 2-33 银行进账单(贷方凭证)

交通银行 进账单 （收账通知） 3

年 月 日

出票人	全称		收款人	全称	
	账号			账号	
	开户银行			开户银行	
金额	人民币（大写）				亿 千 百 十 万 千 百 十 元 角 分
票据种类		票据张数			
票据号码					
复核 记账				收款人开户银行签章	

此联是收款人开户银行交给收款人的收账通知

图 2－34 银行进账单（收账通知）

2. 银行进账单的使用流程

实务工作中，企业办理转账业务或者收到转账款项时，都需要填写一张银行的辅助单据（即银行进账单），帮助企业完善一些相关的收款人、付款人的信息。

实务中，出纳办理转账支票入账，一般先在转账支票背面盖上银行预留印鉴，然后填写进账单。银行进账单由在银行开立存款账户单位的财会人员负责填写，填写银行进账单时，必须清楚地填写票据种类、票据张数、收款人名称、收款人开户银行及账号、付款人名称、付款人开户银行及账号、票据金额等栏目，填好后连同相关票据（如转账支票正联等）一起送交开户银行办理进账。银行收款后在回单或收款通知联上盖“已受理”或“转讫”（转账收讫）章，退给单位。企业根据银行退回的进账单回单或收账通知联，作为已收款的记账依据。

3. 银行进账单的填制内容

银行进账单填制的基本内容如图 2－35 所示。

交通银行 进账单 （回 单） 1

① 年 ① 月 ① 日

出票人	全称	②	收款人	全称	⑤
	账号	③		账号	⑥
	开户银行	④		开户银行	⑦
金额	人民币（大写）	⑧			亿 千 百 十 万 千 百 十 元 角 分 ⑨
票据种类	⑩	票据张数 ⑪	⑭		
票据号码	⑫				
复核 ⑬ 记账 ⑬				开户银行签章	

此联是开户银行交给持票人的回单

图 2－35 银行进账单的填制内容

① 办理业务的日期。
② 付款人的全称，与票据内容一致。
③ 付款人的账号，与票据内容一致。
④ 付款人开户银行的信息，与票据内容一致。
⑤ 收款人全称，与票据内容一致。
⑥ 收款人的账号，与票据内容一致。
⑦ 收款人开户银行的信息，与票据内容一致。
⑧ 人民币大写金额，大写金额不得更改。大写金额数字应紧接"人民币"字样填写，不得留有空白。
⑨ 小写金额，小写金额不得更改。大小写金额必须一致，小写金额前面加人民币符号"￥"。
⑩ 票据的种类，如转账支票、银行汇票等。
⑪ 提交票据的张数。
⑫ 提交票据的号码。
⑬ 相关经办人员的签章。
⑭ 银行受理后加盖相关印章。

2.2.3 实验案例

【案例2-2】2022年02月25日，上海奇峰纸品有限公司收到北京好利来超市开出的一张转账支票，背书后到本公司开户行（开户行名称：交通银行上海嘉定支行，账号：410874003894823）办理进账，请根据上述资料及背景资料（见图2-36和图2-37）填写银行进账单（见图2-38至图2-40）。

※ **背景资料**

原始单据：转账支票。如图2-36和图2-37所示。

图2-36 转账支票（正面）

图 2-37 转账支票（背面）

※ **实验材料**

银行进账单如图 2-38 至图 2-40 所示。

图 2-38 银行进账单 1（回单）

图 2-39 银行进账单 2（贷方凭证）

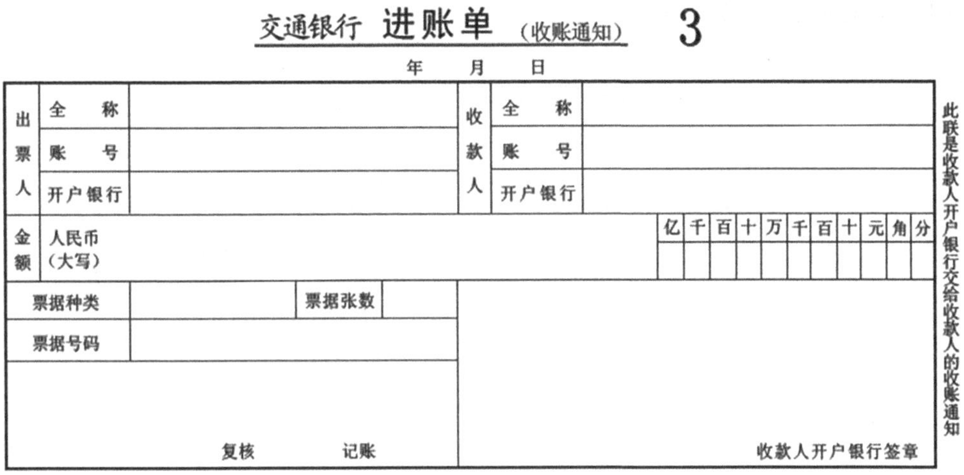

图 2-40 银行进账单 3（收账通知）

2.2.4 实验步骤

（1）填写办理业务的日期。

填写结果如图 2-41 所示。

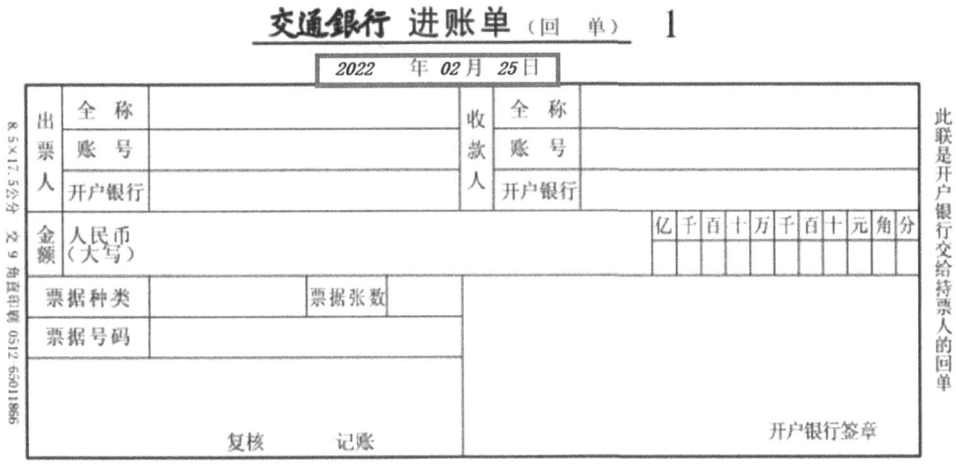

图 2-41 银行进账单的填制 1（日期）

（2）填写出票人和收款人信息。

① 填写出票人（即付款人）全称（北京好利来超市）、账号（415050218247836287000）及开户银行（交通银行北京朝阳支行）的信息，与转账支票内容一致；

② 填写收款人全称（上海奇峰纸品有限公司）、账号（410874003894823）及开户银

行（交通银行上海嘉定支行）的信息，与转账支票内容一致。

填写结果如图 2-42 所示。

图 2-42　银行进账单的填制 2（收付款人信息）

（3）填写人民币大小写金额。

① 填写大写金额（陆仟叁佰伍拾元整），不得更改。大写数字应紧接"人民币"字样填写，不得留有空白；

② 填写小写金额（6 350.00），不得更改。大小写金额必须一致，小写金额前面加人民币符号"¥"。

填写结果如图 2-43 所示。

图 2-43　银行进账单的填制 3（金额）

（4）填写票据的种类、张数和号码。

① 填写票据的种类（转账支票）；

② 填写提交票据的张数（1）；

③ 填写提交票据的号码（00295810）。

填写结果如图 2-44 所示。

图 2-44 银行进账单的填制 4（票据信息）

票据的种类、张数和号码是可填可不填的，在实务中，银行对票据的种类、张数和号码的填写没有强制性的要求，因此可以不填写。

以上填制银行进账单的实验结果如图 2-45 至图 2-47 所示。

图 2-45 银行进账单填制结果（回单）

图 2-46 银行进账单填制结果（贷方凭证）

交通银行 进账单（收账通知）3

2022 年 02月 25日

出票人	全称	北京好利来超市	收款人	全称	上海奇峰纸品有限公司
	账号	415050218247836287000		账号	410874003894823
	开户银行	交通银行北京朝阳支行		开户银行	交通银行上海嘉定支行
金额	人民币（大写）	陆仟叁佰伍拾元整		亿千百十万千百十元角分	¥6 3 5 0 0 0
票据种类	转账支票	票据张数	1		
票据号码	00295810				
复核　记账			收款人开户银行签章		

此联是收款人开户银行交给收款人的收账通知

图 2－47　银行进账单填制结果（收账通知）

实验 2.3　收款收据的填制

2.3.1　实验目的

通过实验，了解收款收据的定义，熟悉收款收据的基本内容，掌握收款收据的填制要求与填制方法。

2.3.2　预备知识

出纳人员在办理现金收入业务时，应当按照现金收入管理的原则，及时取得或填制有关原始凭证，按规定的程序收取并清点现金收入，做到完整、准确地反映本单位的现金收入情况，并对收入业务进行有效的监督。

1. 日常现金收款内容

现金收款处理在出纳工作中非常频繁，企业的现金收款业务一般有以下几种：收取零售款、收取赔偿款、收取罚款和收取押金等。根据我国现金管理制度有关规定，日常业务的现金收入包括：

（1）出售产品、材料及其他物资，或者提供劳务、业务咨询、信息等服务，不能通过转账办理结算手续的收入。

（2）不足转账结算起点，向有关单位收取的各种款项（押金、罚款和赔偿款等）。

（3）职工借用备用金，报销后退回的余款。

（4）其他应收取的利用现金结算的款项。

2. 收款收据的定义

收款收据是由收款单位填制的作为单位内部使用的非正式票据。现金收入均需开具收款收据，经出纳人员鉴定现金的真伪后，在现金收入凭证上加盖“现金收讫”并签章，其中收据联交予交款人，以明确经济责任。

收款收据一般为一式三联，包括存根联、收据联和记账联，格式如图 2－48 至图 2－50 所示。各联的用途如下：第一联为存根联，由开具单位留存；第二联为收据联（交对方），交付款人作为付款的凭证；第三联为记账联（交财务），交财会部门据以记账。收据由收款单位出纳人员在收款后填写，应按编号的顺序使用，全部联次用双面复写纸一次性套写完成。

收 款 收 据

NO.30600138

年 月 日

今 收 到 ______

交来：______

金额（大写） 佰 拾 万 仟 佰 拾 元 角 分

¥ ______ □现金 □转账支票 □其他 收款单位(盖章)

第一联存根联

核准 会计 记账 出纳 经手人

图 2－48 收款收据（存根联）

收 款 收 据

NO.30600138

年 月 日

今 收 到 ______

交来：______

金额（大写） 佰 拾 万 仟 佰 拾 元 角 分

¥ ______ □现金 □转账支票 □其他 收款单位(盖章)

第二联交对方

核准 会计 记账 出纳 经手人

图 2－49 收款收据（收据联）

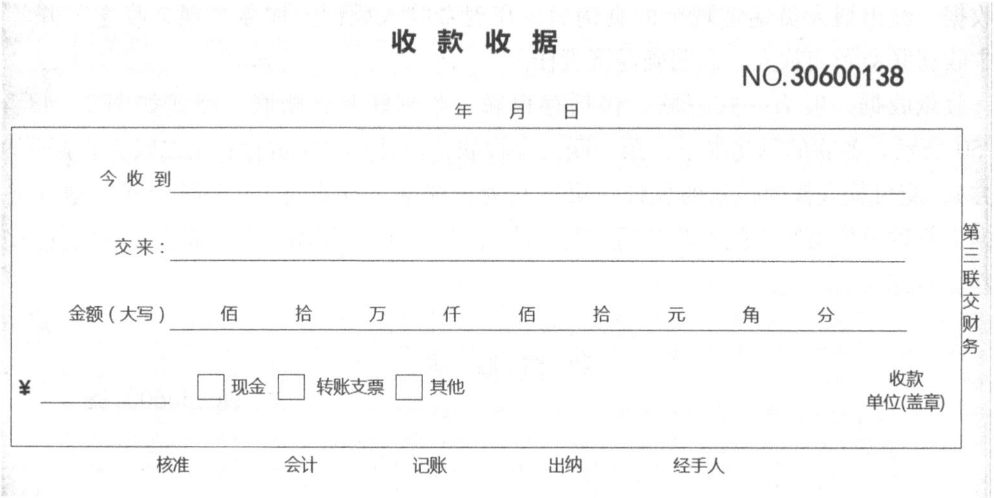
收 款 收 据

NO.30600138

年 月 日

今 收 到

交 来：

金额（大写） 佰 拾 万 仟 佰 拾 元 角 分

¥ □现金 □转账支票 □其他

收款单位(盖章)

第三联交财务

核准 会计 记账 出纳 经手人

图 2－50 收款收据（记账联）

3. 收款收据的办理流程

日常现金收入的处理程序是指办理现金收入时，从确认收款依据到开具证明的处理步骤和规则。

（1）确认收款依据

出纳办理现金收款业务时，必须先核实该业务的真实合法性，根据发票、协议等收款依据确认应收取的金额，如有错误则要求其改正或重办。

（2）收取款项

点钞验钞时，要注意识别假币，如果收到残损币，应根据残损的情况做出准确处理。点验无误后应唱收“收您××元”。

（3）开具证明

款项收取完毕后，应将现金及时放进保险柜中，并根据业务情况开具证明——收款收据。

（4）使用收款收据

收款收据开具完毕后，第一联存根联，出纳自己留底；第二联交对方，出纳撕给交款人；第三联交财务，出纳撕给会计做账。

4. 收款收据填制的内容和方法

收款收据填制的基本内容如图 2－51 所示。

① 填写收款日期；

② 填写交款单位或交款人名称；

③ 填写交款原因；

④ 填写交款小写金额；

⑤ 填写交款大写金额；

⑥ 勾选收款情况；

⑦ 收款人签名；

⑧ 加盖收款单位印章。

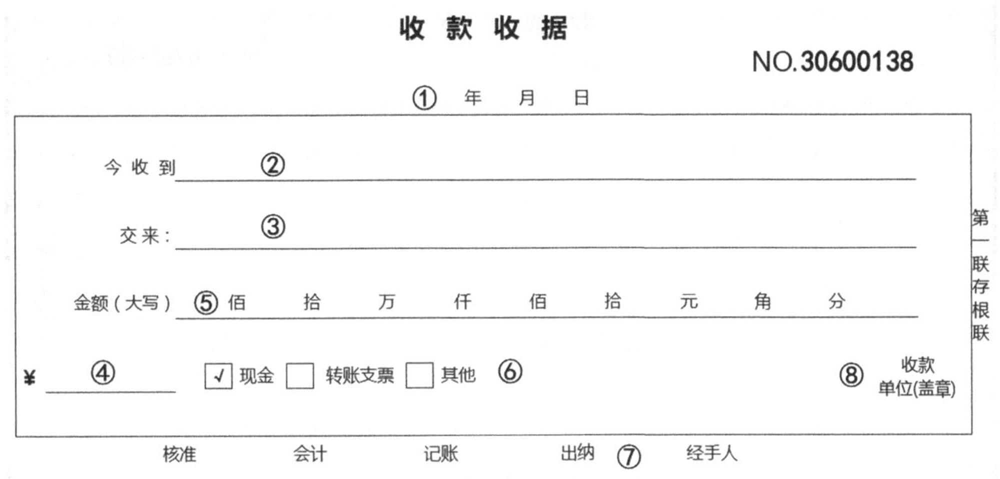

收 款 收 据

NO.30600138

① 年 月 日

今收到 ②

交来： ③

金额（大写） ⑤ 佰 拾 万 仟 佰 拾 元 角 分

¥ ④ √现金 □转账支票 □其他 ⑥ ⑧ 收款单位(盖章)

第一联存根联

核准 会计 记账 出纳 ⑦ 经手人

图2－51　收款收据的填制内容

5. 收款收据的填制要求

（1）使用单位开具收据时，严格按实际收款时间填写开具收据日期，不得提前或延后。

（2）每本收据的使用，必须按编号顺序开具，不得跳号使用。

（3）真实、准确地写明交款方的全称，款项缘由。

（4）收款金额大小写必须一致，要求小写数字（需标注“¥”）与大写数字按规范书写。

（5）根据收款方式勾选相应的选项。

（6）收款收据一式三联，必须一次复写，不得套开。字迹清楚，字体工整，不得修改、挖补。

（7）根据收款的方式，第一联存根联由开票方留存。第二联加盖财务专用章交给交款方作为已收款的证明。第三联加盖“现金收讫”章作为财务部入账的依据。

（8）因填写错误或其他原因需作废的收款收据，必须保证各联次的完整，并在各联次注明“作废”字样。

（9）各单位领用的收款收据不得转借、代开，不得拆本使用，严禁弄虚作假。

2.3.3　实验案例

【案例2－3】2022年01月03日，肇庆星湖贸易有限公司向职工陈欣欣收取宿舍管理费现金150元，请根据上述背景资料填写收款收据（见图2－52至图2－54）。（由出纳张洁开具并收款）

※ 实验材料

收款收据如图2－52至图2－54所示。

图 2-52 收款收据（存根联）

图 2-53 收款收据（收据联）

图 2-54 收款收据（记账联）

2.3.4　实验步骤

（1）填写收款日期。

按实际收款日期（2022年01月03日）填写开具收据的日期。

填写结果如图2－55所示。

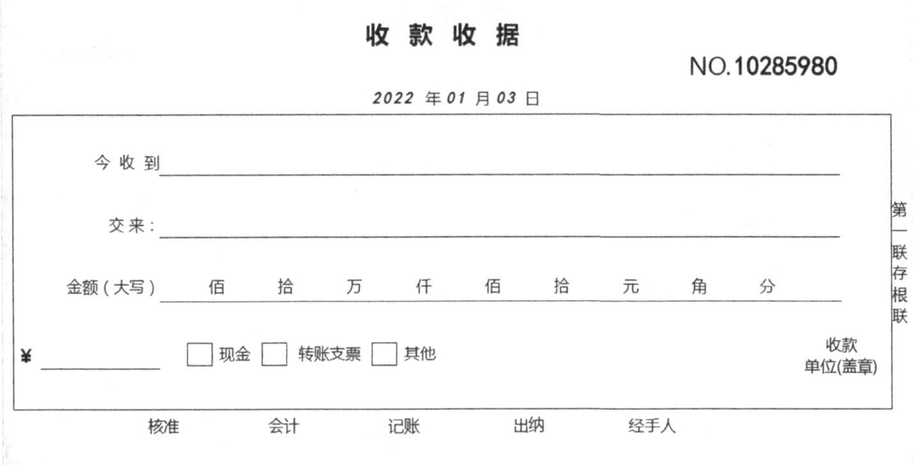
收 款 收 据

NO.10285980

2022 年 01 月 03 日

今 收 到

交 来：

金额（大写）　佰　拾　万　仟　佰　拾　元　角　分

¥　□现金　□转账支票　□其他　收款单位(盖章)

核准　会计　记账　出纳　经手人

第一联 存根联

图2－55　收款收据的填制1（日期）

（2）填写收款信息。

收款信息包括交款单位或交款人名称、交款原因、交款金额（大小写），并勾选收款情况。

① 交款人姓名：陈欣欣；

② 交款原因：宿舍管理费；

③ 交款小写金额：150.00；

④ 交款大写金额：壹佰伍拾元；

⑤ 勾选收款情况：现金。

填写结果如图2－56所示。

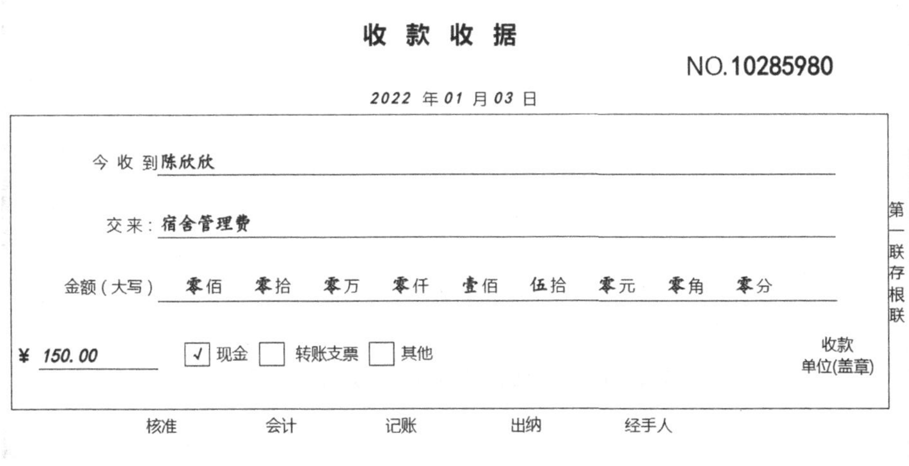
收 款 收 据

NO.10285980

2022 年 01 月 03 日

今 收 到 陈欣欣

交 来：宿舍管理费

金额（大写）　零佰　零拾　零万　零仟　壹佰　伍拾　零元　零角　零分

¥ 150.00　☑现金　□转账支票　□其他　收款单位(盖章)

核准　会计　记账　出纳　经手人

第一联 存根联

图2－56　收款收据的填制2（收款信息）

（3）收款人及收款单位签章。

① 收款人签名。

在"出纳"栏加盖出纳人员（开票人：张洁）个人名章。

收款人签名结果如图 2-57 所示。

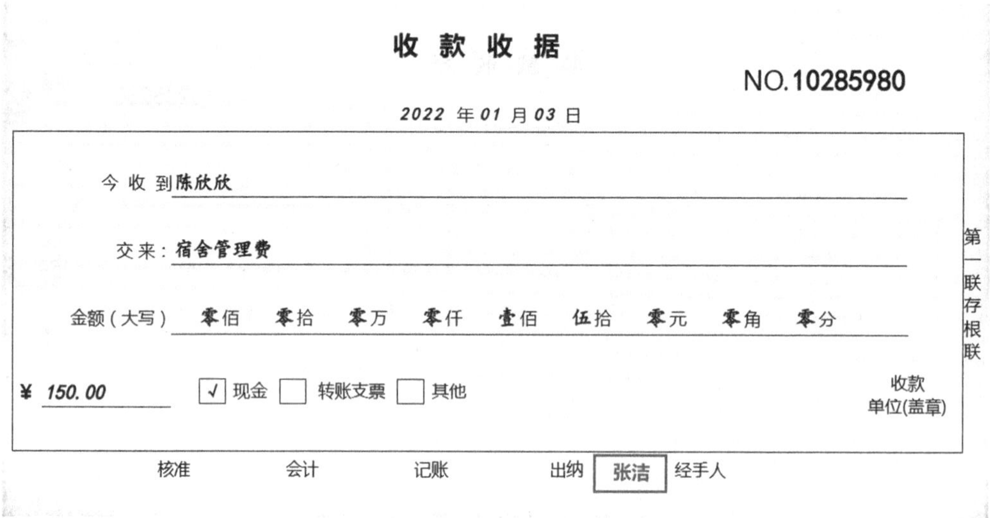

收 款 收 据

NO.10285980

2022 年 *01* 月 *03* 日

今 收 到 **陈欣欣**

交 来：**宿舍管理费**

金额（大写）　零佰　零拾　零万　零仟　壹佰　伍拾　零元　零角　零分

¥ 150.00　　☑ 现金　□ 转账支票　□ 其他

第一联 存根联

收款单位(盖章)

核准　　会计　　记账　　出纳　张洁　经手人

图 2-57　收款收据的填制 3（收款人签名）

② 加盖收款单位印章。

收款收据填写完后，在第二联"交对方"联的单位（盖章）处加盖收款单位的财务专用章或公章，并在第三联"交财务"联加盖"现金收讫"章。

盖章结果如图 2-58 和图 2-59 所示。

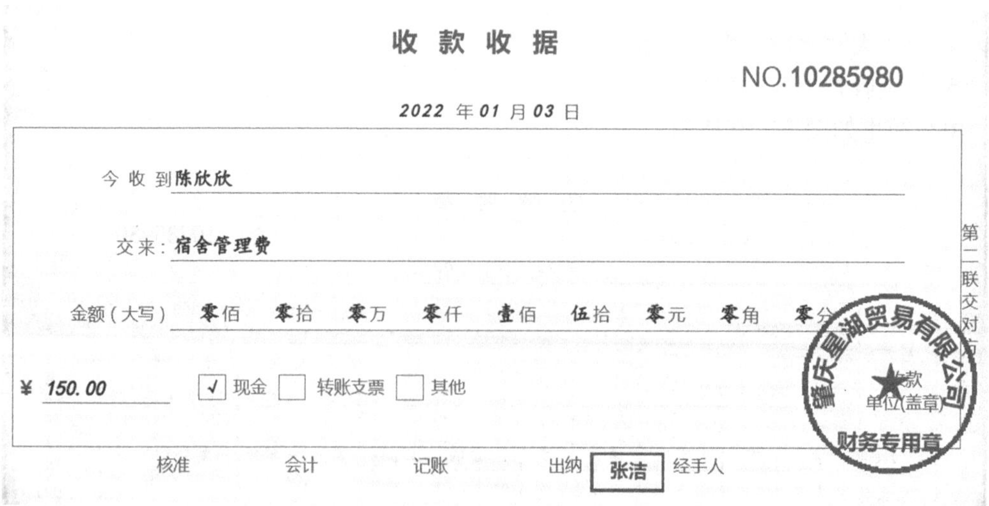

收 款 收 据

NO.10285980

2022 年 *01* 月 *03* 日

今 收 到 **陈欣欣**

交 来：**宿舍管理费**

金额（大写）　零佰　零拾　零万　零仟　壹佰　伍拾　零元　零角　零分

¥ 150.00　　☑ 现金　□ 转账支票　□ 其他

第二联 交对方

收款单位(盖章)　重庆皇湖贸易有限公司 财务专用章

核准　　会计　　记账　　出纳　张洁　经手人

图 2-58　收款收据的填制 4（财务专用章）

```
                    收 款 收 据                    NO.10285980
                    2022 年 01 月 03 日

    今 收 到 陈欣欣

    交 来: 宿舍管理费                    现金收讫

    金额(大写)   零佰   零拾   零万   零仟   壹佰   伍拾   零元   零角   零分

    ¥ 150.00    ☑现金  □转账支票  □其他              收款
                                                    单位(盖章)

         核准        会计        记账       出纳  张洁   经手人
```

图 2-59 收款收据的填制 5（现金收讫章）

至此完成收款收据的填制，实验结果如图 2-57 至图 2-59 所示。

实验 2.4 现金解款单的填制

2.4.1 实验目的

通过实验，了解现金解款单的定义，熟悉现金解款单的基本内容，掌握现金解款单的填制方法与填制要求。

2.4.2 预备知识

根据《现金管理暂行条例》，开户银行应当根据实际需要，核实开户单位 3 天至 5 天的日常零星开支所需的库存现金限额。边远地区和交通不便地区的开户单位的库存现金限额可以多于 5 天，但不得超过 15 天的日常零星开支。超出限额的库存现金，应当于当天送存开户银行。当天送存确实有困难的，则由开户银行确定送存的时间。到银行办理现金缴存业务时填写的表单，就是现金解款单。

1. 现金解款单的定义

现金解款单是开户单位将现金送存银行时填写的原始凭证。各单位必须按开户银行核定的库存现金限额保管、使用现金，收取的现金以及超出库存限额的现金，应及时送存银行。

存现必须填写银行存款凭证才能去银行办理，但是不同银行的现金存款凭证的名称会有所差异。例如，中国农业银行和中国银行的是现金缴款单，中国工商银行的是现金存款凭条，交通银行的是现金解款单等。各银行的现金存款凭证的格式会有所差异，但是内容大同小异，这里以交通银行的现金解款单为例。

现金解款单为一式三联或一式二联（本书以一式二联为例），包括回单联和收入凭证，如图 2-60 和图 2-61 所示。第一联为回单联，由银行盖章后退回存款单位。第二联为收入凭证,由收款人开户银行作为银行收入凭证。若有第三联——附联,做附件用,属银行出纳留底联。

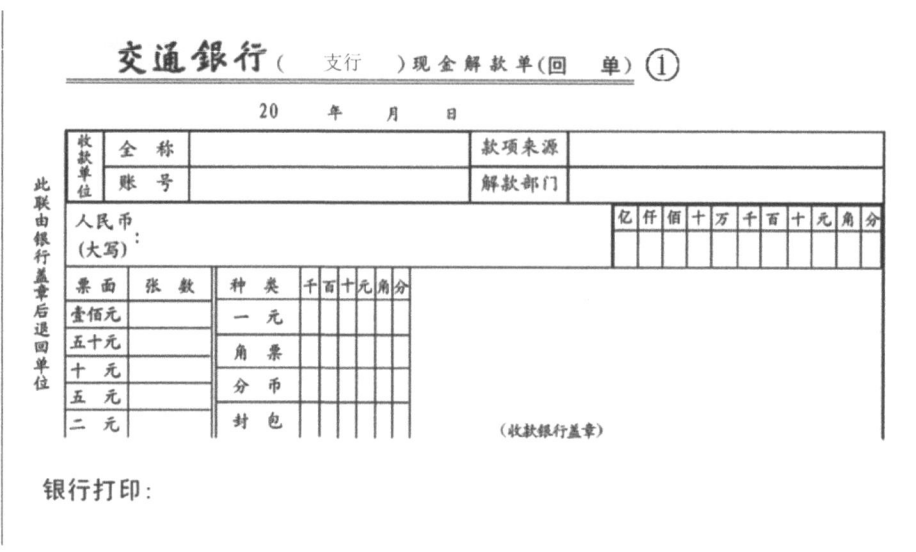

图 2-60 现金解款单（回单）

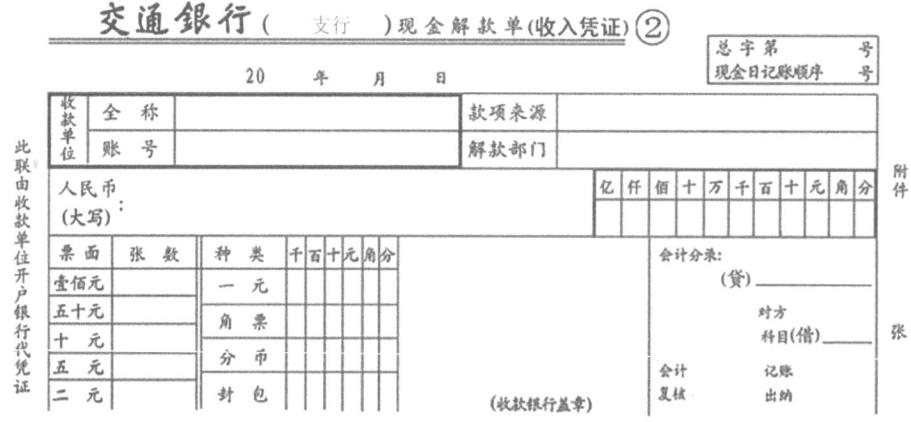

图 2-61 现金解款单（收入凭证）

2. 现金解款单的解款流程

一般情况下,企事业单位对当天收入的现金或超过库存限额的现金,应及时送存开户银行。送存现金一般包括以下程序：

（1）整理清点票币。现金送存银行之前,先由出纳人员将送存款按币别、币种的不同进行整理归类。纸币要平铺整齐,每 100 张为一把,用纸条在腰中捆扎好,余下零头按顺序从大额到小额摆放；硬币每 100 枚或 50 枚为一卷,10 卷为一捆,不足一卷为零头。归类整理完后清点票币,最后合计出需要存款的金额。

（2）填写存款凭证。款项清点整齐核对无误后,由出纳人员填写存款凭证（现金解款单）存入银行。

（3）到银行办理解款。向银行提交现金解款单和清点好的票币。票币要一次性交清，当面清点，如有差异，应当面复核。

（4）收回存款回单。开户银行受理后，在现金解款单上加盖银行印鉴后退回交款人一联（回单联），表示款项已收妥。银行退回的现金解款单回单联如图2-62所示。

（5）根据银行退回的现金解款单回单联，编制记账凭证。

（6）根据记账凭证登记现金日记账。

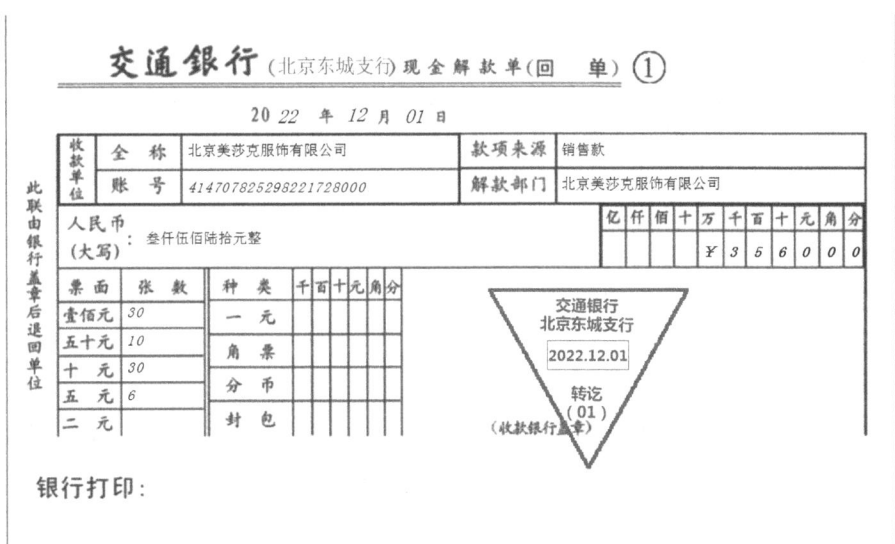

图2-62 现金解款单（回单）

3. 现金解款单的填制内容与方法

现金解款单由出纳填写，出纳去银行存现金时，要根据整理好的现金填写现金解款单的相关内容。

现金解款单填制的基本内容如图2-63所示。

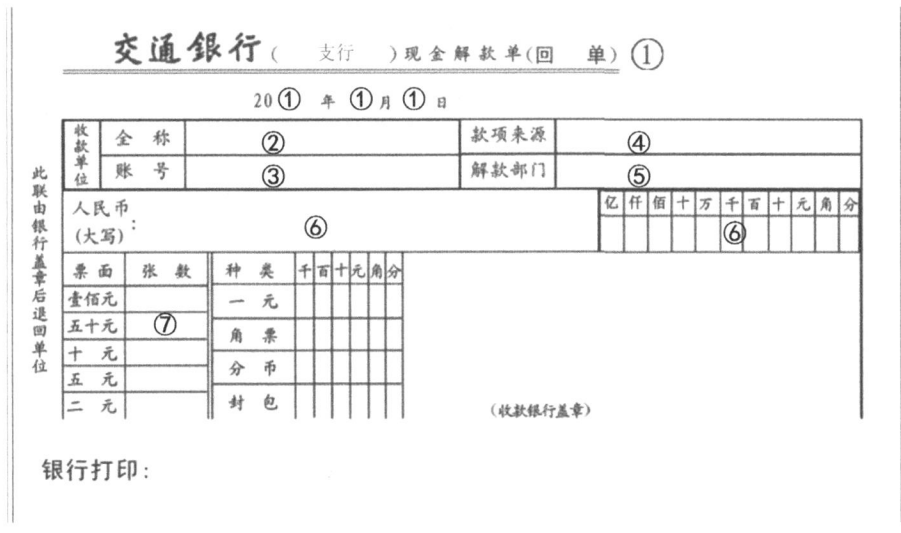

图2-63 现金解款单的填制内容

① 日期：填写办理业务当天的日期；
② 收款单位全称：要与营业执照的名称一致；
③ 收款单位账号：单位在银行开立的账号；
④ 款项来源：写明款项的实际来源，如零售款就写零售款，员工还款就写个人还款；
⑤ 解款部门：填写交款的部门，也可以写成公司名称或不写；
⑥ 金额：采用大小写金额填入，大小写金额必须一致，而且大小写金额要符合大小写金额数字的书写规范；
⑦ 券别：按币值分组统计，再将分类的数量填入相应栏内。

实务中，对于现金解款单的填写内容，其中日期、收款单位全称、收款单位账号、金额大小写、款项来源为必填项目，解款部门、券别则为可填可不填项目。有的银行要求填写票面的张数，有的银行没有要求，具体情况根据银行要求而定。

4. 现金解款单的填制要求

出纳人员在填写现金解款单时，必须按以下要求填写：
(1) 要用双面复写纸复写；
(2) 交款日期必须填写交款的当日；
(3) 收款人名称应填写全称；
(4) 款项来源要如实填写；
(5) 大小写金额的书写要标准；
(6) 券别和数额栏按实际送款时各种券面的张数或券枚填写。

2.4.3 实验案例

【案例2-4】2022年03月06日，广州市白林机电有限公司准备将收到的废品款580.00元存入银行。请根据背景资料（见图2-64至图2-66）填制现金解款单（见图2-67和图2-68）。（收款银行：交通银行广州白云支行，收款银行账号：4117597319587548375000）

※ 背景资料

原始单据：存入的纸币。如图2-64至图2-66所示。

图2-64 存入的纸币（面值壹佰元5张）

图 2-65 存入的纸币（面值拾元 3 张）

图 2-66 存入的纸币（面值伍元 10 张）

※ 实验材料

现金解款单如图 2-67 和图 2-68 所示。

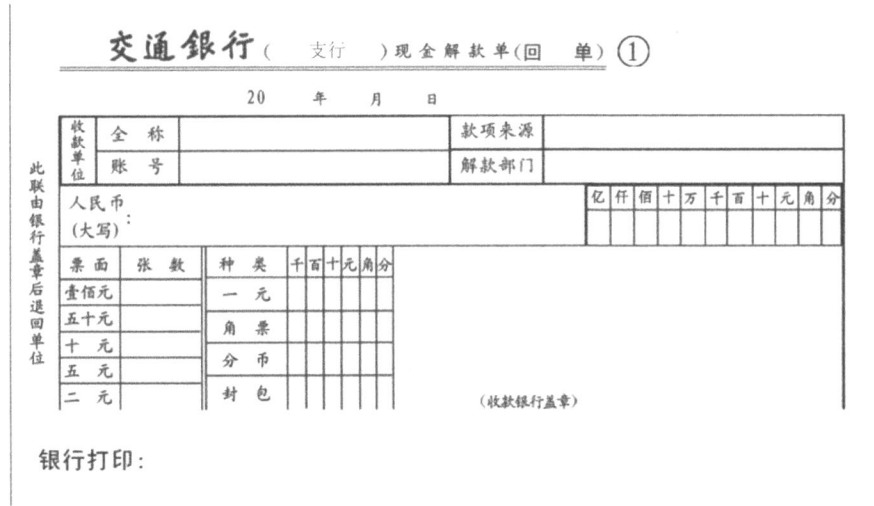

图 2-67 现金解款单（回单）

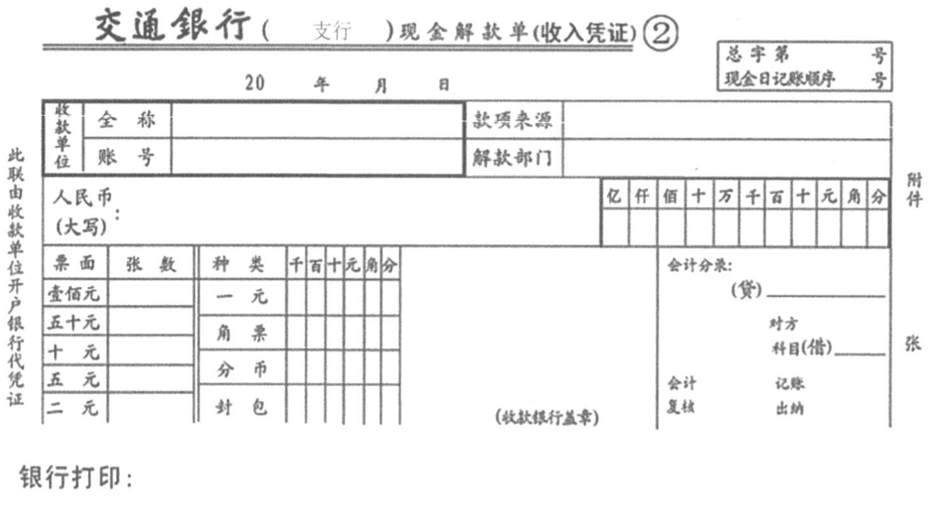

交通银行（ 支行 ）现金解款单(收入凭证) ②

总字第 号
现金日记账顺序 号

20 年 月 日

收款单位	全称		款项来源	
	账号		解款部门	

人民币（大写）：

亿	仟	佰	十	万	千	百	十	元	角	分

票面	张数	种类	千	百	十	元	角	分
壹佰元		一元						
五十元		角票						
十元		分币						
五元		封包						
二元								

（收款银行盖章）

会计分录：
（贷）
对方科目(借)
会计 记账
复核 出纳

此联由收款单位开户银行代凭证

附件 张

银行打印：

图 2－68　现金解款单（收入凭证）

2.4.4　实验步骤

（1）填写日期。

填写办理业务当天的日期（2022 年 03 月 06 日）。

填写结果如图 2－69 所示。

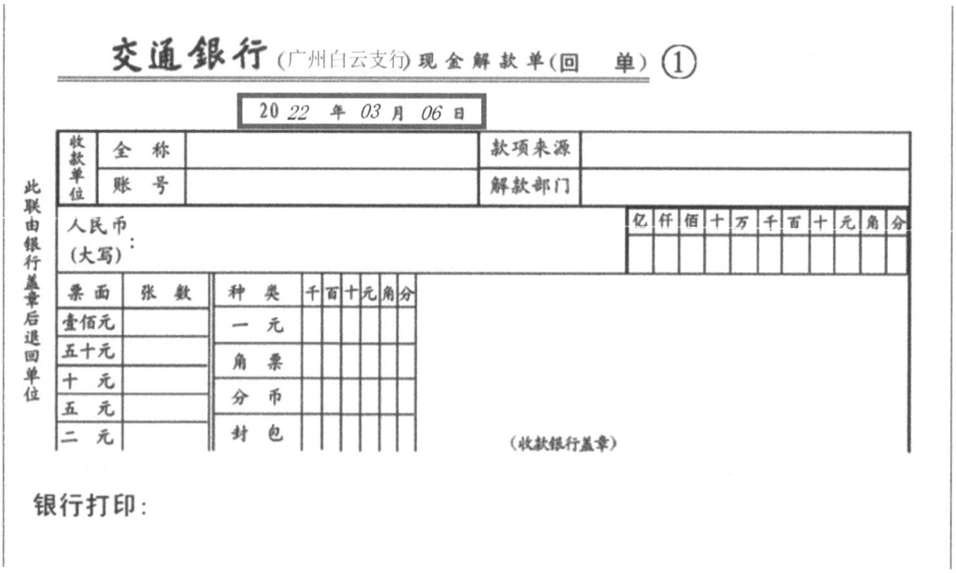

交通银行（广州白云支行）现金解款单(回　单) ①

20 22 年 03 月 06 日

收款单位	全称		款项来源	
	账号		解款部门	

人民币（大写）：

亿	仟	佰	十	万	千	百	十	元	角	分

票面	张数	种类	千	百	十	元	角	分
壹佰元		一元						
五十元		角票						
十元		分币						
五元		封包						
二元								

（收款银行盖章）

此联由银行盖章后退回单位

银行打印：

图 2－69　现金解款单的填制 1（日期）

（2）填写收款单位等信息。

收款单位等信息包括收款单位全称及账号，款项来源和解款部门。

收款单位全称要与营业执照的名称一致，本例为“广州市白林机电有限公司”；收款单位账号为单位在银行开立的账号（411759731958754837500）；款项来源应写明款项的实际来源，本例为"废品款"；解款部门按公司名称（广州市白林机电有限公司）填写。

填写结果如图 2-70 所示。

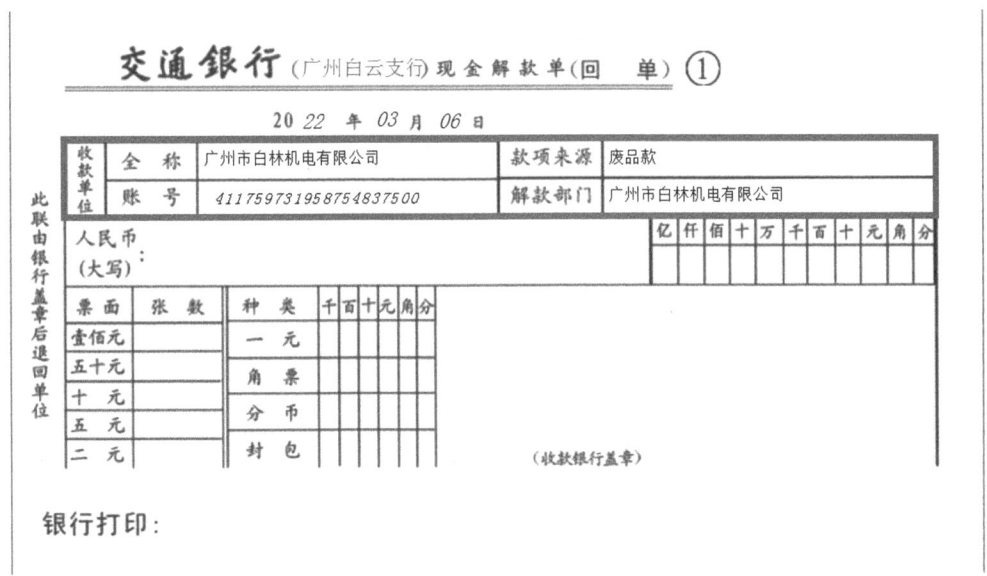

图 2-70　现金解款单的填制 2（收款单位等信息）

（3）填写金额。

采用大小写金额填入（大写金额：伍佰捌拾元整；小写金额：¥580.00），大小写金额必须一致，而且大小写金额要符合大小写金额数字的书写规范。

填写结果如图 2-71 所示。

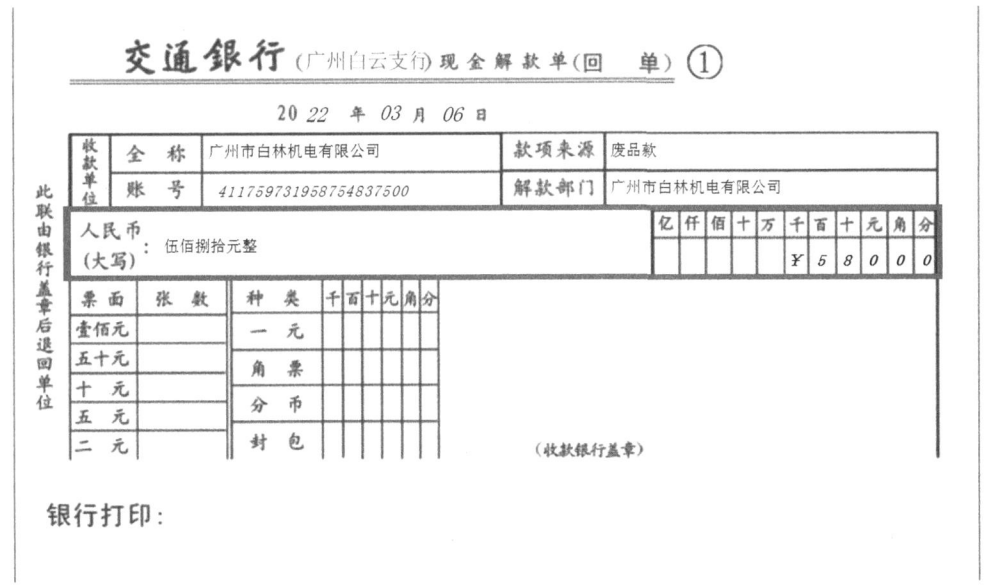

图 2-71　现金解款单的填制 3（金额）

（4）填写券别。将每个币值相同的现金分为一组进行统计，再将分类的数量填入相应栏内（壹佰元5张，十元3张，五元10张）。

填写结果如图2-72所示。

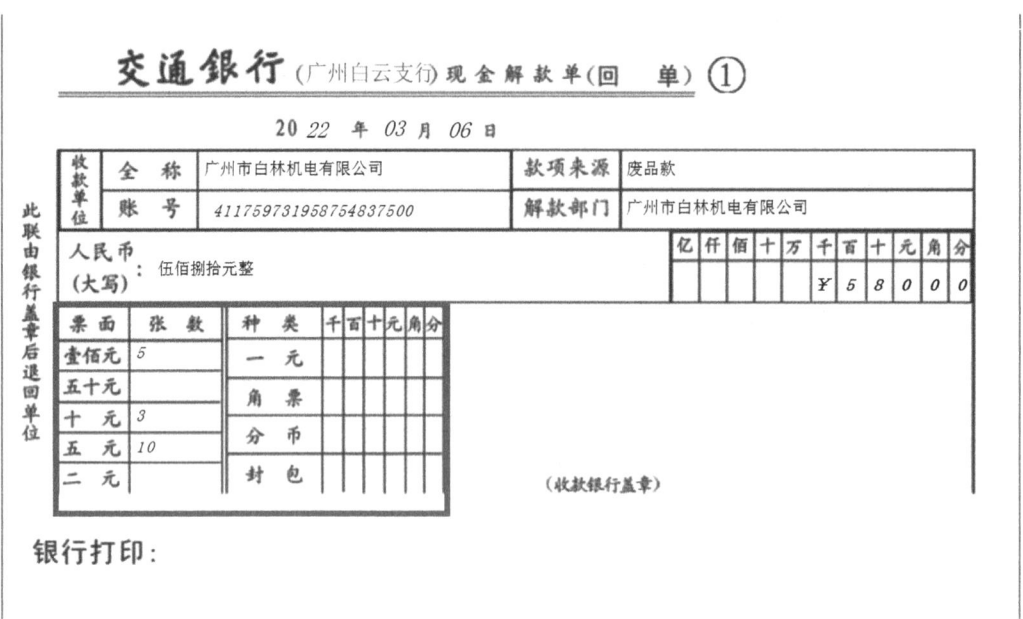

图2-72 现金解款单的填制4（券别）

以上填制现金解款单的实验结果如图2-73和图2-74所示。

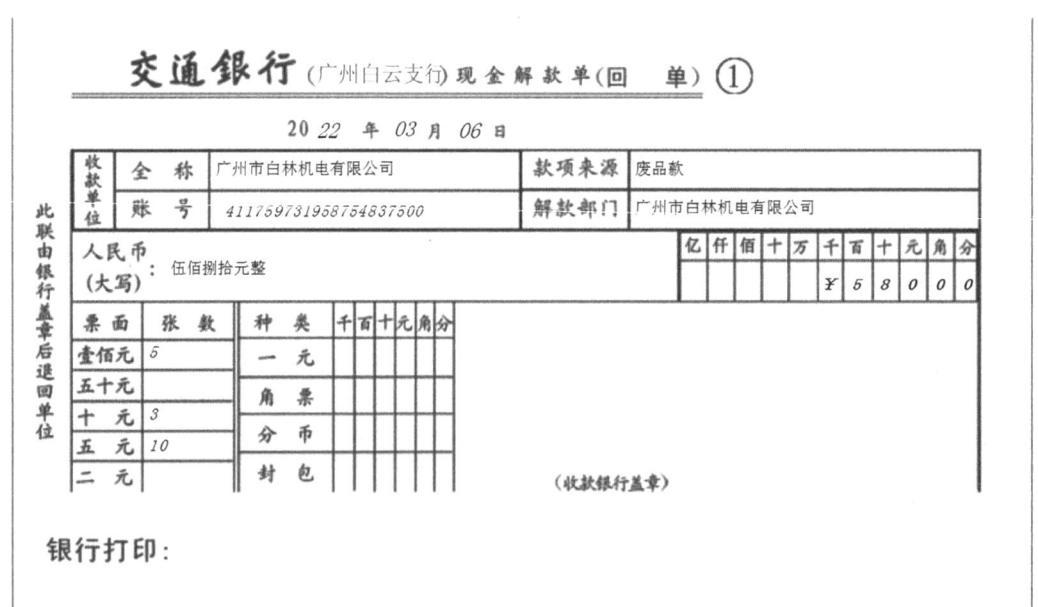

图2-73 现金解款单填制结果（回单）

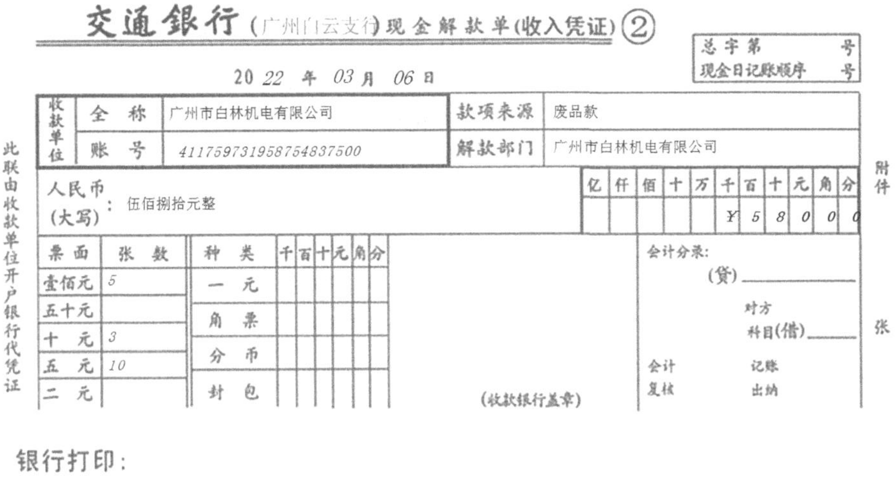

交通银行（广州白云支行）现金解款单（收入凭证）②

总字第　　号
现金日记账顺序　　号

2022 年 03 月 06 日

收款单位	全　称	广州市白林机电有限公司	款项来源	废品款
	账　号	411759731958754837500	解款部门	广州市白林机电有限公司

人民币（大写）：伍佰捌拾元整

亿	仟	佰	十	万	千	百	十	元	角	分
					¥	5	8	0	0	0

票面	张数	种类	千	百	十	元	角	分
壹佰元	5	一元						
五十元		角票						
十元	3	分币						
五元	10	封包						
二元								

（收款银行盖章）

会计分录：
（贷）
对方科目（借）
会计　记账
复核　出纳

此联由收款单位开户银行代凭证

附件　张

银行打印：

图 2－74　现金解款单填制结果（收入凭证）

实验 2.5　增值税发票的填制

2.5.1　实验目的

通过实验，了解增值税专用发票和增值税普通发票的定义，熟悉增值税专用发票和增值税普通发票的基本内容，掌握增值税专用发票和增值税普通发票的填制要求与填制方法。

2.5.2　预备知识

发票是指在购销商品、提供或者接受劳务，以及从事其他经营活动中，开具、收取的收付款的书面证明。它是确定经营收支行为发生的法定凭证，是会计核算的原始依据，也是税务稽查的重要依据。

由于各单位从事经济业务的性质不同，在具体办理现金收入业务时，所采用的原始凭证的种类也有所不同。在单位的日常往来业务中，最常用的增值税发票包括两种：增值税专用发票和增值税普通发票。

1. 增值税专用发票

（1）增值税专用发票的定义

增值税专用发票是增值税一般纳税人销售货物或提供应税劳务开具的发票，是购买方支付增值税额并可按照增值税有关规定据以抵扣增值税进项税额的凭证。增值税专用发票由国家税务总局监制设计印制，它是一种根据增值税征收管理需要而设计的特殊发票，只限于增值税一般纳税人领购使用。增值税专业发票可以认证进行税额抵扣，它既是纳税人反映经济活动的重要会计凭证，又是销售方纳税义务和购买方进项税额的合法证明。

(2) 增值税专用发票的联次说明

增值税专用发票可以认证进行税额抵扣,由基本联次或者基本联次附加其他联次构成,基本联次为三联,包括记账联、抵扣联和发票联,如图 2-75 至图 2-77 所示。

第一联:记账联,销售方发票联,销售方记账凭证。作为销售方核算销售收入和增值税销项税额的凭证,即销售方作为销售货物的原始凭证。在票面上的"税额"指的是"销项税额","金额"指的是销售货物的"不含税金额价格"。

第二联:抵扣联,购买方扣税凭证。作为购买方报送主管税务机关认证和留存备查的凭证,即购买方作为税额抵扣的凭证。

第三联:发票联,购买方记账凭证。作为购买方核算采购成本和增值税进项税额的记账凭证,即购买方作为付款的原始凭证。

发票三联是具有复写功能的,一次开具,三联的内容一致。其他联次用途由一般纳税人自行确定。

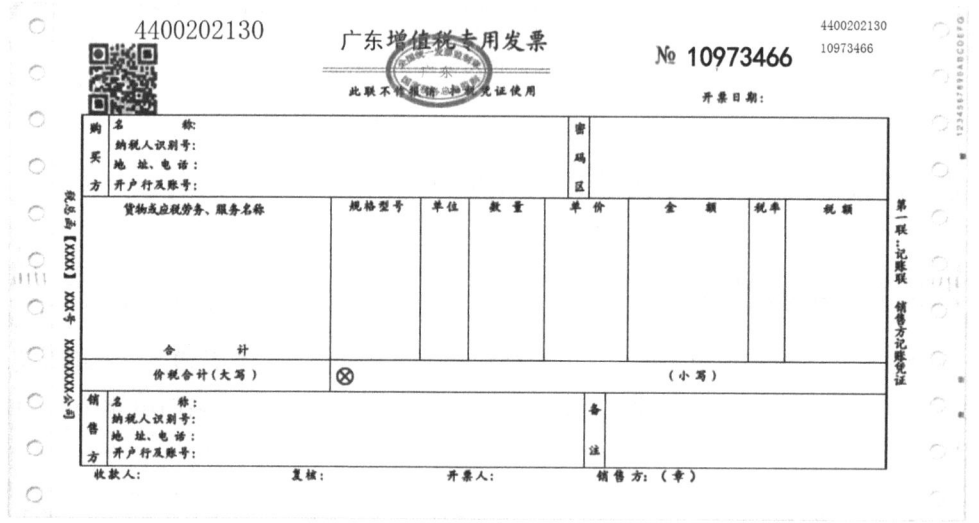

图 2-75 增值税专用发票(记账联)

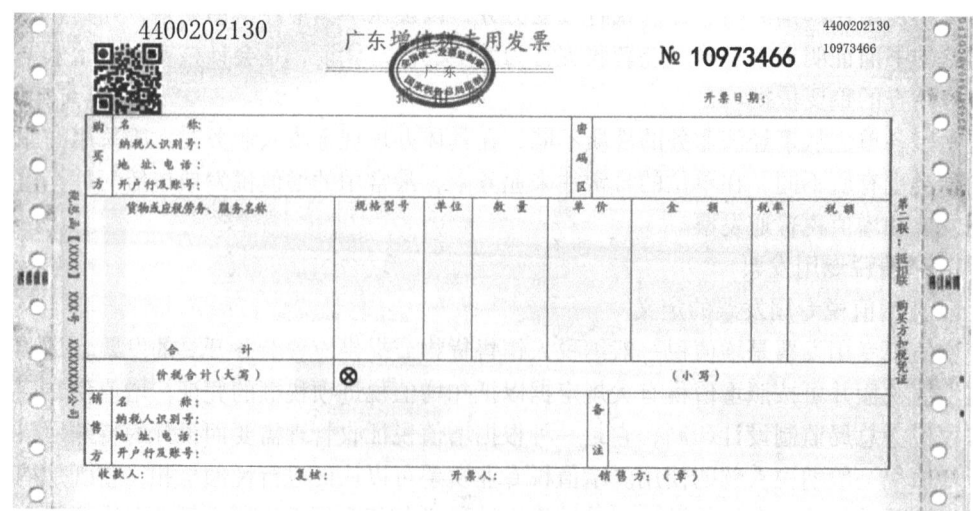

图 2-76 增值税专用发票(抵扣联)

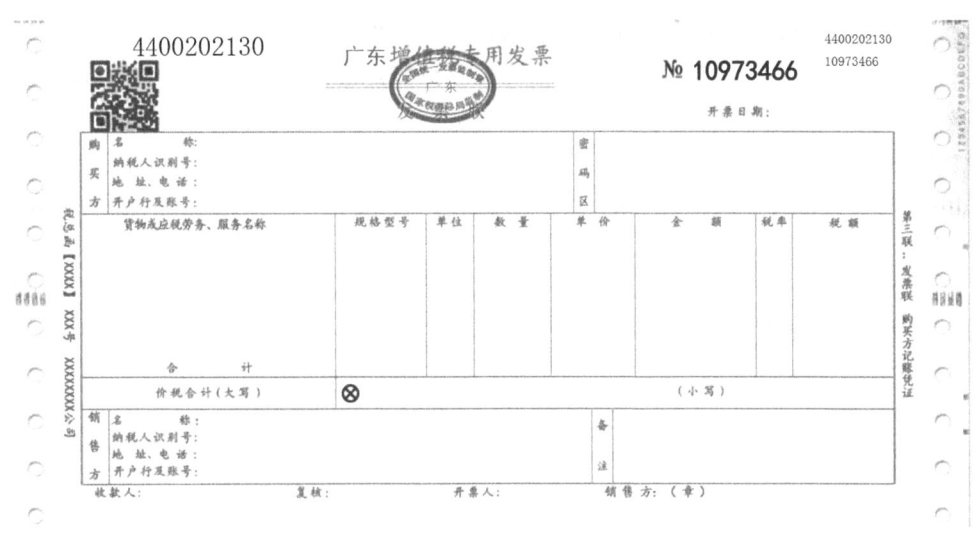

图 2-77 增值税专用发票（发票联）

（3）增值税专用发票的开具要求

实务中，很多企业的出纳员还要兼做开票的工作。开具增值税专用发票的要求如下：

① 字迹清楚，不得涂改。如填写有误，应另行开具增值税专用发票，并在误填的增值税专用发票上注明"误填作废"四字。如增值税专用发票开具后因购货方不索取而成为废票的，也应按填写有误办理。

② 项目填写齐全，与实际交易相符。

③ 票、物相符，票面金额与实际收取的金额相符。

④ 增值税专用发票各项目内容正确无误。

⑤ 全部联次一次性填开，各联的内容和金额一致。

⑥ 发票联和抵扣联加盖发票专用章。

⑦ 填开发票的单位和个人必须在发生经营业务确认营业收入时开具增值税专用发票。未发生经营业务一律不准开具增值税专用发票。

⑧ 不得开具伪造的增值税专用发票。

⑨ 不得开具票样与国家税务总局统一制定的票样不相符合的增值税专用发票。

不符合上列要求的增值税专用发票不得作为扣税凭证，购买方有权拒收。

（4）增值税专用发票的基本结构

增值税专用发票主要分为四个部分，其基本结构如图 2-78 所示。

① 票头部分。a）增值税专用发票上端中间的位置印有专用发票名称，即"××（市、区）增值税专用发票"；b）在名称下面，印有全国统一发票监制章（限发票联和抵扣联），其形状为椭圆形，上环刻制"全国统一发票监制章"字样，中间刻制国税、地税机关所在地的省、市全称或简称，下环刻制"××税务局监制"字样。字体为正楷，印色大红色，套印在发票联的票头中央；c）右上角设有"开票日期"栏；d）右上角以地（州、盟、市）为单位编印专用发票印制顺序号。

② 票体部分。票体是专用发票的核心部分，它以表格形式规定了专用发票所需反映

的经济业务的有关内容,具体包括:a)购销单位信息。购销单位信息包括购货单位和销货单位的名称,地址、电话,纳税人识别号,开户行及账号。b)经济业务内容。经济业务内容包括货物或应税劳务、服务名称、规格型号、单位、数量、单价、金额、税率、税额及价税合计等。c)"备注"栏。

③ 票尾部分。专用发票的下端设有"收款人""复核""开票人""销售方(章)"等栏。

④ 其他部分。在专用发票的右边,印有专用发票的联次和用途;在专用发票的左边,印有批准印制专用发票的文号、印制数量和印制单位。

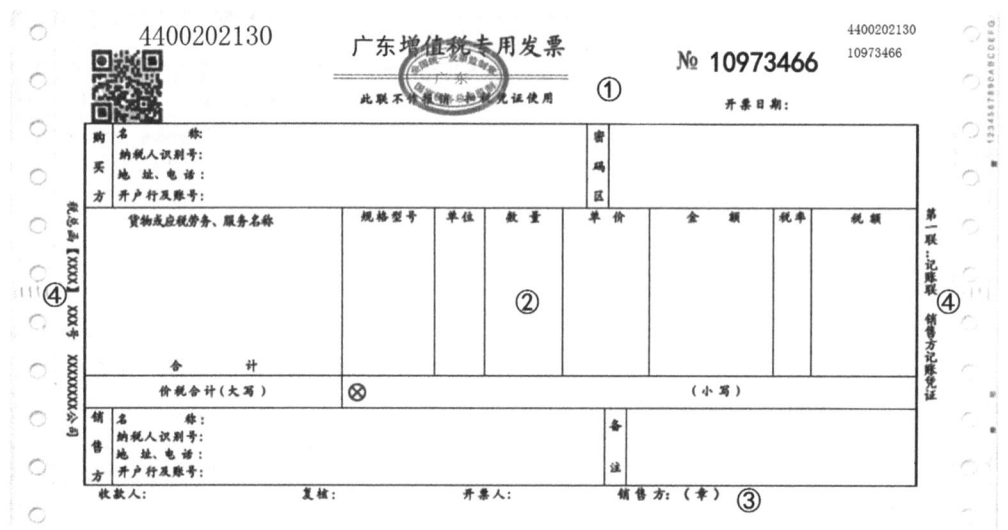

图 2-78 增值税专用发票的基本结构

(5) 增值税专用发票的填制内容

增值税专用发票填制的具体内容如图 2-79 所示。

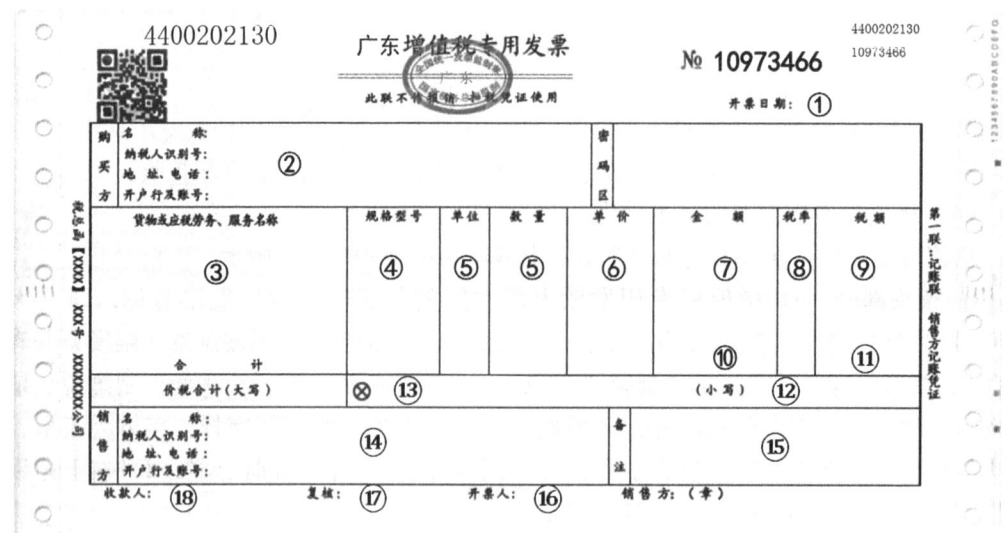

图 2-79 增值税专用发票的填制内容

① 开具发票的日期；
② 购买方的名称，纳税人识别号，地址、电话，开户行及账号；
③ 货物或应税劳务、服务名称；
④ 规格型号；
⑤ 单位、数量；
⑥ 单价，如100.00；
⑦ 不含税金额；
⑧ 税率，如13%；
⑨ 税额；
⑩ 不含税合计金额，在合计数字前加"￥"；
⑪ 合计税额，在合计数字前加"￥"；
⑫ 小写价税合计，在合计数字前加"￥"；
⑬ 大写价税合计，大写金额与小写金额必须一致；
⑭ 销售方的名称，纳税人识别号，地址、电话，开户行及账号；
⑮ 备注；
⑯ 开票人姓名；
⑰ 复核人姓名；
⑱ 收款人姓名。

⑦～⑱项（除⑮项）和密码区在税控开票时，购买方和销售方第一次在系统里设置好，开票时，从税控盘中取得，不需要操作人员输入，不用人工填写。全部填写完后，抵扣联、发票联要在盖章处盖销售方的发票专用章，而记账联的发票专用章可盖可不盖。

（6）增值税专用发票的填制方法

① "开票日期"按公历用阿拉伯数码填写；"购买方名称"栏，名称应填写全称，不得简写；纳税人识别号按工商营业执照上的"统一社会信用代码"（18位数）填写；地址、电话不能省略；开户行及账号按购货单位开户行名称和支票注明账号填写。

② "金额"栏应填写不含税的销售额，在票面上反映的是数量单价的乘积。"金额合计"栏应填写本份发票所填开的不含税销售额之和，计量单位、数量、单价的合计栏不填写。

③ "税率"栏应按税法规定税率填写，税率合计栏不填写；"税额"栏应填写金额乘税率所得的积，"税额合计"栏应填写本份发票税额合计数。

从2019年4月1日开始，制造业等行业增值税率从16%降到13%，交通运输、建筑、基础电信服务等行业及农产品等货物的增值税税率从10%降到9%。

④ "价税合计"栏应填写金额合计加税额合计之和，并用汉字大写数字和阿拉伯数字同时填写。

⑤ 开具增值税专用发票必须在"金额"合计、"税额"合计、"价税合计（小写）"数字前用"￥"符号封顶，在"价税合计（大写）"栏大写合计数前用一个圈中间一个叉的符号"⊗"封顶。

⑥"销货单位"栏,包括"名称""纳税人识别号""地址、电话""开户行及账号"等,这些项目的填写内容与购货单位基本相同。

⑦"收款人"处应由收款人(开票人)签字或盖章,姓名不得省略。销售方(章)处应加盖税务机关的发票发售部门预留印鉴的"发票专用章",记账联不用加盖。

(7) 增值税专用发票的识别

通常可以从以下两个方面识别增值税专用发票的真伪。

第一,从外表看其具有的特征。

① 微缩字母防伪标记。发票联、抵扣联上,"××增值税专用发票"字样下端的双实线由微缩字母组成,其中上线为"××增值税专用发票"等汉字的汉语拼音声母缩写,下线为"国家税务总局监制"等汉字的汉语拼音声母缩写。例如,北京增值税专用发票上线由"BJZZHSHZHYFP"微缩字样组成,下线为"GJSHWZJJZH"微缩字样组成。发票监制章的内圆线由多组"国家税务总局监制"等汉字的汉语拼音声母缩写组成,即"GJSHWZJJZH"。

② 增值税专用发票号码采用异型号码字体印刷。

第二,增值税防伪税控系统能起到防伪功能。

税控发票采用密码防伪。增值税防伪税控系统是强化专用发票的防伪功能,避免收取假发票的有力手段。在开票过程中,利用防伪开票子系统提供的加密功能,将发票上的主要信息(包括开票日期、发票代码、发票号码、购销双方的纳税人识别号、金额、税率和税额等)经数据加密形成84位防伪电子密码(也称密文)打印在发票上,同时将用于加密的所有信息逐票录到金税卡的黑匣子中。如需识别一张发票的真伪,可通过数据扫描仪或键盘将发票上的密文输入认证报税子系统,采用字符识别技术将图像转换成数字信息经解密恢复出7项关键参数,再与发票上的相应内容比对。由于防伪增值税专用发票是一票一密,因而对比结果一致则为真票,若不相符,即为假票。

2. 增值税普通发票

(1) 增值税普通发票的定义

增值税普通发票主要由增值税小规模纳税人使用,增值税一般纳税人在不能开具专用发票的情况下也可以使用普通发票。增值税普通发票是不可以认证进行税额抵扣的。开具普通发票时,购买方信息栏可以只填写购买方名称及纳税人识别号。

(2) 增值税普通发票的联次说明

增值税普通发票由基本联次或基本联次附加其他联次构成,分为两联版和五联版两种。本书主要介绍两联版。

两联版基本联次为两联,第一联为记账联,是销售方记账凭证,即销售方用作记账的原始凭证;第二联为发票联,是购买方记账凭证,即购买方用作记账的原始凭证。如图2-80 和图2-81 所示。

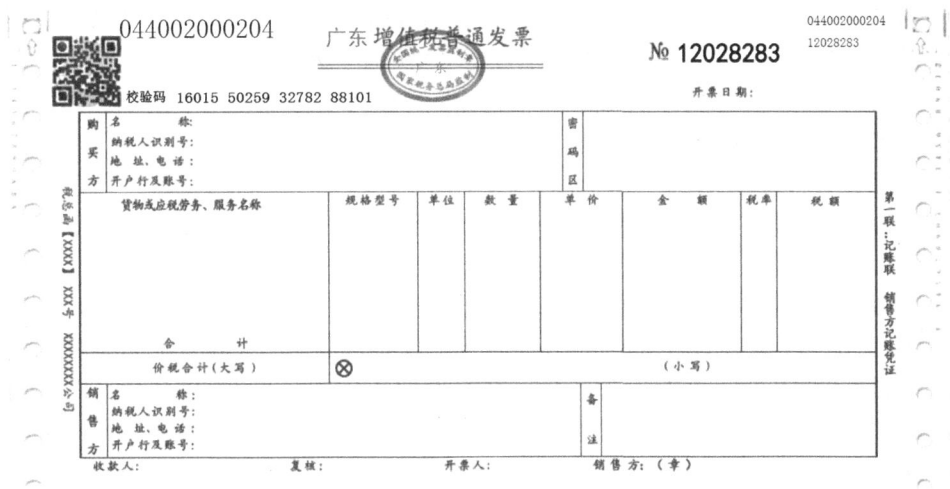

图 2-80　增值税普通发票（记账联）

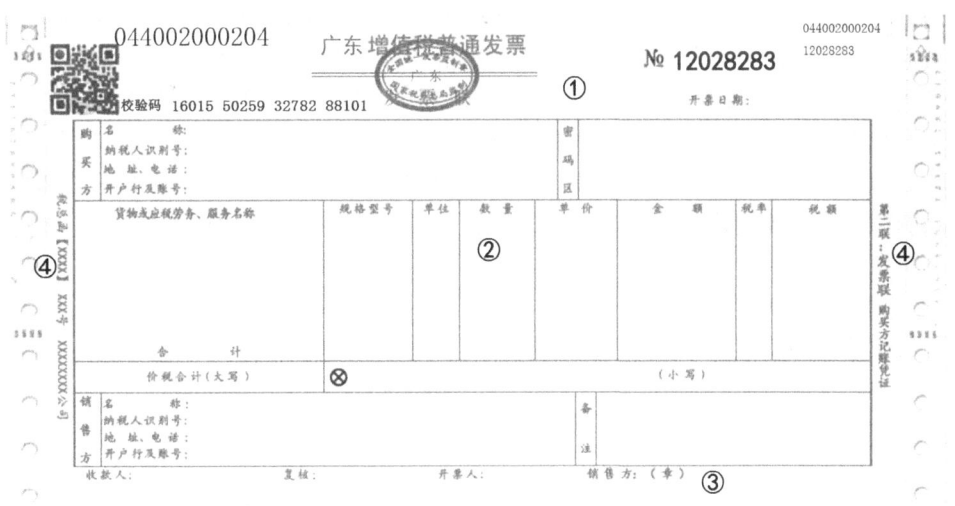

图 2-81　增值税普通发票（发票联）

（3）增值税普通发票的开具要求

① 在销售商品、提供服务以及从事其他经营活动对外收取款项时，应向付款方开具发票。特殊情况下，由付款方向收款方开具发票。

② 开具发票应当按照规定的时限、顺序、逐栏、全部联次一次性如实开具，并加盖单位发票专用章。

③ 使用计算机开具发票，须经国税机关批准，并使用国税机关统一监制的机外发票，并要求开具后的存根联按顺序号装订成册。

④ 发票限于领购的单位和个人在本市、县范围内使用，跨出市、县范围的，应当使用经营地的发票。

⑤ 开具发票单位和个人的税务登记内容发生变化时，应相应办理发票和发票领购簿的变更手续。注销税务登记前，应当缴销发票领购簿和发票。

⑥ 所有单位和从事生产、经营的个人，在购买商品、接受服务，以及从事其他经营活动支付款项时，向收款方取得发票，不得要求变更品名和金额。

⑦ 对不符合规定的发票，不得作为报销凭证，任何单位和个人有权拒收。

⑧ 发票应在有效期内使用，过期应当作废。

（4）增值税普通发票的基本结构

增值税普通发票主要分为四个部分，其基本结构与增值税专用发票基本相同，如图2-81所示。

① 票头部分。票头部分主要包括：a）发票的名称。即"××（市、区）增值税普通发票"，它说明了发票的用途及适用范围；b）发票监制章。发票监制章是发票的法定标志和识别真伪的依据，为椭圆形，套印在发票票头正中；c）开票日期。右上角设有"开票日期"栏；d）字轨号码。字轨号码包括发票的代码和号码。代码为发票的印刷批号，体现了发票的印刷年度、适用行业、版式和限额等；号码则是一组发票的顺序标记。

② 票体部分。票体是普通发票的核心部分，它以表格形式规定了普通发票所需反映的经济业务的有关内容：a）购销单位信息。购销单位信息包括购买单位和销售单位的名称、地址、电话，纳税人识别号，开户行及账号。b）经济业务内容。经济业务内容包括货物或应税劳务、服务名称，单位，数量，单价和金额等。c）"备注"栏。

③ 票尾部分。普通发票的下端设有"收款人""复核""开票人""销售方（章）"等栏。开具发票必须按要求加盖发票专用章。

④ 其他部分。在普通发票的右边，印有普通发票的联次和用途。发票联次及用途表明发票的联次和具体用途。在普通发票的左边，印有批准印制普通发票的文号、印制数量和印制单位。

（5）增值税普通发票的填制内容

增值税普通发票的填制内容与增值税专用发票基本相同，如图2-82所示。

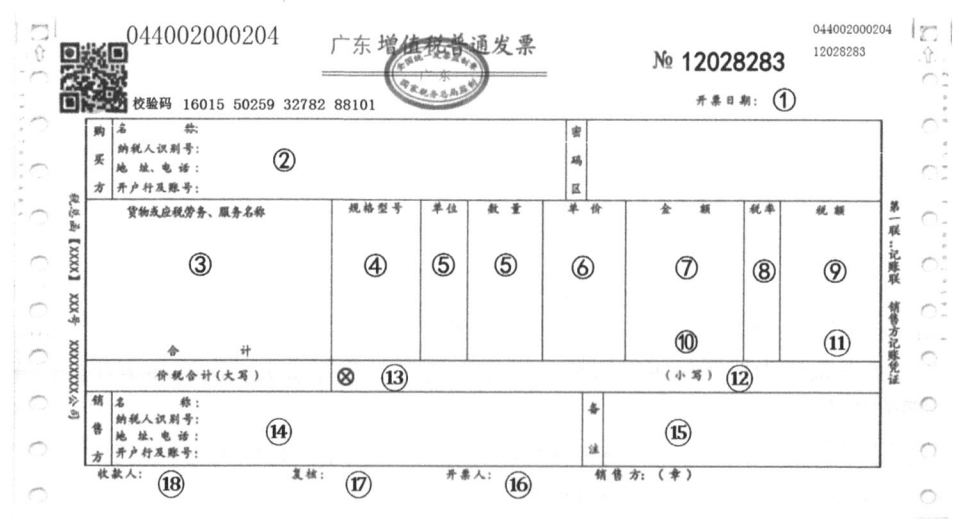

图2-82 增值税普通发票的填制内容

① 开具发票的日期；

② 购买方的名称。普通发票可以只填写购买方的公司名称和纳税人识别号；

③ 货物或应税劳务、服务名称；

④ 规格型号；

⑤ 单位、数量；

⑥ 单价，如100.00；

⑦ 不含税金额；

⑧ 税率，如13%；

⑨ 税额；

⑩ 不含税合计金额，在合计数字前加"￥"；

⑪ 合计税额，在合计数字前加"￥"；

⑫ 小写价税合计，在合计数字前加"￥"；

⑬ 大写价税合计，大写金额与小写金额必须一致；

⑭ 销售方的名称，纳税人识别号，地址、电话，开户行及账号；

⑮ 备注；

⑯ 开票人姓名；

⑰ 复核人姓名；

⑱ 收款人姓名。

⑦～⑱项（除⑮项）和密码区在税控开票时，机器会自动跳出，不用人工填写。全部填写完后，发票联盖章处要盖销售方的发票专用章，而记账联的发票专用章可盖可不盖。

3. 增值税电子发票

目前国家正大力推广实施电子发票，电子发票是信息时代的产物，同普通发票一样，采用国家税务总局统一发放的形式给商家使用，发票号码采用全国统一编码，采用统一防伪技术，分配给商家，在电子发票上附有电子税务局的签名机制。增值税电子专用发票和增值税电子普通发票如图2-83和图2-84所示。

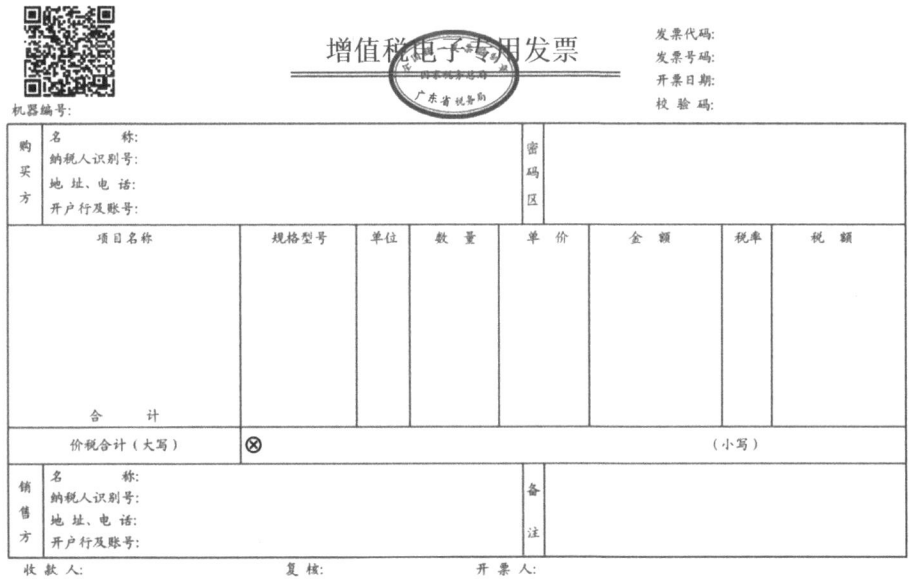

图2-83 增值税电子专用发票

图 2-84 增值税电子普通发票

增值税电子发票是指通过国家税务总局××省电子税务局开具、上传的电子增值税发票，并可通过电子税务局查询和下载。区别于传统纸质发票，是在原有加密防伪措施上，使用数字证书进行电子签章后供购买方下载使用。增值税电子发票的开票方和受票方需要纸质发票的，可以自行打印增值税电子发票的版式文件，其法律效力、基本用途、基本使用规定等与税务机关监制的增值税纸质发票相同。

2.5.3 实验案例

【案例 2-5】2022 年 08 月 20 日，君悦贸易有限公司销售给天津菲科有限公司商品一批，请根据背景资料（见图 2-85）开具增值税专用发票（见图 2-86 至图 2-88）。（税率 13%）（开票人：李晓）

※ 背景资料

原始单据：销售单（会计联）。如图 2-85 所示。

图 2-85 销售单（会计联）

※ **实验材料**

增值税专用发票如图 2-86 至图 2-88 所示。

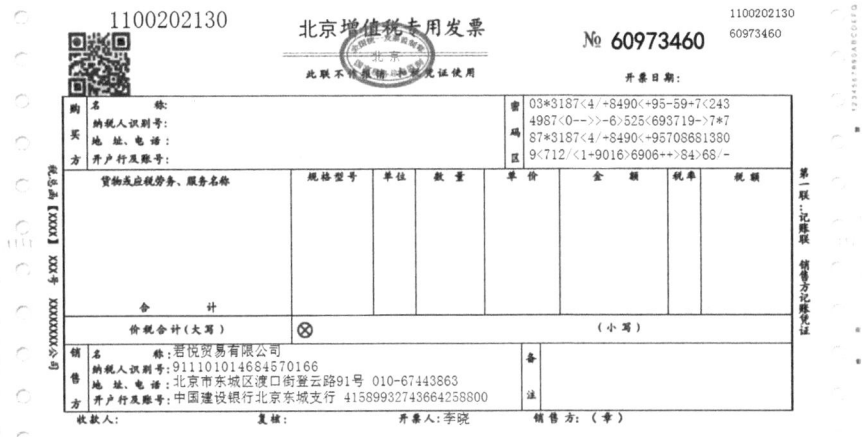

图 2-86 增值税专用发票(记账联)

图 2-87 增值税专用发票(抵扣联)

图 2-88 增值税专用发票(发票联)

2.5.4 实验步骤

（1）填写开票日期。

按开具发票当天的日期（2022年08月20日）填写。

填写结果如图2-89所示。

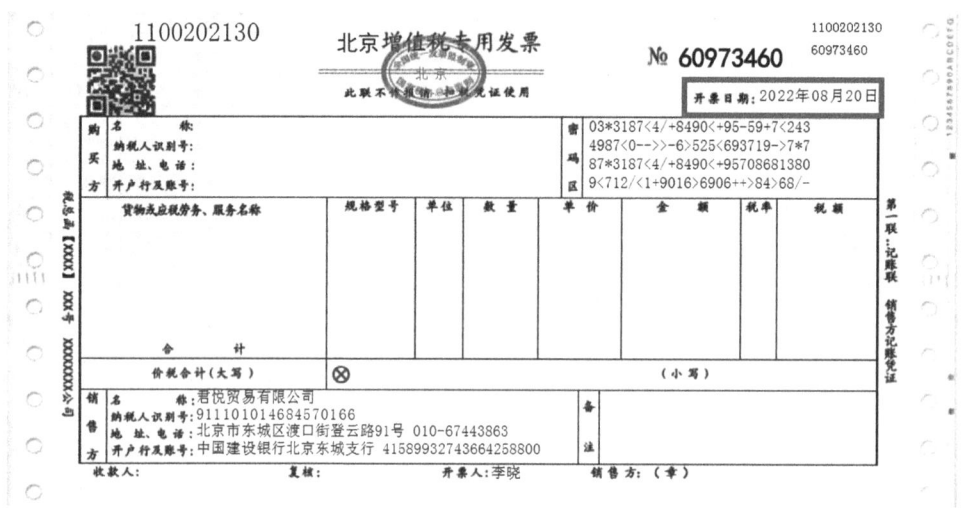

图2-89 增值税专用发票的填制1（开票日期）

（2）填写购买方信息。购买方信息包括购买方名称，纳税人识别号，地址、电话，开户行及账号。

本例中，购买方信息按购货单位名称（天津菲科有限公司），纳税人识别号（911201026369087125），地址、电话（天津市塘沽区东半圆路343号，022-27800989），开户行及账号（中国工商银行天津塘沽支行，110580199102890676）填写。

填写结果如图2-90所示。

图2-90 增值税专用发票的填制2（购买方信息）

(3) 填写货物（劳务、服务）信息。根据合同填写货物或应税劳务、服务名称、规格型号、单位、数量及单价。开票前企业应当事先设好税率，开票系统会自动生成金额。

本例中，货物信息按货物的名称（*计算机外部设备*扫描仪）、规格型号（#601）、单位（台）、数量（10）、单价（1 000.00）、金额（10 000.00）、税率（13%）、税额（1 300.00）、不含税合计金额（￥10 000.00）、合计税额（￥1 300.00）、小写价税合计金额（￥11 300.00）及大写价税合计金额（壹万壹仟叁佰元整）填写。

填写结果如图2-91所示。

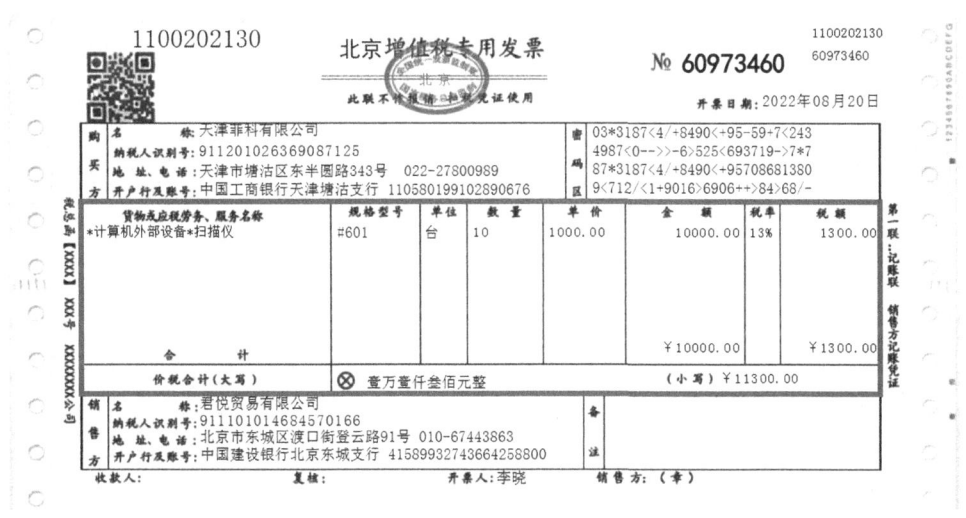

图2-91 增值税专用发票的填制3（货物信息）

(4) 填写销售方信息。销售信息，即开票单位的信息，包括销售方名称，纳税人识别号，地址、电话，开户行及账号。在系统开票时，销售方信息一般都已经事先设置好了，开票时系统可自动生成，无需填写。

本例销售方信息已自动生成，无需再填写。

销售方信息栏如图2-92所示。

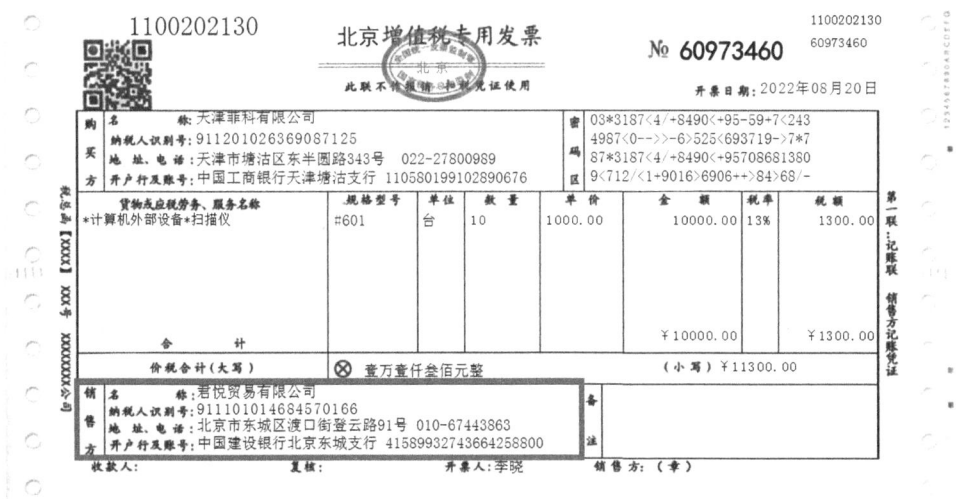

图2-92 增值税专用发票的填制4（销售方信息）

（5）开票人及开票单位签章。

在专用发票下端的"收款人""复核""开票人""销售方（章）"等栏签章。

本例中，由出纳员李晓在"开票人"栏签字，抵扣联、发票联要在"销售方（章）"栏加盖销售方的发票专用章（君悦贸易有限公司发票专用章）。

签章结果如图2-93和图2-94所示。

图2-93　增值税专用发票的填制5（抵扣联签章）

图2-94　增值税专用发票的填制6（发票联签章）

以上填制增值税专用发票的实验结果如图2-95至图2-97所示。

第2章 原始凭证的填制与审核

图2-95 增值税专用发票填制结果（记账联）

图2-96 增值税专用发票填制结果（抵扣联）

图2-97 增值税专用发票填制结果（发票联）

实验 2.6　原始凭证的审核

2.6.1　实验目的

通过实验，进一步熟悉各种原始凭证的格式和内容，掌握原始凭证的审核要求和方法，提高判断、鉴别原始凭证真实性、合法性和合理性的水平。

2.6.2　预备知识

在实际工作中，原始凭证可能存在伪造、虚假、错误等情况，为保证原始凭证的真实性、完整性与合法性，保证会计信息的质量，充分发挥会计的监督作用，原始凭证取得或填制完成以后，必须由会计部门对其进行严格的审核。只有经过审核无误的原始凭证才能作为记账的依据。

1．原始凭证审核的内容

对原始凭证的审核，从一般意义上来讲，主要从以下三个方面进行：

（1）真实性的审核

主要审核原始凭证是否如实反映经济业务。原始凭证的基本内容，如凭证的名称、接受凭证单位名称、填制凭证的日期、经济业务的内容、金额、填制单位及有关人员的印章和名称、凭证的附件和编号等是否真实和正确，数字、文字有无伪造、涂改、重复使用、各联之间数字不符等情况。尤其要注意的是：

① 是否有写接受单位名称，名称与本单位是否相符。
② 数量、单价与金额计算是否相符。
③ 有关责任人是否签名或盖章。
④ 认真核对笔迹，需要领导签名批准的凭证是否是领导的亲笔签名。
⑤ 凭证联次是否有误，各联之间数字是否相符。
⑥ 是否有抹擦、刀刮和挖补等涂改的痕迹。

（2）完整性的审核

主要审核原始凭证应具备的要素是否填写齐全，文字数字是否填写正确、清楚；名称、商品规格、计量单位、数量、单价、金额和填制日期的填写是否清晰，计算是否正确。对要求统一使用的发票，应检查是否存在伪造、挪用或用作废的发票代替等现象，凭证中应有的印章、签名是否齐全、审批手续是否健全等。审核中若发现不符合要求的原始凭证，应退回有关部门或人员，要求他们补办手续。特别应注意的是：

① 原始凭证应具备的凭证要素是否完整，是否存在要素不全或空白的情况。
② 原始凭证所填写的文字、数字是否清楚完整，复写纸压写的字迹是否清晰，尤其是数量、单价、金额、时间等关键要素的填写是否清晰、易于辨认。
③ 原始凭证办理的审批传递手续是否符合规定程序，有关人员是否全部正式签章，是否盖有财务公章或收讫、付讫戳记。
④ 自制原始凭证是否连续编号，其存根与所开具的凭证是否一致。

⑤ 购买实物的原始凭证，是否有验收证明。
⑥ 支付款项的原始凭证，是否有收款单位和收款人的收款证明。

（3）合法性的审核

这是对原始凭证进行实质性的审核，主要审核凭证内容是否符合国家的政策、法令以及会计法规、制度的规定，有无违反财经纪律等违法乱纪行为。另外还需审核凭证本身是否具有"合法性"。具体来说包括：

① 不真实的原始凭证，如假发票、假收据、假车票等均是不合法的。
② 虽真实但制度不允许报销的原始凭证也是不合法的，如个人因私购买物品、外出旅游公款报销等。
③ 虽能报销但超过规定比例和限额的部分也是不合法的，如职工出差超标准乘坐交通工具、住宾馆，超标准开支医药费等。

在实际工作中，原始凭证审核要求"八审八看"。一审原始凭证的经济业务，看是否符合财务制度和开支标准；二审原始凭证的"抬头"，看是否与本单位的名称或报账人姓名相符；三审原始凭证的日期，看是否与报账日期相近；四审原始凭证的"财务签章"，看是否与原始凭证的企业名称相符；五审原始凭证的用途，看是否属于"发票联"或者"收据联"；六审原始凭证的金额，看是否等于数量乘以单价；七审原始凭证大写金额，看是否与小写金额一致；八审原始凭证的表面，看有无涂改、刮擦等现象。

2. 各种主要原始凭证的具体审核要求

主要审核各种原始凭证的填写是否完整，计算是否准确，手续是否完备。

（1）支票。主要审核支票种类是否正确，是否用碳素墨水书写，支票内容、开户行名称、签发人账号、收款人是否正确，用途是否合理，大小写金额是否一致，存根联与正联是否相符，签章是否齐全。不准更改的内容是否更改了，允许更改的内容更改后是否加盖了印鉴等。

（2）增值税专用发票。主要审核增值税专用发票开具时的主要项目是否填写完整，特别是购买方和销售方名称，纳税人识别号，地址、电话，开户行及账号不能漏填或错填；税额和价税合计栏计算是否正确、金额栏大小写是否一致。除此之外，购买方还需审核发票是否为税务局统一格式；发票上销售方的财务印鉴是否清晰可辨；取得的发票是否为抵扣税款联和记账联。

（3）增值税普通发票。主要审核是否印有税务局监制章，购货单位、商品或劳务名称以及金额的计算是否正确，大小写金额是否一致，供货单位发票专用章是否加盖等。

（4）收款收据。主要审核缴款人、款项内容是否正确，大小写金额是否一致，现金收讫章是否加盖等。

（5）现金存款单。主要审核收款人、账号及开户行名称是否正确，大小写金额是否一致等。

（6）转账进账单。主要审核收付款人、账号及开户行名称是否正确，进账单上的金额是否与支票一致，大小写金额是否一致等。

（7）借款单。主要审核审批人是否签名，大小写金额是否一致，借款人是否签名等。

（8）收料单。主要审核验收是否及时，收料单内容是否与发票一致，发票数量与实收数量是否一致，验收人是否签名等。

(9) 领料单。主要审核金额计算是否正确，签名是否齐全等。

3. 原始凭证错误更正的规定

为规范原始凭证的内容，明确相关人员的经济责任，防止利用原始凭证进行舞弊，对于原始凭证中出现的错误，应按规定进行更正。

(1) 原始凭证记载的各项内容均不得涂改，随意涂改的原始凭证为无效凭证，不能作为填制记账凭证或登记会计账簿的依据。

(2) 原始凭证记载内容有错误的，应由出具单位重开或更正，更正时必须在更正处加盖出具单位印章。

(3) 原始凭证金额有错误的，不得更正，只能由原始凭证出具单位重开。因为原始凭证上的金额是反映经济业务最重要的数据，如果允许随便更改，易发生舞弊，不利于保证原始凭证的质量。

(4) 原始凭证开具单位应该依法开具准确无误的原始凭证，对填制有误的原始凭证负有更正和重新开具的法律义务，不得拒绝。

(5) 对涂改、伪造等弄虚作假、严重违法的原始凭证，会计人员有权拒绝受理，应当予以扣留并及时向单位或上级主管部门报告，请求查明原因，追究当事人的责任。

4. 审核后原始凭证的处理

对审核后的原始凭证，会计人员应按照《会计法》的规定进行处理。具体可归纳为三种情况：

(1) 经审核无误、完全符合要求的原始凭证，会计人员应及时据以编制记账凭证。

(2) 对于真实、合法、合理，但内容不完整、填写有误的原始凭证，应退给相关经办人员，由其负责将有关凭证补充完整、更正错误或重开后，再办理正式的会计手续。

这里要特别注意，原始凭证记载的各项内容均不得涂改。原始凭证有错误的，应当由出具单位重开或者更正，更正处应当加盖出具单位公章及经办人员签章。原始凭证金额有错误的，应当由出具单位重开，不得在原始凭证上更正。

(3) 对于不真实、不合法的原始凭证，会计人员有权不予受理，并向单位负责人报告。

2.6.3 实验案例

【案例2-6】 2022年03月19日，广东广源机械制造有限公司的会计收到采购员王怡然报销差旅费时交来的增值税普通发票（广东广源机械制造有限公司差旅费报销限额标准：公司普通员工因公出差上海的住宿费限额标准为每人每天500元），审核该背景资料（见图2-98），若有错误请指出错误之处，并填制正确的增值税普通发票（见图2-99）。（开票人：唐欣）

※ **背景资料**

原始单据：增值税普通发票。如图2-98所示。

第2章 原始凭证的填制与审核

图 2-98 增值税普通发票（发票联）

※ **实验材料**

增值税普通发票发票联如图 2-99 所示。

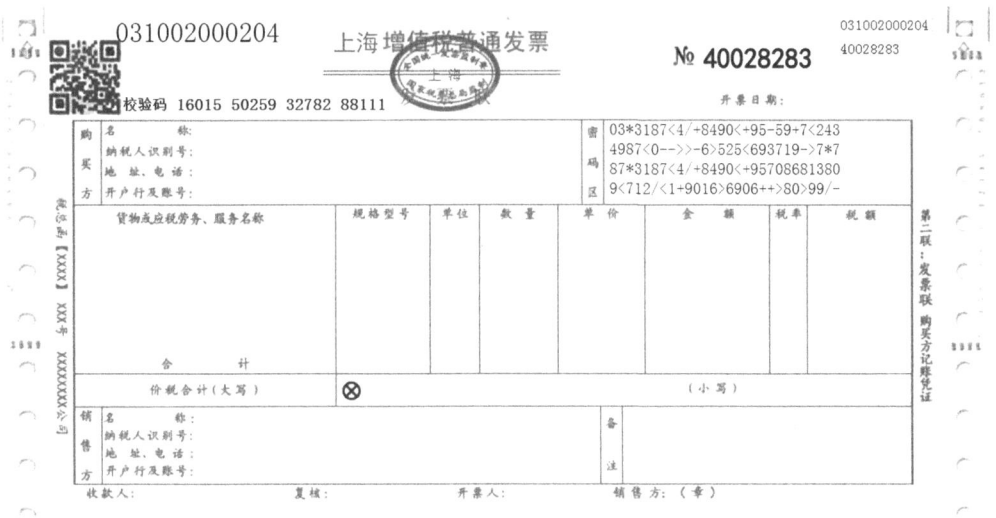

图 2-99 增值税普通发票（发票联）

2.6.4 实验步骤

（1）审核增值税普通发票的票面。

增值税普通发票票面的审核要点如图 2-100 所示。

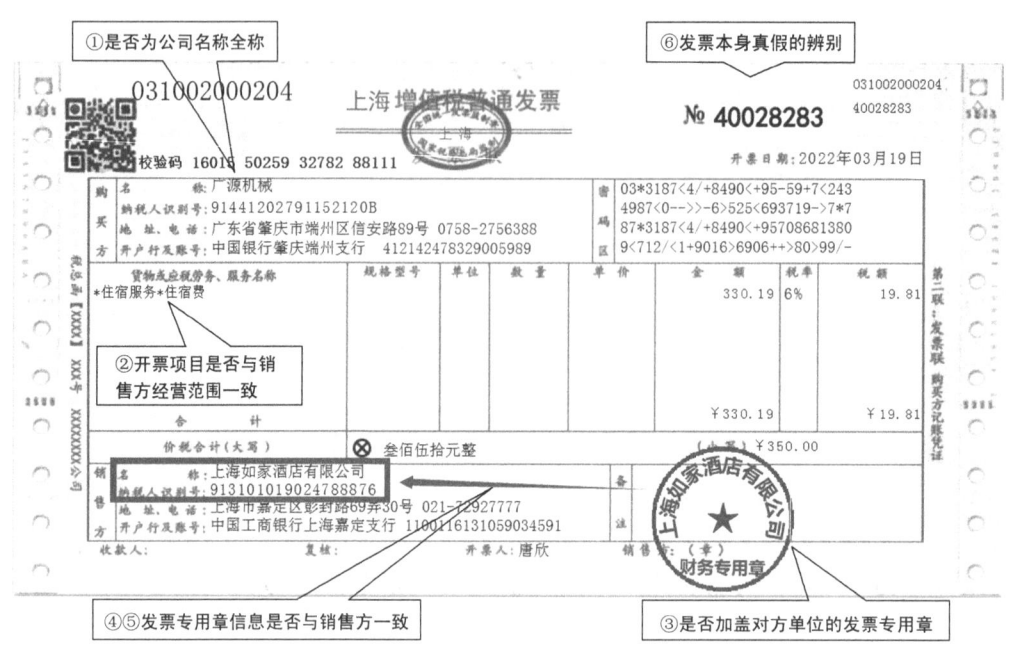

图 2-100 增值税普通发票票面的审核要点（发票联）

① 发票上的购买方名称（付款单位名称）是否为公司名称全称。

经审核，本例发票上的购买方名称为"广源机械"，与公司全称"广东广源机械制造有限公司"不符，填写错误，审核有误。

② 发票的开票项目是否与销售方的经营范围一致。

经审核，本例发票上的开票项目为"＊住宿服务＊住宿费"，与上海如家酒店有限公司的服务范围一致，审核无误。

③ 发票是否加盖对方单位的发票专用章。

经审核，本例发票加盖的是对方单位的财务专用章，而不是发票专用章，审核有误。

④ 发票专用章上的公司名称是否与发票上销售方或收款单位的公司名称一致。

经审核，本例财务专用章上的公司名称为"上海如家酒店有限公司"，与发票上销售方公司名称一致，审核无误。但加盖章的类别有误。

⑤ 发票专用章上的纳税人识别号是否与发票上销售方或收款单位的纳税人识别号一致。

经审核，本例加盖的印章错误，财务专用章上无纳税人识别号，审核有误。

⑥ 发票本身真假的辨识可通过网上查询、电话查询，或者按发票背面印刷的方法识别发票真假。

本例为教学用发票样张，假设经审核，发票真假审核无误。实务工作中可按上面的方法查询辨识。

（2）审核增值税普通发票的真实性。

① 办理的经济业务是否有经过领导审批；

② 发票上的开具项目与实际经济业务是否一致；
③ 发票上体现的具体业务是否是真实的，即：经济业务与事实是否相符；
④ 报销人员报销的费用项目，是否与企业生产经营相关？严禁报销人员将个人的费用列支到公司费用中。

差旅费报销单等有关原始单据本例略，假设发票的真实性审核无误。

（3）审核是否符合公司的报销标准。

公司通常会制定费用报销制度，以控制费用报销的额度，如对不同级别人员出差交通工具的限定，每天住宿费标准的限定，电话费的报销标准，招待费的报销标准，等等。在审核报销凭证时，一定要注意报销人的职务、报销标准，检查实际报销的发票有无超出报销额度的情况。

经审核，住宿发票金额为 350 元，按出差人员在人员类别及差旅城市对应的住宿费限额标准（公司普通员工因公出差上海的住宿费限额标准为每人每天 500 元），未超出公司差旅费报销标准，审核无误。

（4）发票与其他单据的交叉审核。

审核发票与合同、销售小票（或销售单）是否一致。

有关原始单据本例略。

（5）针对审核过程中发现的不同问题提出相应的处理意见。

以上增值税普通发票审核的结果是：经审核，本例购买方名称填写错误，不能填写公司名称的简称，要填写全称；增值税普通发票上加盖的印章错误，不应加盖财务专用章，而应加盖公司的发票专用章。

填制正确的增值税普通发票如图 2-101 所示。

图 2-101　正确的增值税普通发票（发票联）

练习题

1. 2022 年 06 月 10 日,北京三森电子有限公司销售员赵世山预借差旅费 5 000.00 元,出纳签发现金支票给赵世山(签发支票给个人),请根据上述资料及背景资料(见图 2-102 至图 2-105)填制现金支票(见图 2-106 和图 2-107)。(密码器的签发人口令:******;账号:1100432810000898909111;生成密码:6960-5213-9866-2860)

※ **背景资料**

原始单据:借款单,支付密码器。如图 2-102 和图 2-103 所示。

图 2-102 借款单

图 2-103 支付密码器

参考资料:预留签章卡。如图 2-104 和图 2-105 所示。

图 2-104 预留签章卡(正面)

（原预留签章）

图 2-105　预留签章卡（背面）

※ **实验材料**

填写现金支票，如图 2-106 和图 2-107 所示。

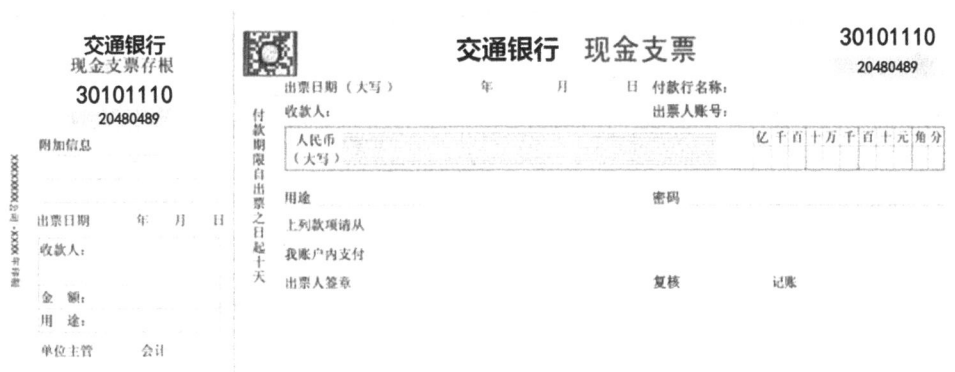

图 2-106　现金支票（正面）

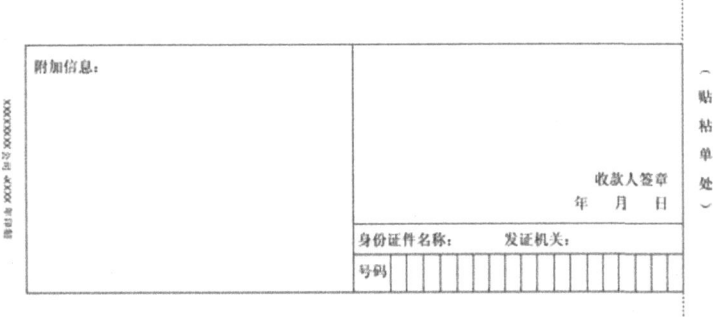

图 2-107　现金支票（背面）

2. 2022 年 02 月 15 日，北京意和实业有限公司从上海英力电子有限公司购买电子配件，签发转账支票支付货款，请根据背景资料（见图 2-108 至图 2-110）开具转账支票（见图 2-111 和图 2-112）。（密码器的签发人口令：******；账号：140200271501040000000；生成密码：6870-4603-5933-1238）

※ **背景资料**

原始单据：付款申请书；支付密码器。如图 2-108 和图 2-103 所示。

付款申请书

2022 年 02 月 15 日

用途及情况	金额	收款单位(人)：上海英力电子有限公司
支付货款	亿 千 百 十 万 千 百 十 元 角 分 　　　　￥ 5 6 8 0 0 0	账　号：140200847928798278758 开户行：交通银行上海静安支行
金额（大写）合计：	人民币 伍万陆仟捌佰元整	结算方式：转账
总经理 林浩新	财务部门	经理 郭培林	业务部门	经理 王强
		会计 刘杨		经办人 李国胜

图 2-108 付款申请书

参考资料：预留签章卡。如图 2-109 和图 2-110 所示。

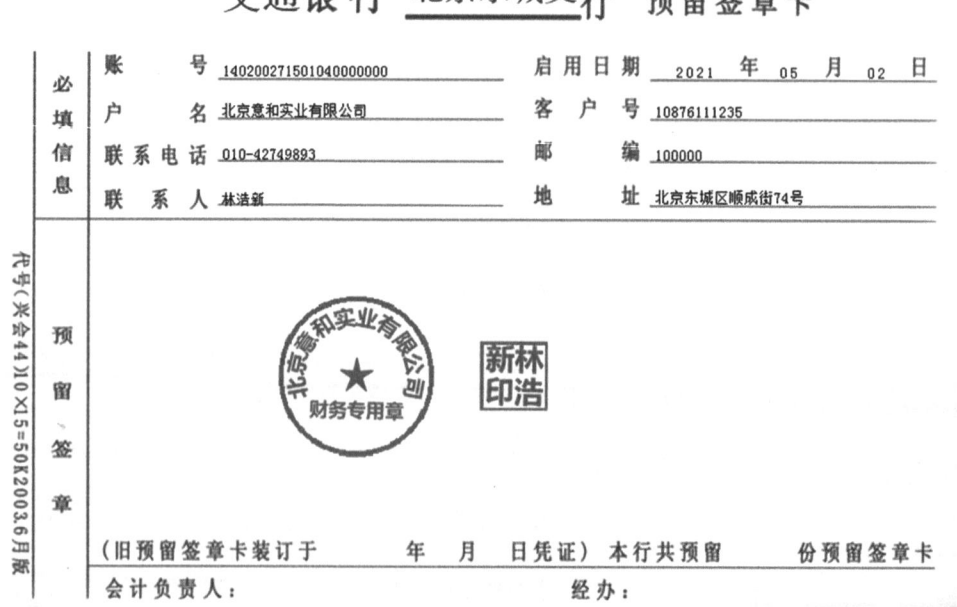

图 2-109 预留签章卡（正面）

第 2 章 原始凭证的填制与审核

更换预留签章通知书（以下新开户免填）	授权证明书
我单位定于　　年　　月　　日启用新预留签章（见预留签章卡正面）旧预留签章同日注销，在更换预留签章以前本户开出之票据在规定有效期限内前来支取时该预留签章仍继续有效，由此产生的经济责任由本单位承担。	本签章系证明我单位所留预留签章（见预留签章卡正面）有效。 （单位公章及法定代表人签章）

（原预留签章）

图 2－110　预留签章卡（背面）

※ **实验材料**

填制转账支票，如图 2－111 和图 2－112 所示。

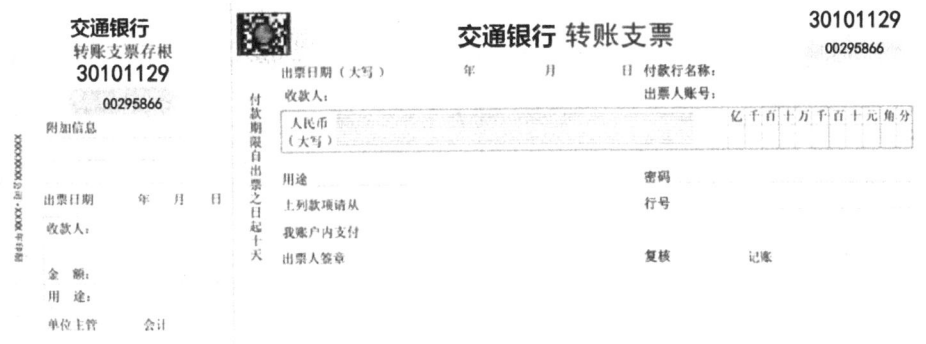

图 2－111　转账支票（正面）

图 2－112　转账支票（背面）

83

3.2022年11月06日，北京天域卷烟批发有限公司收到北京豪庭大酒店有限公司的一张转账支票，到本公司开户行（交通银行北京东城支行4195166030646192540000）办理进账前，请先根据背景资料（见图2-113和图2-114）进行支票的背书处理（见图2-115）。

※ **背景资料**

原始单据：转账支票。如图2-113和图2-114所示。

图2-113 转账支票（正面）

附加信息：	被背书人	被背书人
	背书人签章 年 月 日	背书人签章 年 月 日

图2-114 转账支票（背面）

※ **实验材料**

填制转账支票，如图2-115所示。

附加信息：	被背书人	被背书人
	背书人签章 年　月　日	背书人签章 年　月　日

图 2－115　转账支票（背书）

4. 2022 年 11 月 06 日，承上一题（本章练习题第 3 题），请根据背书后的转账支票填写银行进账单（见图 2－116 至图 2－118）。

※ 实验材料

填写银行进账单，如图 2－116 至图 2－118 所示。

交通银行　进账单（回　单）　1

年　月　日

出票人	全　称		收款人	全　称	
	账　号			账　号	
	开户银行			开户银行	
金额	人民币（大写）				亿 千 百 十 万 千 百 十 元 角 分
票据种类		票据张数			
票据号码					
复核　记账			开户银行签章		

此联是开户银行交给持票人的回单

图 2－116　银行进账单 1（回单）

交通银行　进账单（贷方凭证）　2

年　月　日

出票人	全　称		收款人	全　称	
	账　号			账　号	
	开户银行			开户银行	
金额	人民币（大写）				亿 千 百 十 万 千 百 十 元 角 分
票据种类		票据张数			
票据号码					
备注：			复核：　记账：		

此联由收款人开户银行作贷方凭证

图 2－117　银行进账单 2（贷方凭证）

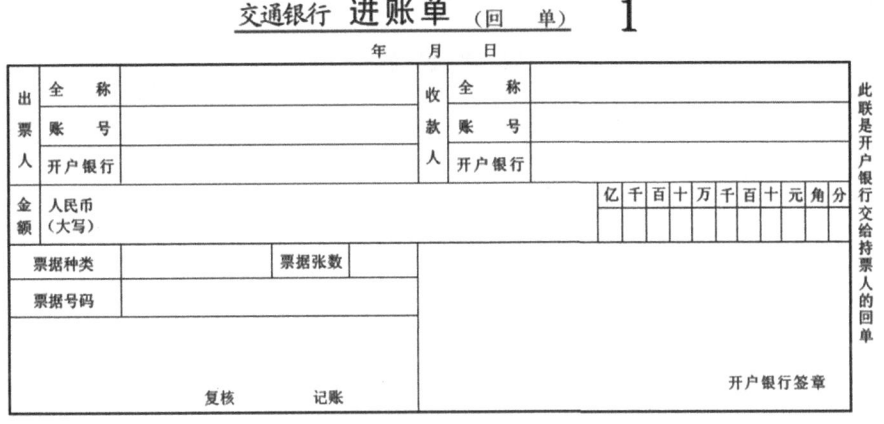

交通银行 进账单 (收账通知) 3

年 月 日

出票人	全称		收款人	全称	
	账号			账号	
	开户银行			开户银行	
金额	人民币（大写）				亿 千 百 十 万 千 百 十 元 角 分
票据种类		票据张数			
票据号码					
复核 记账			收款人开户银行签章		

此联是收款人开户银行交给收款人的收账通知

图 2－118 银行进账单 3（收账通知）

5. 2022 年 01 月 08 日，肇庆星湖贸易有限公司职工程伟因损坏公司财物，交来赔偿款 600 元。请开具收款收据（见图 2－119 至图 2－121）。（由出纳张洁开具并收款）。

※ **实验材料**

填写收款收据，如图 2－119 至图 2－121 所示。

收 款 收 据

NO.10285996

年 月 日

今 收 到 ________

交 来： ________

金额（大写） 佰 拾 万 仟 佰 拾 元 角 分

¥ ________ □现金 □转账支票 □其他 收款单位(盖章)

核准 会计 记账 出纳 经手人

第一联存根联

图 2－119 收款收据（存根联）

收 款 收 据

NO.10285996

年 月 日

今 收 到 ________

交 来： ________

金额（大写） 佰 拾 万 仟 佰 拾 元 角 分

¥ ________ □现金 □转账支票 □其他 收款单位(盖章)

核准 会计 记账 出纳 经手人

第二联交对方

图 2－120 收款收据（收据联）

收款收据

NO.10285996

年　　月　　日

今收到＿＿＿＿＿＿＿＿＿＿＿＿＿＿＿＿＿＿＿＿

交来：＿＿＿＿＿＿＿＿＿＿＿＿＿＿＿＿＿＿＿＿

金额（大写）　佰　拾　万　仟　佰　拾　元　角　分

¥＿＿＿＿＿＿　□现金　□转账支票　□其他　　收款单位(盖章)

第三联交财务

核准　　会计　　记账　　出纳　　经手人

图2－121　收款收据（记账联）

6. 2022年07月06日，北京沃科机器人有限公司出纳员何园将现金（销售款）送存银行。请根据背景资料（见图2－122至图2－125）填写现金解款单（见图2－126和图2－127）。（收款银行：交通银行北京海淀支行，收款银行账号：417419978205239615000）

※ 背景资料

原始单据：存入的纸币。如图2－122至图2－125所示。

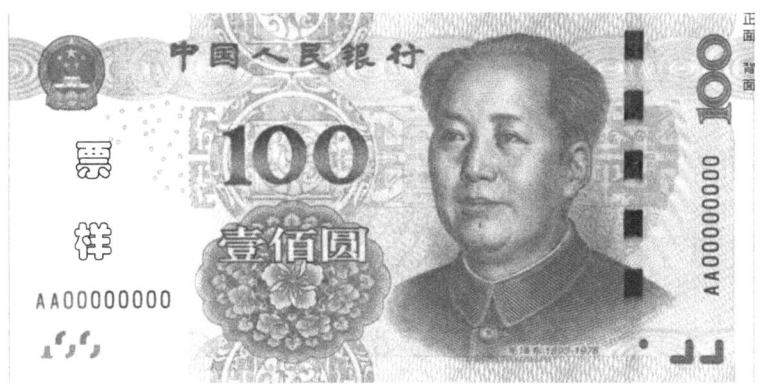

图2－122　存入的纸币（壹佰元50张）

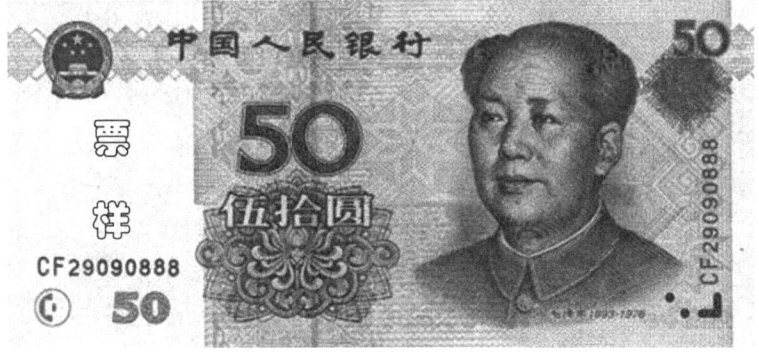

图2－123　存入的纸币（伍拾元10张）

图 2-124 存入的纸币（拾元 10 张）

图 2-125 存入的纸币（伍元 10 张）

※ **实验材料**

填写现金解款单，如图 2-126 和图 2-127 所示。

图 2-126 现金解款单（回单）

图 2-127 现金解款单（收入凭证）

7. 2022 年 04 月 27 日，广州超越家具有限公司销售一批商品给广州正华实业有限公司。请根据背景资料（见图 2-128）开具增值税专用发票（见图 2-129 至图 2-131）。（税率 13%）（开票人：田浩）

※ **背景资料**

原始单据：销售单（会计联）。如图 2-128 所示。

销售单

购货单位：	广州正华实业有限公司	地址和电话：	广州市越秀区中山五路783号 020-80549118			单据编号：	566332409	
纳税识别号：	914401001933787703	开户行及账号：	交通银行广州越秀支行 14020000400078522232			制单日期：	2022年04月27日	
编码	产品名称	规格	单位	单价	数量	金额	备注	
01	*家具*办公桌椅	KG10	套	2000.00	30	60000.00	不含税	会计联
合计	人民币（大写）：陆万元整				—	¥60000.00		
	销售经理：张北	经手人：李晓妃		会计：吴皓		签收人：刘强		

图 2-128 销售单（会计联）

※ **实验材料**

填写增值税专用发票，如图 2-129 至图 2-131 所示。

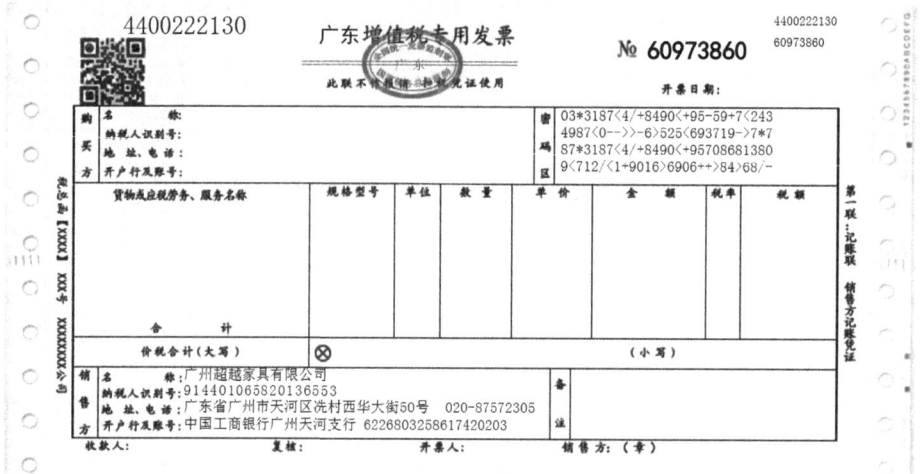

图 2-129 增值税专用发票（记账联）

图 2-130 增值税专用发票（抵扣联）

图 2-131 增值税专用发票（发票联）

8. 2022年03月30日，北京开普商贸有限公司销售科李鸣报销业务招待费1 904.29元，取得增值税普通发票发票联。请根据背景资料（见图2－132至图2－135）完成对增值税普通发票的审核，审核这些增值税普通发票是否填写正确，若填写有误，请指出错误之处，并帮其填写正确的增值税普通发票（见图2－136）。

※ **背景资料**

原始单据：增值税普通发票1，增值税普通发票2，增值税普通发票3，增值税普通发票4。如图2－132至图2－135所示。

图2－132　增值税普通发票1（发票联）

图2－133　增值税普通发票2（发票联）

图 2-134　增值税普通发票 3（发票联）

图 2-135　增值税普通发票 4（发票联）

※ **实验材料**

　　A. 增值税普通发票 1　　（　　　　）
　　B. 增值税普通发票 2　　（　　　　）
　　C. 增值税普通发票 3　　（　　　　）
　　D. 增值税普通发票 4　　（　　　　）

　　填写正确的增值税普通发票（发票联），如图 2-136 所示。

图 2-136 增值税普通发票（发票联）

9. 2022 年 08 月 15 日，广东北望广告有限公司销售员何文报销差旅费。公司差旅费管理制度规定，员工因公出差住宿凭发票报销（报销限额标准：深圳住宿每人每天 300 元），餐费补助标准每人每天 100 元，市内交通费补助每人每天 80 元。请根据上述规定及背景资料（见图 2-137 至图 2-140），对差旅费报销单进行审核，审核该差旅费报销单是否填写正确，若填写有误，请指出错误之处，并帮其填写正确的差旅费报销单（见图 2-141）。

※ **背景资料**

原始单据：差旅费报销单，增值税电子普通发票，动车票 1，动车票 2。如图 2-137 至图 2-140 所示。

差旅费报销单

2022 年 08 月 15 日　　　　　　　　　　　　　单据及附件共　4　张

所属部门			销售部	姓名	何文	出差事由		推介产品	
出发		到达		起止地点	交通费		住宿费	伙食费	其他
月	日	月	日						
08	05	08	05	肇庆——深圳	115.50				
08	05	08	07	深圳——深圳	160.00		700.00	200.00	
08	07	08	07	深圳——肇庆	115.50				
合计	大写金额：人民币壹仟贰佰玖拾壹元整				¥1291.00	预支旅费		退回金额	
								补付金额	

总经理：　　　　财务经理：　　　　会计：　　　　出纳：　　　　部门经理：　　　　报销人：何文

图 2-137　差旅费报销单

93

图 2-138 增值税电子普通发票

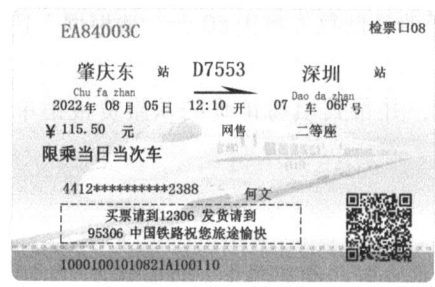

图 2-139 动车票 1

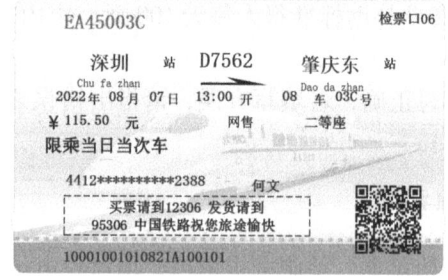

图 2-140 动车票 2

※ **实验材料**

填写正确的差旅费报销单，如图 2-141 所示。

图 2-141 差旅费报销单

10. 2022 年 12 月 27 日，欧普绿色照明有限公司财务部收到北京琪宝百货有限公司一张转账支票 12 500 元，准备送存银行。要求对背景资料（见图 2－142）进行审核，审核该转账支票是否填写正确，若填写有误，请指出错误之处，并帮其填写正确的转账支票（见图 2－143）。

※ 背景资料

原始单据：转账支票。如图 2－142 所示。

交通银行 转账支票　30101120　00295511

出票日期（大写）贰零贰零 年　拾贰 月　贰拾柒 日　付款行名称：交通银行北京海淀支行

收款人：欧普绿色照明有限公司　出票人账号：41382815038781868000

付款期限自出票之日起十天

人民币（大写）壹万贰仟伍拾元整

亿	千	百	十	万	千	百	十	元	角	分
			¥	1	2	5	0	0	0	0

用途 支付货款　密码

上列款项请从　行号

我账户内支付

出票人签章　复核　记账

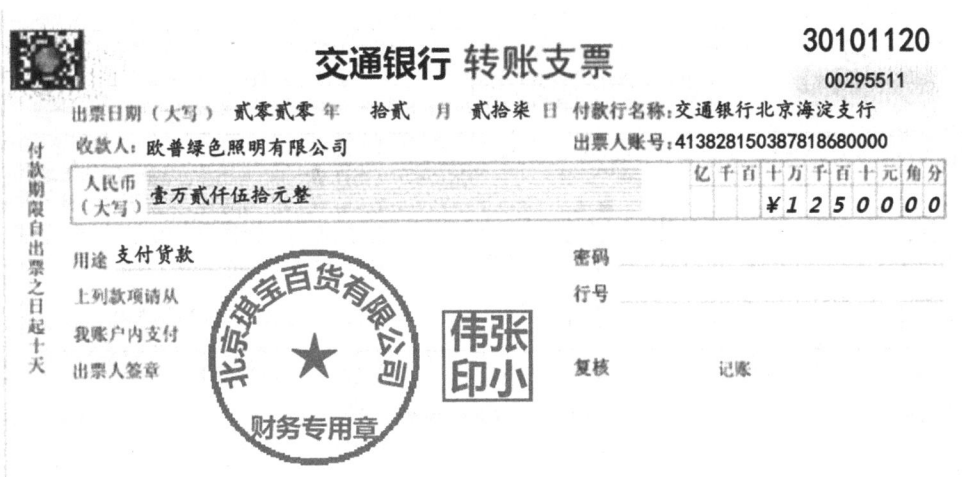

图 2－142　转账支票

※ 实验材料

填写正确的转账支票，如图 2－143 所示。

交通银行 转账支票　30101120　00295511

出票日期（大写）　年　月　日　付款行名称：

收款人：　出票人账号：

付款期限自出票之日起十天

人民币（大写）

亿	千	百	十	万	千	百	十	元	角	分

用途　密码

上列款项请从　行号

我账户内支付

出票人签章　复核　记账

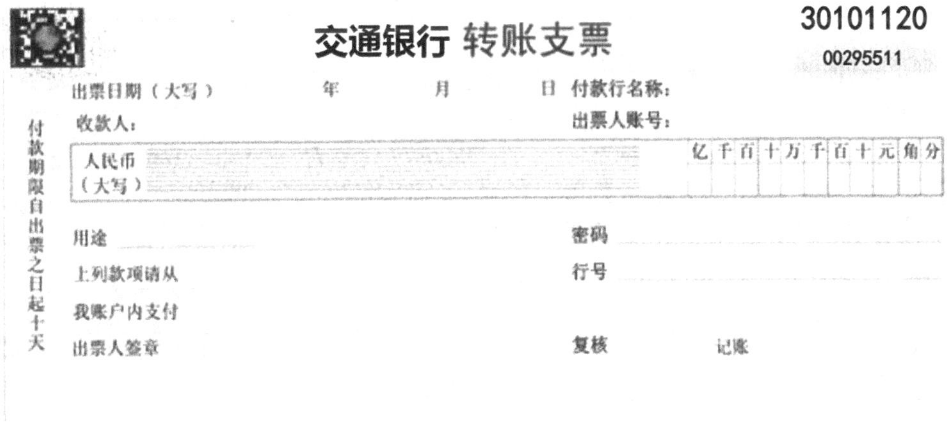

图 2－143　转账支票

11. 2022 年 06 月 06 日，肇庆星湖贸易有限公司采购部门的采购员刘军需要出公差，填写借款单，到财务部门预借差旅费 2 500. 00 元。要求对背景资料（见图 2－144）进行审核，审核该借款单是否填写正确，若填写有误，请指出错误之处，并帮其填写正确的借款单（见图 2-145）。

※ **背景资料**

借款单，如图 2-144 所示。

借　款　单

2022 年 *06* 月 *06* 日　　　　　　　　　　　第 *00116* 号

借款部门	销售部门	姓名	刘军	事由	公差
借款金额（大写）	零万　贰仟　伍佰　零拾　零元　零角　零分				￥2500.00
部门负责人签署		借款人签章	刘军	注意事项	一、凡借用公款必须使用本单 二、出差返回后三天内结算
单位领导批示		财务经理审核意见			

图 2-144　借款单

※ **实验材料**

填写正确的借款单，如图 2-145 所示。

借　款　单

年　　月　　日　　　　　　　　　　　第 *00116* 号

借款部门		姓名		事由	
借款金额（大写）	万　仟　佰　拾　元　角　分				￥
部门负责人签署		借款人签章		注意事项	一、凡借用公款必须使用本单 二、出差返回后三天内结算
单位领导批示		财务经理审核意见			

图 2-145　填写正确的借款单

12. 2022 年 03 月 08 日，广东天顺贸易有限公司收到投资款（现金）80 500 元，出纳章薇填写现金存款凭条，准备将现金送存银行。要求对背景资料（见图 2-146）进行审核，审核该现金存款凭条是否填写正确，若填写有误，请指出错误之处，并帮其填写正确的现金存款凭条（见图 2-147）。（收款银行：中国工商银行肇庆鼎湖支行，收款银行账

号：4187990850562189060）

※ **背景资料**

原始单据：现金存款凭条。如图 2-146 所示。

ICBC 中国工商银行　　　　　　　　　　现金存款凭条

2022 年 03 月 08 日

存款人	全 称	广东天顺贸易有限公司						款项来源	销售款
	账 号	4187990850562189060						交款人	章薇
	开户行	中国工商银行肇庆鼎湖支行							

金额（人民币大写）人民币捌万伍佰元　　　　　　　8 0 5 0 0 0 0

票面	张数	十万千百十元	票面	张数	千百十元角分	备注
壹佰元	805	8 0 5 0 0	伍角			
伍拾元			贰角			
贰拾元			壹角			
拾元			伍分			
伍元			贰分			
贰元			壹分			
壹元			其他			

第二联　客户核对联

图 2-146　现金存款凭条

※ **实验材料**

填写正确的现金存款凭条，如图 2-147 所示。

ICBC 中国工商银行　　　　　　　　　　现金存款凭条

年　　月　　日

存款人	全 称							款项来源	
	账 号							交款人	
	开户行								

金额（人民币大写）

票面	张数	十万千百十元	票面	张数	千百十元角分	备注
壹佰元			伍角			
伍拾元			贰角			
贰拾元			壹角			
拾元			伍分			
伍元			贰分			
贰元			壹分			
壹元			其他			

第二联　客户核对联

图 2-147　填写正确的现金存款凭条

13. 2022 年 04 月 30 日，广东紫云机械有限公司购进原材料一批，采购员李斯向公司申请付款，请根据背景资料（见图 2-148 和图 2-149）填制付款申请书（见图 2-150）。（业

务经理：吴松；会计：李颖；财务经理：张璐；总经理：何晓文）

※ **背景资料**

原始单据：增值税专用发票抵扣联和发票联。如图2-148和图2-149所示。

图2-148 增值税专用发票（抵扣联）

图2-149 增值税专用发票（发票联）

※ **实验材料**

填制付款申请书，如图2-150所示。

付款申请书

年　月　日

用途及情况	金　额											收款单位(人):	
	亿	千	百	十	万	千	百	十	元	角	分	账　号:	
												开户行:	
金额（大写）合计：	人民币											结算方式:	
总经理		财务部门	经理		业务部门	经理	
			会计			经办人	

图 2-150　付款申请书

14. 2022 年 02 月 23 日，广东星悦机械制造有限公司第一仓库盘点原材料马口铁（编号 19），计量单位千克，单价 11.30 元。账面结存数量 8 000 千克、金额 90 400.00 元。实际盘点的结果如下：数量 7 950 千克、金额 89 835.00 元。请填写原材料盘点报告表（见图 2-151 和图 2-152）。（盘点人：黄颜；监盘人：黎星）

※ **实验材料**

填写原材料盘点报告表，如图 2-151 和图 2-152 所示。

原材料盘点报告表

单位名称：　　　　　　　　　　　年　月　日　　　　　　　　　　　单位：元

编号	类别及名称	计量单位	单价	实存		账存		对比结果				备注
								盘盈		盘亏		
				数量	金额	数量	金额	数量	金额	数量	金额	

监盘人：　　　　　　　　盘点人：　　　　　　　　　　（第 3 页共 10 页）

第一联 财务联

图 2-151　原材料盘点报告表（财务联）

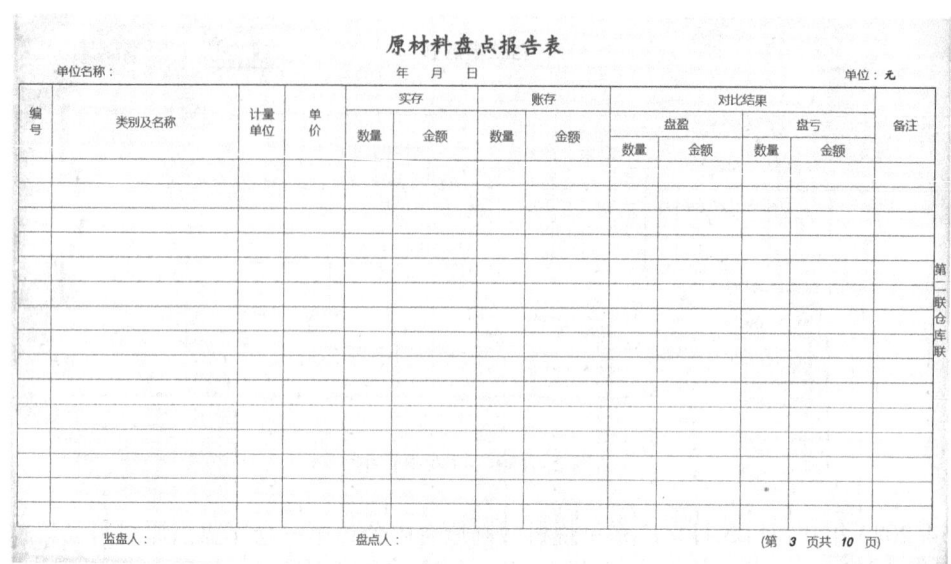

图 2-152 原材料盘点报告表（仓库联）

15. 2022 年 08 月 03 日，广东光明百货有限公司向广东骏骊贸易有限公司销售一批笔记本，请根据背景单据（见图 2-153）填写销售单（见图 2-154 至图 2-157）。（签收人：赵海）

※ **背景资料**

原始单据：增值税专用发票。如图 2-153 所示。

图 2-153 增值税专用发票（记账联）

※ **实验材料**

填写销售单，如图 2-154 至图 2-157 所示。

第2章 原始凭证的填制与审核

销 售 单

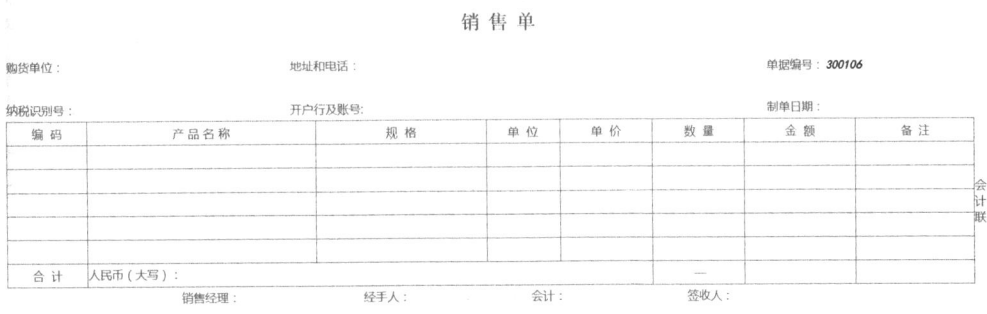

图2-154 销售单（业务联）

销 售 单

图2-155 销售单（会计联）

销 售 单

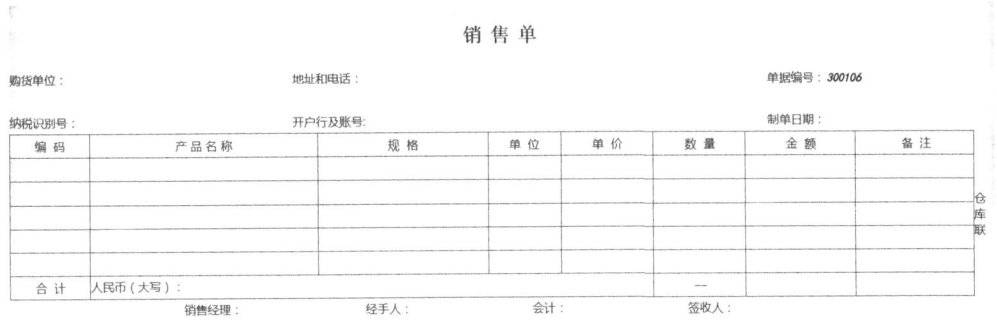

图2-156 销售单（仓库联）

销 售 单

图2-157 销售单（存根联）

16. 2022年01月04日，广东星悦机械制造股份有限公司第一生产车间领用钛合金型材300千克用于生产B-50F数控机床。要求填写领料单（见图2-158至图2-161）。（经办人：田甜）（请领与实发数量一致）

※ **实验材料**

填写领料单，如图2-158至图2-161所示。

领 料 单

领料部门：
用　途：　　　　　　　　　　　　　年　月　日　　　　　第163号

材料			单位	数量		成本	
编号	名称	规格		请领	实发	单价	总价
合计		--				--	

部门经理：　　　　会计：　　　　仓库：　　　　经办人：

图2-158　领料单（业务联）

领 料 单

领料部门：
用　途：　　　　　　　　　　　　　年　月　日　　　　　第163号

材料			单位	数量		成本	
编号	名称	规格		请领	实发	单价	总价
合计		--				--	

部门经理：　　　　会计：　　　　仓库：　　　　经办人：

图2-159　领料单（会计联）

领 料 单

领料部门：
用　途：　　　　　　　　　　　　　年　月　日　　　　　第163号

材料			单位	数量		成本	
编号	名称	规格		请领	实发	单价	总价
合计		--				--	

部门经理：　　　　会计：　　　　仓库：　　　　经办人：

图2-160　领料单（仓库联）

图2-161 领料单（存根联）

17. 2022年06月20日，广东星悦机械制造股份有限公司销售部王程报销市内交通费，请根据背景资料（见图2-162）填写报销申请单（见图2-163）。（部门审核：李斌；财务审核：程辉；审批：李薇薇）

※ 背景资料

原始单据：出租车票，如图2-162所示。

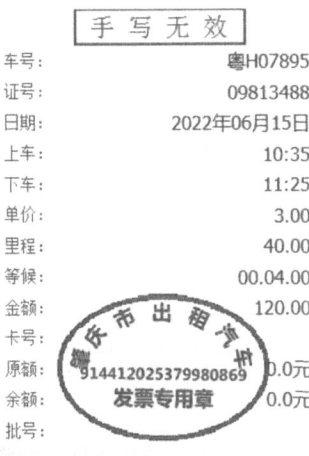

图2-162 出租车票

※ **实验材料**

填写报销申请单，如图 2-163 所示。

报销申请单

填报日期：　年　月　日

姓名		所属部门	
报销项目	摘要	金额	备注
合计			

金额大写：　拾　万　仟　佰　拾　元　角　分

报销人：　　部门审核：　　财务审核：　　审批：

图 2-163　报销申请单

18. 2022 年 03 月 09 日，广东七星机械制造有限公司销售一批普通车床给天津天富机械有限公司，请根据背景资料（见图 2-164）填写出库单（见图 2-165 至图 2-168）。（出货仓库是：第二仓库）（经办人：王彤）

※ **背景资料**

原始单据：销售单。如图 2-164 所示。

销 售 单

购货单位：天津天富机械有限公司　　地址和电话：天津市和平区西大街2号　022-66402568　　单据编号：3100601

纳税识别号：911201023323611173　　开户行及账号：中国银行天津和平支行 4563510102365879 11　　制单日期：2022年03月09日

编码	产品名称	规格	单位	单价	数量	金额	备注
01	普通车床	A-10P	台	65000.00	10	650000.00	不含税
合计	人民币（大写）：陆拾伍万元整					¥650000.00	

销售经理：赵远　　经手人：莫发鹏　　会计：高全　　签收人：

图 2-164　销售单

※ **实验材料**

填写出库单，如图 2-165 至图 2-168 所示。

图 2－165　出库单（业务联）

图 2－166　出库单（会计联）

图 2－167　出库单（仓库联）

出 库 单

出货单位：　　　　　　　　　　　　　　　年　月　日　　单号：*00265688*

提货单位或领货部门		销售单号		发出仓库		出库日期	
编号	名称及规格	单位	数量		单价	金额	
			应发	实发			
合　　计		--	--	--	--		

部门经理：　　　　　会计：　　　　　　仓库：　　　　　　经办人：

存根联

图 2-168　出库单（存根联）

第 3 章 记账凭证的填制与审核

由于原始凭证的内容不同，格式各异，种类繁多，对应关系也不直观，如果直接根据原始凭证记账，容易发生差错，也不便于查账。因此，应先根据原始凭证或汇总原始凭证编制记账凭证，在记账凭证摘要中说明经济业务的内容、确认应借、应贷的账户名称和金额，并将原始凭证作为附件，然后根据记账凭证登记账簿。这样可以减少记账错误，便于核对和查账，保障记账工作的质量。

记账凭证的填制与审核是会计核算组织程序的中间环节，具有承前启后的作用，其前期工作是原始凭证的填制与审核，后续工作是账簿的登记。因此，本章实验要求掌握有关记账凭证的基本知识，包括记账凭证的概念、种类、格式、填制的方法与要求等。

1. 记账凭证的概念

记账凭证，又称记账凭单，是指会计人员根据审核无误的原始凭证或汇总原始凭证填制的，按照经济业务的内容加以归类，并据以确定会计分录，作为登记账簿直接依据的会计凭证。记账凭证的作用主要是确定会计分录，进行账簿登记，反映经济业务的发生或完成情况，监督企业经济活动，明确相关人员的责任。

2. 记账凭证的种类

由于各单位交易或事项的内容和复杂程度不同，设计和选用的记账凭证就存在着差异。一般来说，记账凭证可以进行以下分类。

（1）按凭证的用途分类

记账凭证按其用途不同，可以分为专用记账凭证和通用记账凭证两类。

① 专用记账凭证。专用记账凭证，是指专门记录某一类经济业务的记账凭证。经济业务按是否涉及现金和银行存款的增减分为收款业务、付款业务和转账业务，所以专用记账凭证按其反映经济业务的内容来划分，通常可以分为收款凭证、付款凭证和转账凭证，如图 3-1 至图 3-3 所示。

图3-1 收款凭证示意图

图3-2 付款凭证示意图

图3-3 转账凭证示意图

② 通用记账凭证。通用记账凭证，是指各类经济业务共同使用的、统一格式的记账凭证。即为简化记账工作，无论是收款业务、付款业务，还是转账业务，均使用通用格式的记账凭证。其格式与上述转账凭证基本相同，但名称为"记账凭证"（简称"记"字），如图3-4所示。

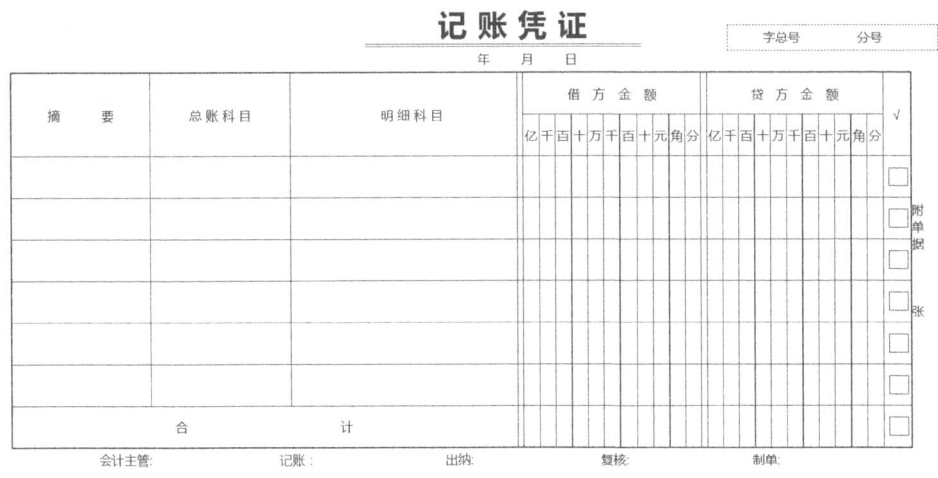

图3-4 通用记账凭证示意图

（2）按照凭证的填列方式分类

记账凭证按其填列方式的不同，可以分为单式记账凭证和复式记账凭证两类。

① 单式记账凭证。单式记账凭证，是指把一项经济业务所涉及的每个会计科目分别填制记账凭证，每张记账凭证只填列一个会计科目的记账凭证。填制借方科目的凭证称为借项记账凭证，填制贷方科目的凭证称为贷项记账凭证。

② 复式记账凭证。复式记账凭证，是指一项经济业务所涉及的会计科目都集中填列在同一张记账凭证上的记账凭证。如上述的收款凭证、付款凭证、转账凭证和通用记账凭证，都属于复式记账凭证。如图3-1至图3-4所示。

3. 记账凭证的基本内容

记账凭证种类甚多，格式不一，但其主要作用都在于对原始凭证进行分类、整理，按照复式记账的要求，运用会计科目，编制会计分录，据以登记账簿。因此，无论反映什么经济业务，记账凭证都必须具备以下基本内容，如图3-5所示。

（1）记账凭证名称；

（2）记账凭证日期；

（3）记账凭证编号；

（4）经济业务内容摘要；

（5）应计科目和金额，即会计分录；

（6）所附原始凭证张数；

（7）会计主管、记账、审核、制单等有关人员的签名或盖章。收款凭证和付款凭证还应当由出纳人员签名或盖章；

（8）记账标记。

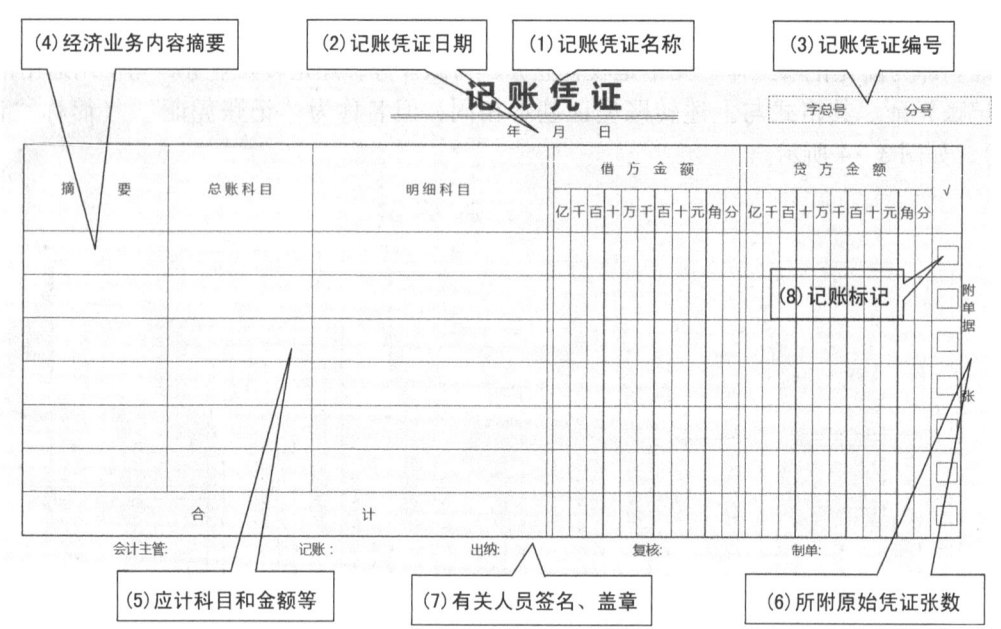

图 3-5 记账凭证的基本内容

4. 记账凭证填制的基本要求

记账凭证的填制必须符合下列要求:

(1) 记账凭证各项内容必须真实完整。

(2) 记账凭证应连续编号。一笔经济业务需要填制两张以上记账凭证的,可以采用分数编号法编号。

(3) 记账凭证的书写应清楚、规范。相关要求同原始凭证。

(4) 填制记账凭证的依据,必须是经审核无误的原始凭证或汇总原始凭证。记账凭证可以根据每一张原始凭证填制,或根据若干张同类原始凭证汇总编制,也可以根据原始凭证汇总表填制。但不得将不同内容和类别的原始凭证汇总填制在一张记账凭证上。

(5) 除结账和更正错误的记账凭证可以不附原始凭证外,其他记账凭证必须附有原始凭证并注明原始凭证的张数。

(6) 错误记账凭证的更正要求。

① 填制时发现记账凭证有错误,应当重新填制正确的记账凭证。

② 对于已登记入账的记账凭证,采用正确的错账更正方法进行更正。

已登记入账的记账凭证在当年内发现填写错误时,可以用红字填写一张与原内容相同的记账凭证,在摘要栏注明"注销某月某日某号凭证"字样,同时再用蓝字重新填制一张正确的记账凭证,注明"订正某月某日某号凭证"字样。如果会计科目没有错误,只是金额错误,也可将正确数字与错误数字之间的差额,另编一张调整的记账凭证,调增金额用蓝字、调减金额用红字。发现以前年度记账凭证有错误的,应当用蓝字填制一张更正的记账凭证。

5. 记账凭证的填制方法

(1) 记账凭证日期的填写。

填写日期一般应为会计人员填制记账凭证当天的日期，也可以根据管理需要填写经济业务发生当天的日期或月末日期。

收付款业务因为要登入当天的日记账，记账凭证的日期应是货币资金收付的实际日期，但是与原始凭证所记的日期不一定一致。转账凭证以收到原始凭证的日期填写，但在摘要栏要注明经济业务发生的实际日期。

① 现金收付记账凭证填写办理现金收付款当天的日期；报销差旅费的记账凭证填写报销当天的日期。

② 银行收款业务记账凭证按财会部门收到银行进账单日期填写；银行付款业务记账凭证，按财会部门开出银行付款单据的日期或承付日期填写。

③ 月末计提、分配费用、成本计算、转账等业务大多是在下月初进行，但所填日期应以当月最后一日的日期填写。

（2）记账凭证的编号。

为了根据记账凭证顺序登记账簿和日后核对账簿、凭证，以及保证会计凭证的安全和完整，要对记账凭证进行编号。记账凭证的编号应按月编写，要根据不同的情况采用不同的编号方法，记账凭证编号方法有三种：

① 通用凭证按经济业务的顺序编号。即将本期的全部经济业务，按业务发生的先后顺序统一编号，即"记字第×号"。

② 收款凭证、付款凭证和转账凭证可采用"字号编号法"。将本期全部经济业务分收款业务、付款业务、转账业务三类按顺序编号，即收字第×号、付字第×号、转字第×号。也可采用"双重编号法"，即总字顺序编号与类别顺序相结合，如某收款凭证编号为总字第×号、收字第×号。也可以将本期的全部经济业务分现金收款、银行存款收款、现金付款、银行存款付款、转账业务五类按顺序编号，即"现收字第×号""银收字第×号""现付字第×号""银付字第×号""转字第×号"。

③ 一笔经济业务需要编制多张记账凭证时，采用"分数编号法"。如某项经济业务需要编制三张转账凭证，而该凭证的顺序号为6时，编号为 $6\frac{1}{3}$，$6\frac{2}{3}$，$6\frac{3}{3}$。前面的整数为总顺序号，后面的分数为该项业务的分号，分母表示该项业务的记账凭证总张数，分子表示该项业务的顺序号。

无论采用上述哪种方法编号，都应按自然顺序连续编号，不得跳号、重号。

（3）经济业务内容摘要的填写。

摘要栏是对经济业务的简要说明，必须用简明扼要的文字表达出经济业务的主要内容。填写要求为：一是真实准确，其内容要与所附原始凭证的内容相符；二是简明扼要，对经济业务内容表达要准确、概括、清晰，并书写工整。

摘要栏的填写没有统一规格，不能一概而论，要根据不同类型的经济业务选择适宜的内容，详略也会有所不同。

（4）会计科目的填写。

① 必须使用会计制度统一规定的会计科目，不得简写或变更名称，不得用科目编号或外文字母代替。

② 为了便于登记日记账和明细账，若有二级或明细科目，应填写齐全。

③ 会计科目应按记账凭证格式，先填写借方科目，再在借方科目下一行填写贷方科

目，且科目之间不得留空行。

(5) 金额的填写。

记账凭证的金额必须与原始凭证的金额相符；阿拉伯数字应书写规范，并填至分位；相应的数字应平行对准相应的借贷栏次和会计科目的栏次，借方科目的金额填在借方金额栏，贷方科目的金额填在贷方金额栏，防止错栏串行；合计行填写金额时，应在金额最高位数值前填写人民币"￥"字符号，以示金额封顶，防止窜改。

(6) 空白金额栏的注销。

记账凭证应按行次逐笔填写，不得跳行或留有空行。记账凭证金额栏最后留有的空行，用直线或"S"线注销。所划的直线或"S"线应以金额栏最后一笔金额数字下的空行划到合计数行上面的空行，以堵塞漏洞，严密会计核算手续。

(7) 附件张数的填写。

记账凭证的附件就是所附的原始凭证，填制记账凭证所依据的原始凭证必须附在相应的记账凭证后面，并在记账凭证上标明所附原始凭证的张数，附件张数用阿拉伯数字写在记账凭证的右侧"附件××张"行内。

根据财政部《会计基础工作规范》第五十一条规定，对附件应当区别不同情况进行处理：

① 所附原始凭证张数的计算，一般以所附原始凭证自然张数为准。如果有原始凭证汇总表的附件，可将原始凭证汇总表张数作为记账凭证的附件张数，再把原始凭证作为原始凭证汇总表的附件张数处理。

② 一张原始凭证只对应一张记账凭证的，将原始凭证直接附在记账凭证后面。

③ 如果根据同一原始凭证填制数张记账凭证时，可以把原始凭证附在一张主要的记账凭证后面，并在摘要栏内注明"本凭证附件包括××号记账凭证业务"字样。然后在其他未附原始凭证的记账凭证摘要栏内注明附有该原始凭证的记账凭证编号，便于查找，如"原始凭证附在××号记账凭证后面"字样。或将原始凭证附在一张主要的记账凭证后面，然后在其他记账凭证后面附该原始凭证的复印件，并注明"原始凭证原件附在××号记账凭证后面"。应当注意的是，没有原始凭证，而只有复印件的，不能作为填制记账凭证的依据。

④ 一张原始凭证所列的支出需要由几个单位共同负担时，应当由保存该原始凭证的单位开具原始凭证分割单给其他应负担的单位，供其结算使用。原始凭证分割单必须具备原始凭证所要求的基本内容，包括：凭证名称、填制凭证日期、填制凭证单位名称或者填制人姓名、经办人的签名或盖章、接受凭证单位名称、经济业务的内容、数量、单价、金额和费用分摊情况。

(8) 凭证的签章。

记账凭证填写完毕，应进行复核与检查，有关人员均要签名盖章。出纳人员在办理收款或付款业务后，应在原始单据上加盖"收讫"或"付讫"的戳记，以免重收重付。

6. 记账凭证的审核要点

(1) 按原始凭证审核的要求，对所附的原始凭证进行复核。

(2) 记账凭证所附的原始凭证是否齐全，两者内容是否相符，其金额与原始凭证的金额或金额合计数是否一致。

(3) 记账凭证中应借、应贷账户名称是否与经济业务内容相符，账户对应关系是否清楚,应记金额是否正确。

(4) 记账凭证的手续是否完整,应填项目是否填列齐全,有关人员是否都已签章,如有手续不完备的应补办完整,方可入账。

实验 3.1 收款凭证的填制

3.1.1 实验目的

通过实验,熟悉收款凭证的格式,掌握收款凭证填制的基本内容,尤其要求熟练掌握收款凭证的编制方法,提高对实际经济业务的账务处理能力。

3.1.2 预备知识

收款凭证是根据现金和银行存款收入业务的原始凭证编制的,专门用来填列收款业务会计分录的记账凭证。根据现金收入业务的原始凭证编制的收款凭证,称为现金收款凭证;根据银行存款收入业务的原始凭证编制的收款凭证,称为银行存款收款凭证。

1. 收款凭证填制的基本内容

收款凭证填制的基本内容如图 3-6 所示。

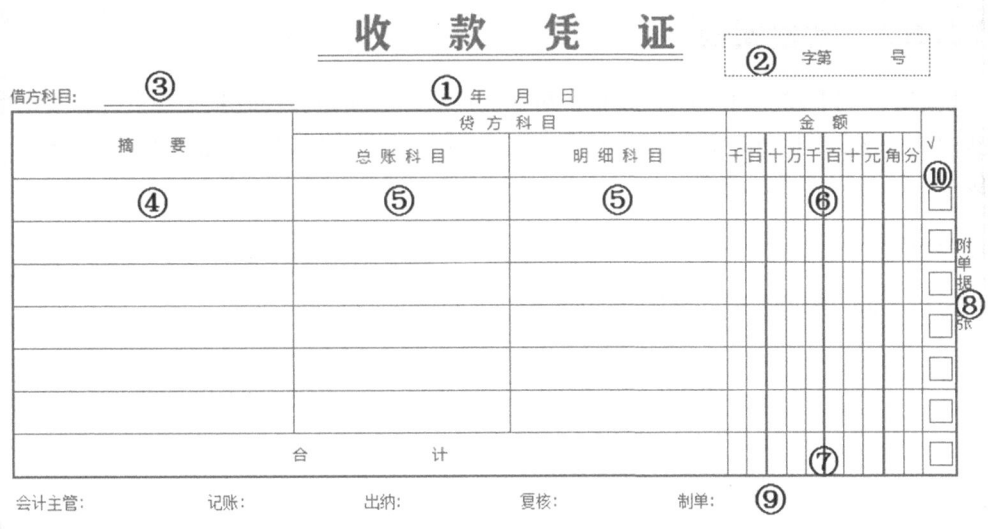

图 3-6 收款凭证填制的基本内容

① 填写财会部门受理经济业务事项制证的日期。
② 根据借方科目的类型填写"现收"或"银收"字和已填制凭证的顺序编号。
③ 根据业务类型填写借方科目:"库存现金"或"银行存款"。
④ 填写能反映经济业务性质和特征的简要说明。
⑤ 填写经济业务所涉及的贷方会计科目(对方科目),如果有明细科目的要填写清楚。

⑥ 将各贷方科目应记的金额填写在金额栏内。填制完经济业务事项后如有空行，应当自金额栏最后一笔金额数字下的空行处至合计数上的空行处划线注销。

⑦ 加计金额栏，填写各贷方科目的合计数，并在数字前加“￥”。

⑧ 所附原始凭证的张数。

⑨ 制单人填制完凭证后应在制单处签章；复核人复核后在复核处签章；出纳人员收款后在出纳处签章；负责登账的人员登账后在记账处签章；会计主管审核后在会计主管处签章。

⑩ 过账的标记。

2. 收款凭证的填制方法

收款凭证根据现金和银行存款收款业务的原始凭证编制。收款凭证左上角的“借方科目”按收款的性质填写“库存现金”或“银行存款”；日期填写的是填制收款凭证的日期；右上角填写凭证的编号，即编制收款凭证的顺序号。一般按“现收××号”和“银收××号”分类，业务量少的单位也可不分“现收”与“银收”，而按收款业务发生的先后顺序统一编号，如“收字××号”。“摘要”栏填写经济业务内容的简要说明；“贷方科目”（“对方科目”）栏填写与“库存现金”或“银行存款”科目对应的会计科目；“记账√”栏是该凭证已登记账簿所作的标记，防止经济业务重记或漏记；“金额”栏填写该项经济业务的发生额；凭证右侧“附件×张”填写该记账凭证所附原始凭证的张数；最下边分别由有关人员签章，以明确经济责任。

3.1.3 实验案例

【案例3-1】 2022年05月08日，科达股份有限公司财务部收到采购员肖新退回的差旅费余款，现金280元。请根据背景资料（见图3-7）编制记账凭证（见图3-8）。（凭证编号：033）（制单：李华）

※ 背景资料

原始单据：收款收据。如图3-7所示。

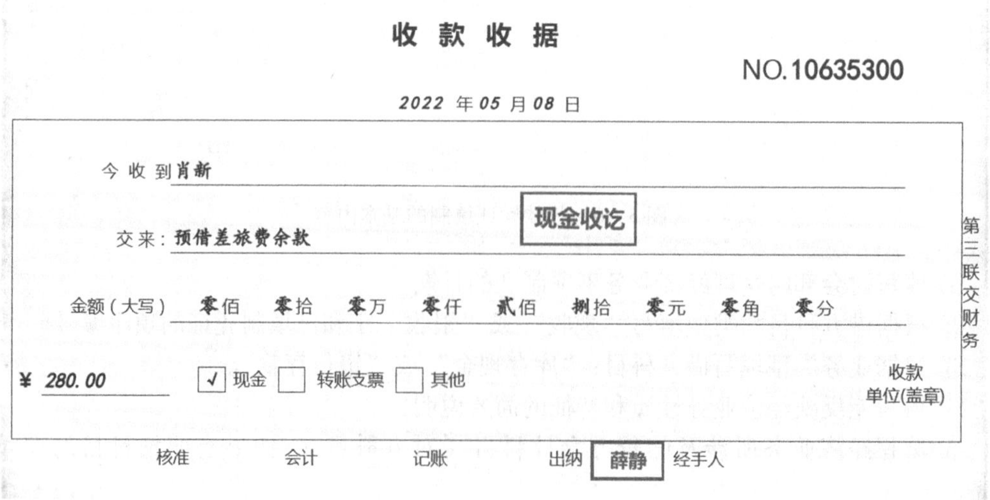
收款收据

NO.10635300

2022 年 05 月 08 日

今收到 肖新

交来：预借差旅费余款　现金收讫

金额（大写） 零佰 零拾 零万 零仟 贰佰 捌拾 零元 零角 零分

￥ 280.00　☑现金 □转账支票 □其他　收款单位(盖章)

核准　会计　记账　出纳 薛静　经手人

第三联交财务

图3-7　收款收据（记账联）

※ **实验材料**

收款凭证如图 3-8 所示。

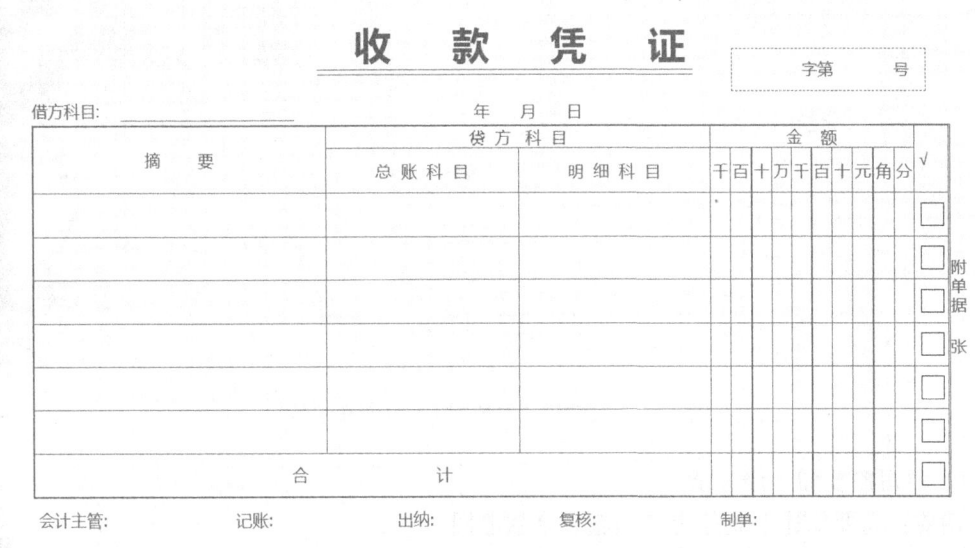

图 3-8 收款凭证

3.1.4 实验步骤

(1) 审核原始凭证。审核所取得或填制的原始凭证是否真实、合法、完整和准确。
经审核,本业务原始凭证收款收据记账联审核无误。

(2) 选择适用的收、付、转记账凭证。在对原始凭证进行认真审核的基础上,根据经济业务的性质、内容,判断经济业务类型及所选用的记账凭证类型。

根据收款收据上的经济事项"肖新交来预借差旅费余款(现金)",判断本业务涉及库存现金的增加,为现金收款业务,所以选择使用收款凭证。

(3) 正确填制收款凭证。根据审核无误的原始凭证,按照记账凭证的填制规范和收款凭证的填制方法填写日期、编号、摘要、会计分录和附件数等,做现金收款的账务处理。

① 填写凭证日期和编号。

凭证日期:按填制收款凭证当天的日期(2022 年 05 月 08 日)填写。

编号:记账凭证为本月第 033 号现金收款凭证,因此编号为"现收字第 033 号"。

填写结果如图 3-9 所示。

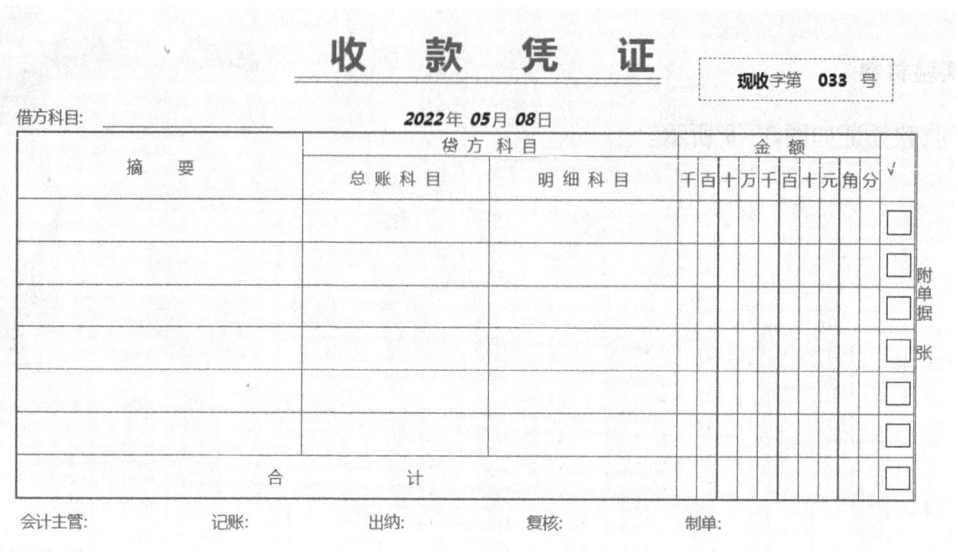

图 3-9 收款凭证的填制 1（日期和编号）

② 填写摘要和会计分录。

摘要：简要描述本业务为"差旅费余款退回"。

会计分录：根据收款收据记账联，判断本业务内容为企业收到肖新退回预借差旅费余款（现金）280 元，则"库存现金"账户（资产类）增加记借方，"其他应收款"账户（资产类）减少记贷方。正确的会计分录为：

借：库存现金　　　　　　　　　　　　　　280
　　贷：其他应收款——肖新　　　　　　　　280

在收款凭证上填写完会计分录后，在金额空白栏对角划线注销。

填写结果如图 3-10 所示。

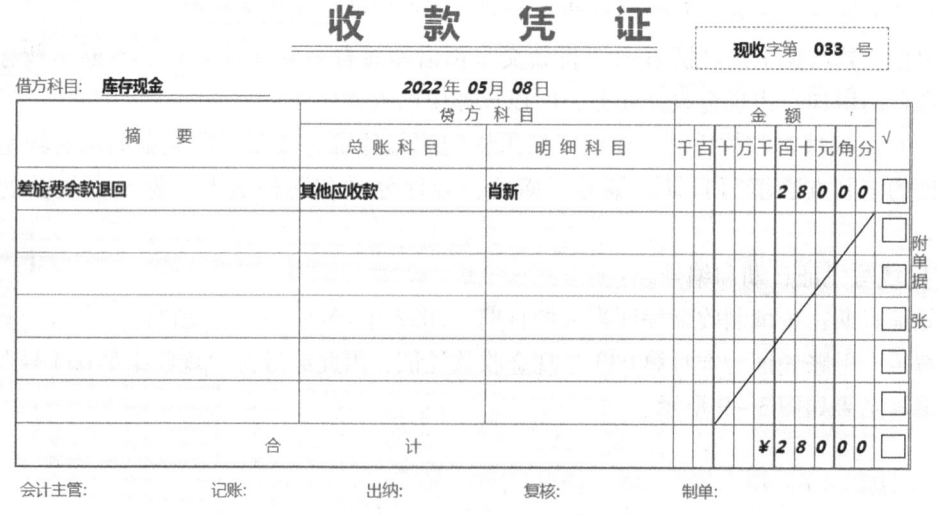

图 3-10 收款凭证的填制 2（摘要和会计分录）

③ 填写附件张数。

本业务附件只有一张收款收据，因此附件张数为1张。

填写结果如图 3 – 11 所示。

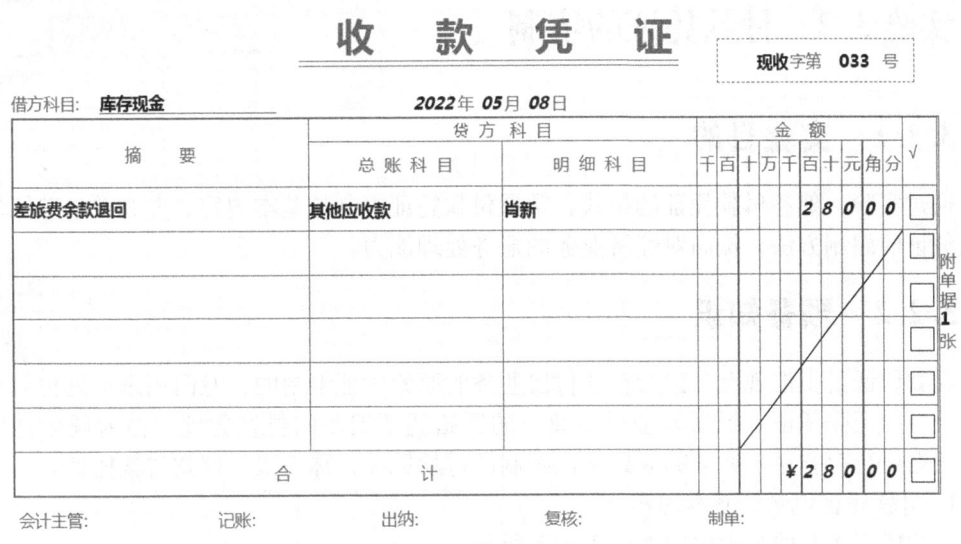

图 3 – 11　收款凭证的填制 3（附件张数）

④ 签章。由相关人员签字或盖章。

收款凭证填写完毕后，由制单人在凭证下方签名。本业务收款凭证由李华填制，则制单人为李华，在制单栏盖上李华的个人名章。

签章的结果如图 3 – 12 所示。

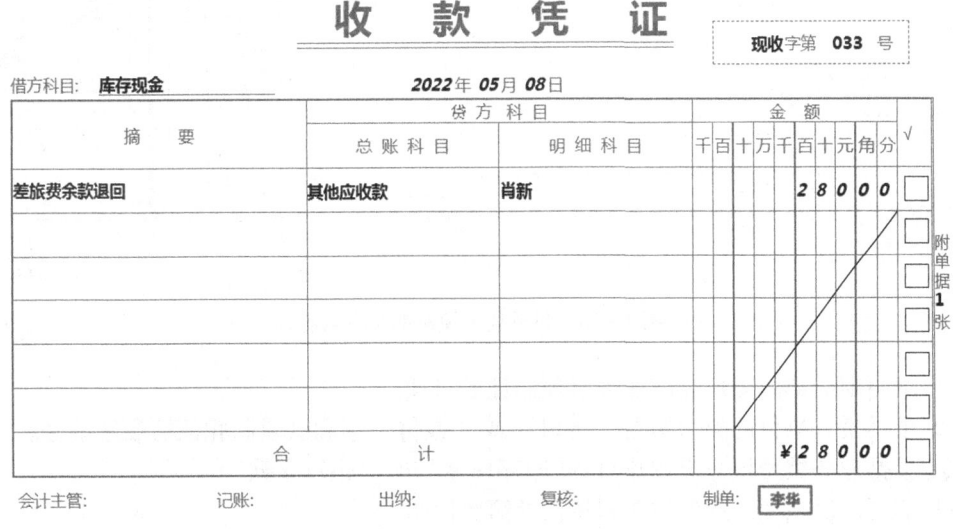

图 3 – 12　收款凭证的填制 4（签章）

（4）检查所填制的收款凭证的正确性。

经检查，本业务填制的收款凭证是正确的。

以上编制收款凭证的实验结果如图 3-12 所示。

实验 3.2 付款凭证的填制

3.2.1 实验目的

通过实验，熟悉付款凭证的格式，掌握付款凭证填制的基本内容，尤其要求熟练掌握付款凭证的编制方法，提高对经济业务的账务处理能力。

3.2.2 预备知识

付款凭证是根据现金和银行存款付出业务的原始凭证编制的，专门用来填列付款业务会计分录的记账凭证。根据现金付出业务的原始凭证编制的付款凭证，称为现金付款凭证；根据银行存款付出业务的原始凭证编制的付款凭证，称为银行存款付款凭证。

1. 付款凭证填制的基本内容

付款凭证填制的基本内容如图 3-13 所示。

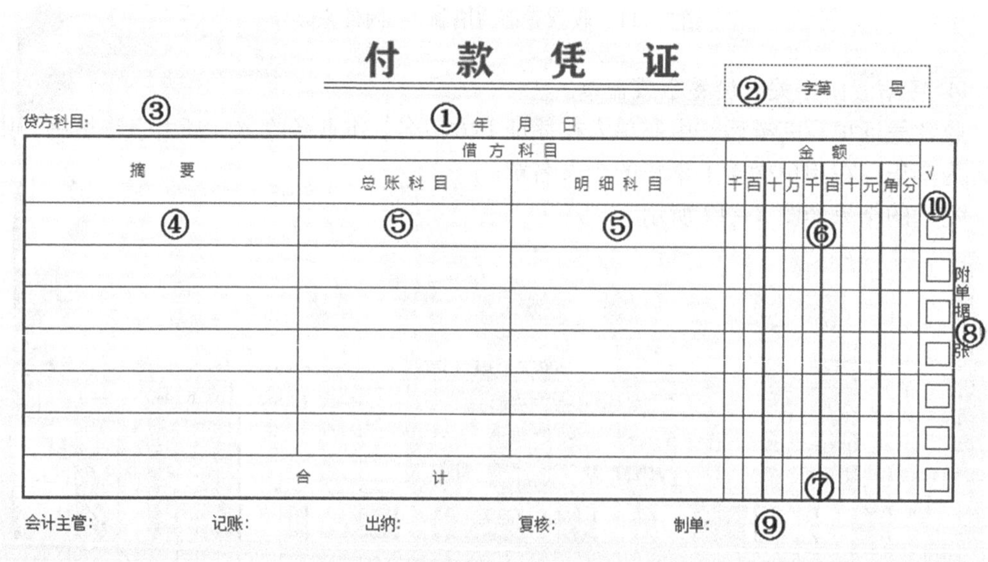

图 3-13 付款凭证填制的基本内容

① 填写财会部门受理经济业务事项制证的日期。
② 根据贷方科目的类型填写"现付"或"银付"字和已填制凭证的顺序编号。
③ 根据业务类型填写贷方科目："库存现金"或"银行存款"。
④ 填写能反映经济业务性质和特征的简要说明。
⑤ 填写经济业务所涉及的借方科目，如果有明细科目的要填写清楚。
⑥ 将各借方科目应记的金额填写在金额栏内。填制完经济业务事项后，如有空行，

应当自金额栏最后一笔金额数字下的空行处至合计数上的空行处划线注销。

⑦ 加计金额栏。填写各借方科目的合计数，并在数字前加"¥"。

⑧ 所附原始凭证的张数。

⑨ 制单人填制完凭证后应在制单处签章；复核人复核后在复核处签章；出纳人员付款后在出纳处签章；负责登账的人员登账后在记账处签章；会计主管审核后在会计主管处签章。

⑩ 过账的标记。

2. 付款凭证的填制方法

付款凭证根据审核无误的现金和银行存款付款业务的原始凭证编制的。付款凭证的填制方法与收款凭证基本相同，不同的是在付款凭证左上角由"借方科目"换为"贷方科目"，凭证内的"贷方科目"（对方科目）换为"借方科目"。在借贷记账法下，在付款凭证左上角应填列"贷方科目"，即"库存现金"或"银行存款"科目。在凭证内的"借方科目"栏，应填写与"库存现金"或"银行存款"相对应的一级科目和明细科目。

对于涉及"库存现金"和"银行存款"之间的相互划转业务，如将现金存入银行或从银行提取现金，为了避免重复记账，一般只填制一张付款凭证，不再填制收款凭证。

3.2.3 实验案例

【案例 3-2】2022 年 03 月 20 日，广东骏骊贸易有限公司行政部报销办公费。请根据背景资料（见图 3-14-1 和图 3-14-2）编制记账凭证（见图 3-15）。（凭证编号：008）（制单：何梦）

※ **背景资料**

原始单据：报销申请单，增值税普通发票，如图 3-14-1 和图 3-14-2 所示。

报销申请单

填报日期：2022 年 03 月 20 日

姓名	王晓旭		所属部门	行政部	
报销项目	摘要			金额	备注：
办公费	购买办公用品			560.00	行政部陈新彬来报销支付给陈小彬讲师的培训费，陈中彬的董事费。
		现金付讫			
合计				¥560.00	
金额大写	零拾 零万 零仟 伍佰 陆拾 零元 零角 零分				
报销人：王晓旭	部门审核：张洋		财务审核：刘辉	审批：吴薇薇	

图 3-14-1 报销申请单

图 3-14-2 增值税普通发票（发票联）

※ **实验材料**

付款凭证如图 3-15 所示。

图 3-15 付款凭证

3.2.4 实验步骤

（1）审核原始凭证。审核所取得或填制的原始凭证是否真实、合法、完整和准确。经审核，本业务原始凭证报销申请单、增值税普通发票发票联审核无误。

（2）选择适用的收、付、转记账凭证。在对原始凭证进行认真审核的基础上，根据经济业务的性质、内容，判断经济业务类型及所选用的记账凭证类型。

本业务涉及库存现金的减少，为现金付款业务，所以选择使用付款凭证。

（3）正确填制付款凭证。根据审核无误的原始凭证，按照记账凭证的填制规范和付款凭证的填制方法填写日期、编号、摘要、会计分录和附件数等，做现金付款的账务处理。

① 填写凭证日期和编号。

凭证日期：按填制付款凭证当天的日期，即报销当天的日期（2022年03月20日）填写。

编号：记账凭证为本月第008号现金付款凭证，因此编号为"现付字第008号"。

填写结果如图3-16所示。

付 款 凭 证

贷方科目：　　　　　　　　　　2022年03月20日　　　　　　　现付字第 008 号

摘要	借方科目		√	金额
	总账科目	明细科目		千百十万千百十元角分
			□	
			□	
			□	
			□	
			□	
			□	
合计			□	

会计主管：　　记账：　　出纳：　　复核：　　制单：

图3-16　付款凭证的填制1（日期和编号）

② 填写摘要和会计分录。

摘要：简要描述此业务内容为"报销办公费"。

会计分录：根据报销申请单和增值税普通发票，判断本业务内容为企业行政部报销办公费，以现金支付560元，则"管理费用"账户（费用类）增加记借方，"库存现金"账户（资产类）减少记贷方。编制的会计分录为：

　　借：管理费用——办公费　　　　　　560
　　　　贷：库存现金　　　　　　　　　　　　560

在付款凭证上填写完会计分录后，在金额空白栏对角划线注销。

填写结果如图3-17所示。

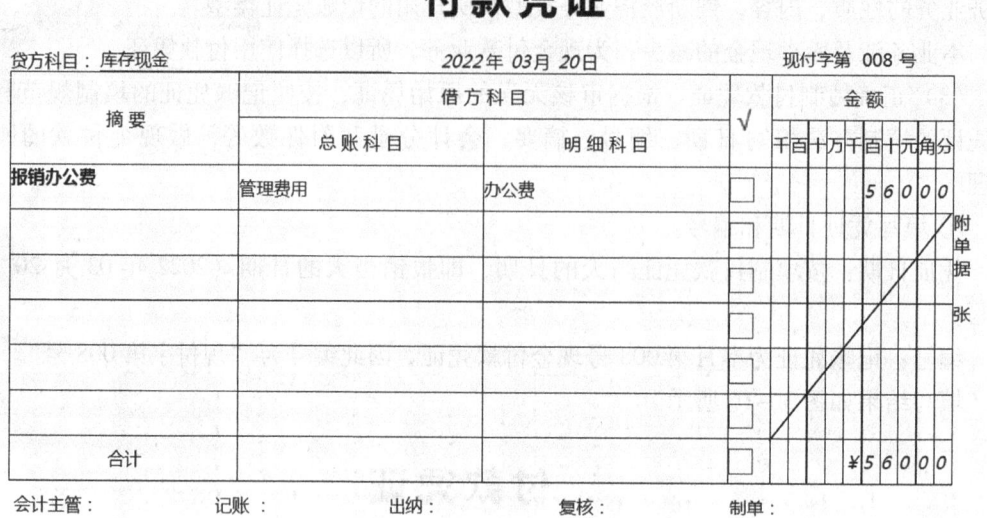

图3-17 付款凭证的填制2（摘要和会计分录）

③ 填写附件张数。

本业务附件有1张报销申请单和1张增值税普通发票，因此附件张数为2张。填写结果如图3-18所示。

图3-18 付款凭证的填制3（附件张数）

④ 签章。由相关人员签字或盖章。

付款凭证填写完毕后，由制单人在凭证下方签名。本业务付款凭证由何梦填制，则制单人为何梦,在制单栏盖上何梦的个人名章。

签章的结果如图 3-19 所示。

付款凭证

贷方科目:库存现金　　2022年03月20日　　现付字第 008 号

摘要	借方科目		√	金额	
	总账科目	明细科目		千百十万千百十元角分	
报销办公费	管理费用	办公费	☐	5 6 0 0 0	
			☐		附单据2张
			☐		
			☐		
			☐		
			☐		
合计			☐	¥ 5 6 0 0 0	

会计主管:　　记账:　　出纳:　　复核:　　制单:何梦

图 3-19　付款凭证的填制 4(签章)

(4) 检查所填制的付款凭证的正确性。

经检查,本业务所填制的付款凭证是正确的。

以上编制付款凭证的实验结果如图 3-19 所示。

实验 3.3　转账凭证的填制

3.3.1　实验目的

通过实验,熟悉转账凭证的格式,掌握转账凭证填制的基本内容,尤其要求熟练掌握转账凭证的编制方法,提高对经济业务的账务处理能力。

3.3.2　预备知识

转账凭证是由会计人员根据审核无误的原始凭证编制的,用以记录与货币资金收付无关的转账业务的记账凭证。

1. 转账凭证填制的基本内容

转账凭证填制的基本内容如图 3-20 所示。

① 填写财会部门受理经济业务事项制证的日期。

② 填制凭证的编号。

③ 填写能反映经济业务性质和特征的摘要。

④ 填写经济业务所涉及的会计科目，如果有明细科目的要填写清楚，并遵循"借方科目在先，贷方科目在后"的原则。

⑤ 将各会计科目应借应贷的金额分别填列在"借方金额""贷方金额"栏内，填制完经济业务事项后，如有空行，应当自金额栏最后一笔金额数字下的空行处至合计数上的空行处划线注销。

⑥ 加计后分别填写"借方金额""贷方金额"栏的合计数，借、贷方金额合计数应该相等，并在数字前加"￥"。

⑦ 所附原始凭证的张数。

⑧ 制单人填制完凭证后应在制单处签章；复核人复核后在复核处签章；负责登账的人员登账后在记账处签章；会计主管审核后在会计主管处签章。

⑨ 过账的标记。

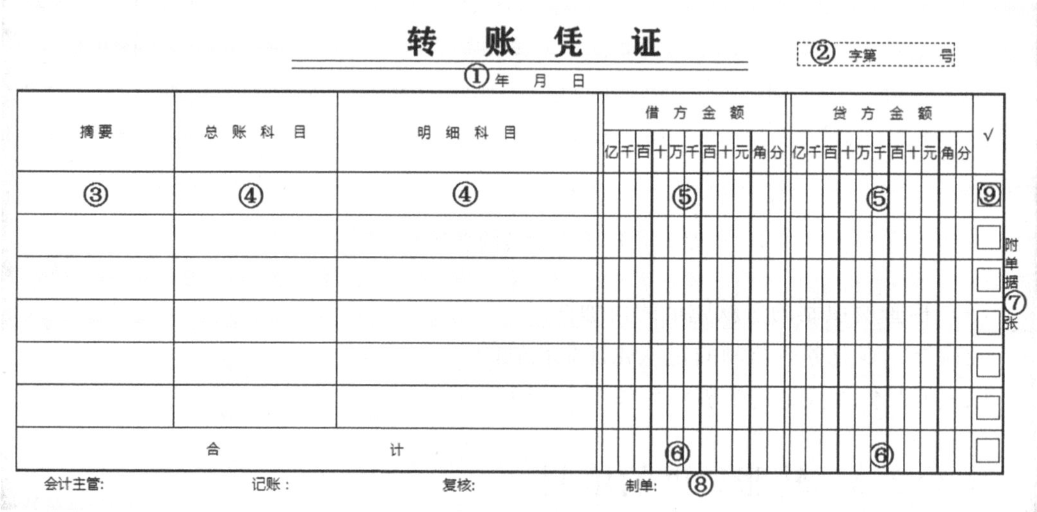

图 3－20　转账凭证填制的基本内容

2. 转账凭证的填制方法

转账凭证根据不涉及现金和银行存款收付款业务的原始凭证编制。转账凭证是将某项转账业务所涉及的全部会计科目，按照先借后贷的顺序记入"会计科目"栏中的"总账科目"和"明细科目"，并按应借、应贷方向分别记入"借方金额"或"贷方金额"栏，"借方金额"栏合计数与"贷方金额"栏合计数应相等。其他项目的填列与收、付款凭证相同。

此外，在某项经济业务中，既涉及现金或银行存款收付的业务，又涉及转账业务时，就应分别填制收（或付）款凭证和转账凭证两种不同类型的记账凭证。例如公司购料一批，料已经验收入库，但是用银行存款结算了部分货款，剩余款项暂欠，就需要填制一张银行存款的付款凭证和一张转账凭证。

3.3.3 实验案例

【案例3-3】2022年10月31日，深圳信诺贸易有限公司计提本月固定资产折旧费。请根据背景资料（见图3-21至图3-23）编制记账凭证（见图3-24）。（该公司采用直线法计提折旧）（凭证编号：068）（制单：陈可欣）

※ 背景资料

原始单据：固定资产折旧计算表，如图3-21所示。

固定资产折旧计算表

2022年10月31日　　　　　　　　　　　　　　　　　金额单位：元

部门	资产类别	原值	残值	年限	月折旧额
管理部门	房屋及建筑物	760000.00	47500.00	25	2375.00
	运输设备	296000.00	8000.00	5	4800.00
	合计	1056000.00	--	--	7175.00

审核：肖云　　　　　　　　　　　　　　　　制单：黄立新

图3-21　固定资产折旧计算表

参考资料：固定资产卡片1、固定资产卡片2。如图3-22和图3-23所示。

固定资产卡片

使用单位：深圳信诺贸易有限公司　　　　　填表日期：2022年08月09日

类别	建筑物	出厂或交接验收日期	2022年08月09日	预计使用年限	25年
编号	12908	购入或使用日期	2022年08月09日	预计残值	47500.00元
名称	办公楼	放置或使用地址	管理部门	预计清理费用	
型号规格	70平方米	负责人	黎纤	月折旧率	0.3125%
建造单位		总造价	760000.00元	月大修理费用提存率	

设备主要技术参数或建筑物占地面积、建筑面积及结构	设备主要配件名称数量或建筑物附设设备	大修理记录		固定资产改变记录
		时间	项目	

图3-22　固定资产卡片1

图 3 – 23　固定资产卡片 2

※ **实验材料**

转账凭证如图 3 – 24 所示。

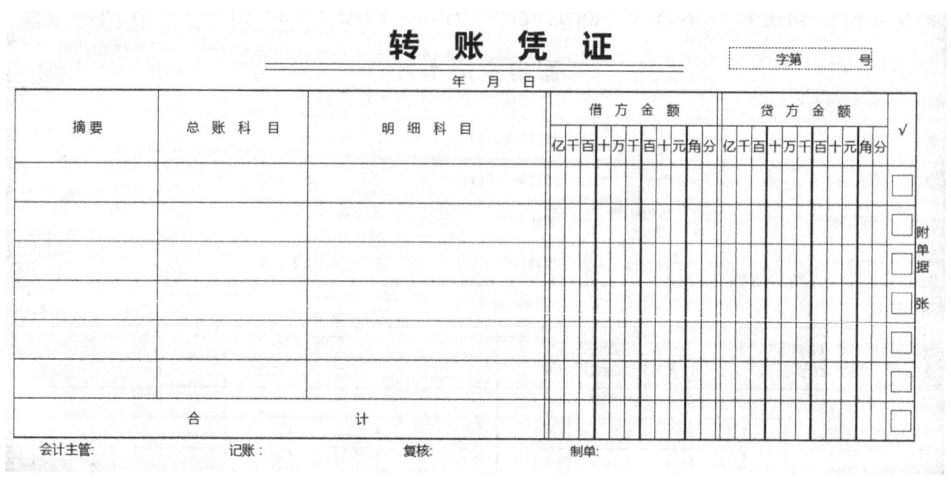

图 3 – 24　转账凭证

3.3.4　实验步骤

（1）审核原始凭证。审核所取得或填制的原始凭证是否真实、合法、完整和准确。

经审核，本业务原始凭证固定资产折旧计算表审核无误。

（2）选择适用的收、付、转记账凭证。在对原始凭证进行认真审核的基础上，根据经济业务的性质、内容，判断经济业务类型及所选用的记账凭证类型。

本业务不涉及现金和银行存款的收付，为转账业务，所以选择使用转账凭证。

（3）正确填制转账凭证。根据审核无误的原始凭证，按照记账凭证的填制规范和转账凭证的填制方法填制相应的转账凭证。

① 填写凭证日期和编号。

凭证日期：按填制转账凭证当天的日期（2022年10月31日）填写。

编号：记账凭证为本月第068号转账凭证，因此编号为"转字第068号"。

填写结果如图3-25所示。

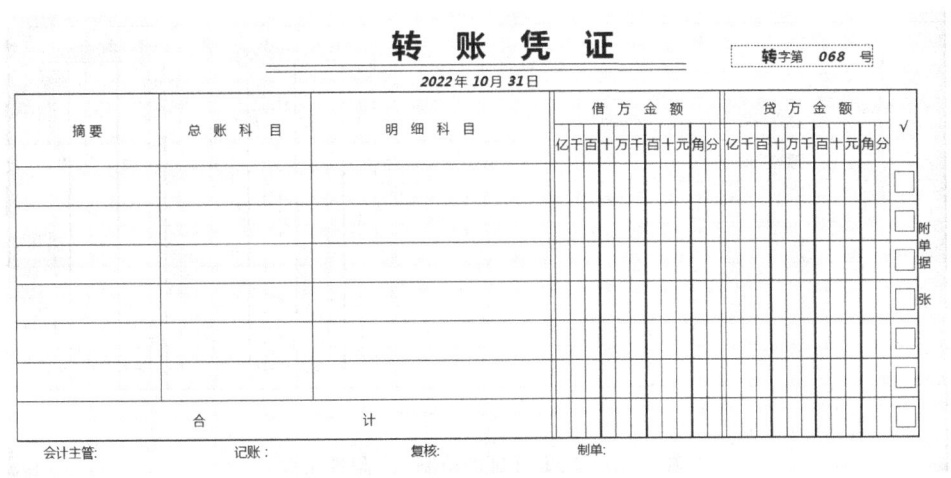

图3-25 转账凭证的填制1（日期和编号）

② 填写摘要和会计分录。

摘要：简要描述此业务内容为"计提本月折旧费"。

会计分录：根据固定资产折旧计算表、固定资产卡片1和固定资产卡片2，判断本业务内容为企业计提本月管理部门固定资产折旧费7 175元，则"管理费用"账户（费用类）增加记借方，"累计折旧"账户（资产类）增加记贷方。编制的会计分录为：

 借：管理费用——折旧费   7 175

  贷：累计折旧   7 175

在转账凭证上填写完会计分录后，在金额空白栏对角划线注销。

填写结果如图3-26所示。

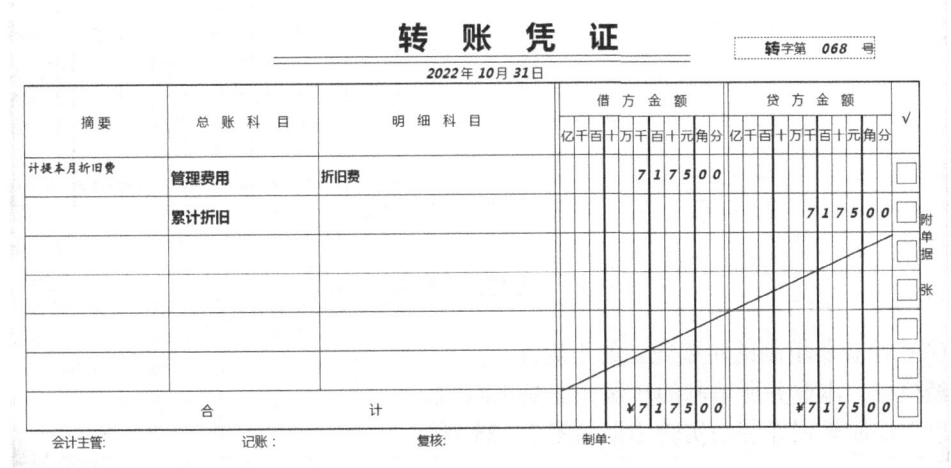

图3-26 转账凭证的填制2（摘要和会计分录）

③ 填写附件张数。

本业务附件只有 1 张固定资产折旧计算表，因此附件张数为 1 张。

填写结果如图 3-27 所示。

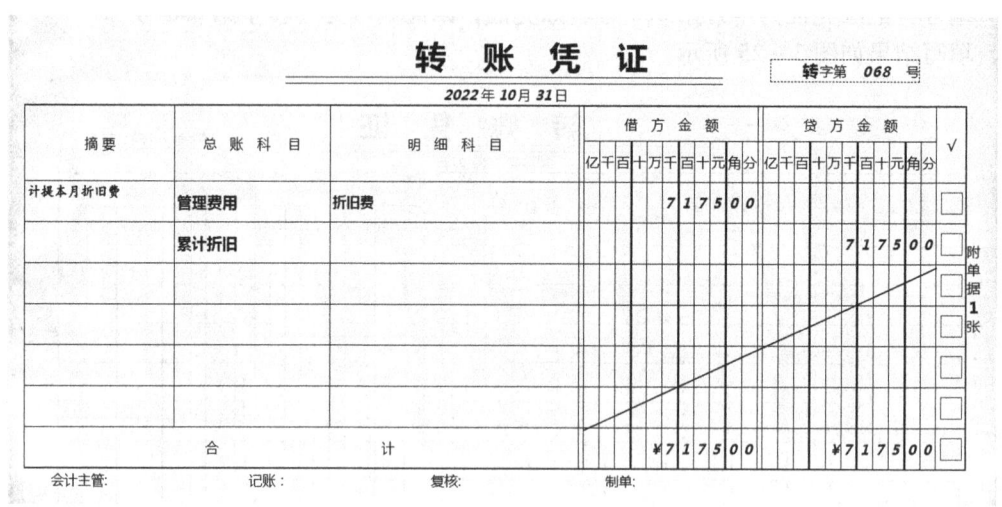

图 3-27 转账凭证的填制 3（附件张数）

④ 签章。由相关人员签字或盖章。

转账凭证填写完毕后，由制单人在凭证下方签名。本业务转账凭证由陈可欣填制，则制单人为陈可欣，在制单栏盖上陈可欣的个人名章。

签章的结果如图 3-28 所示。

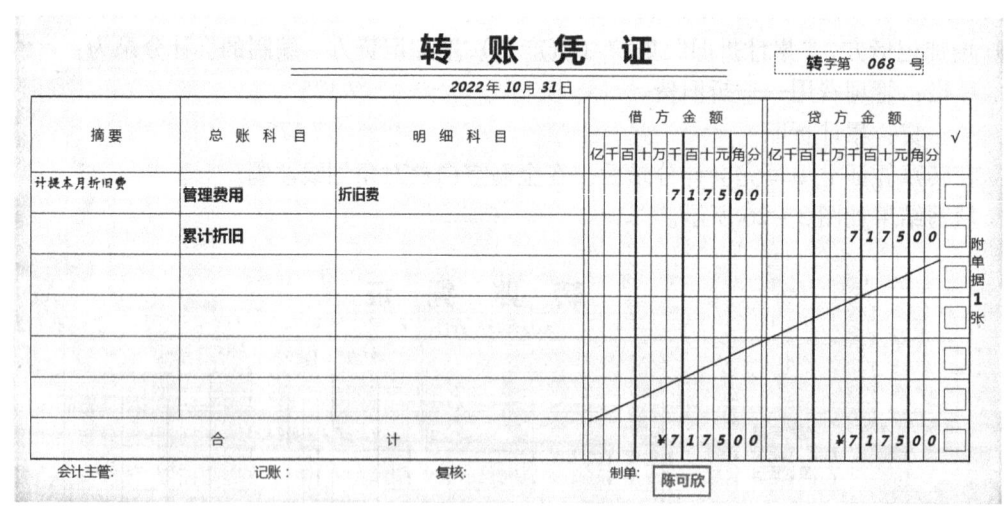

图 3-28 转账凭证的填制 4（签章）

（4）检查所填制的转账凭证的正确性。

经检查，本业务所填制的转账凭证是正确的。

以上编制转账凭证的实验结果如图 3-28 所示。

实验 3.4 通用记账凭证的填制

3.4.1 实验目的

通过实验,熟悉通用记账凭证的格式,掌握通用记账凭证填制的基本内容,尤其要求熟练掌握通用记账凭证的编制方法,提高对经济业务的账务处理能力。

3.4.2 预备知识

通用记账凭证亦称作标准凭证,是用来反映所有经济业务的记账凭证。采用通用记账凭证的单位,不论收款业务、付款业务还是转账业务,均采用一种统一格式的记账凭证。一般适用于规模较小、业务较少的单位。通用记账凭证的适用范围广泛,尤其是在使用电子计算机会计处理系统的企业,通用记账凭证具有不可比拟的优势。

采用通用记账凭证的经济单位,不再根据经济业务的内容分别填制收款凭证、付款凭证和转账凭证,所以涉及到货币资金收、付业务的记账凭证是由会计人员根据审核无误的原始凭证收、付款后填制的,涉及转账业务的记账凭证,是由有关会计人员根据审核无误的原始凭证填制的。

1. 通用记账凭证填制的基本内容

通用记账凭证填制的基本内容如图3-29所示。

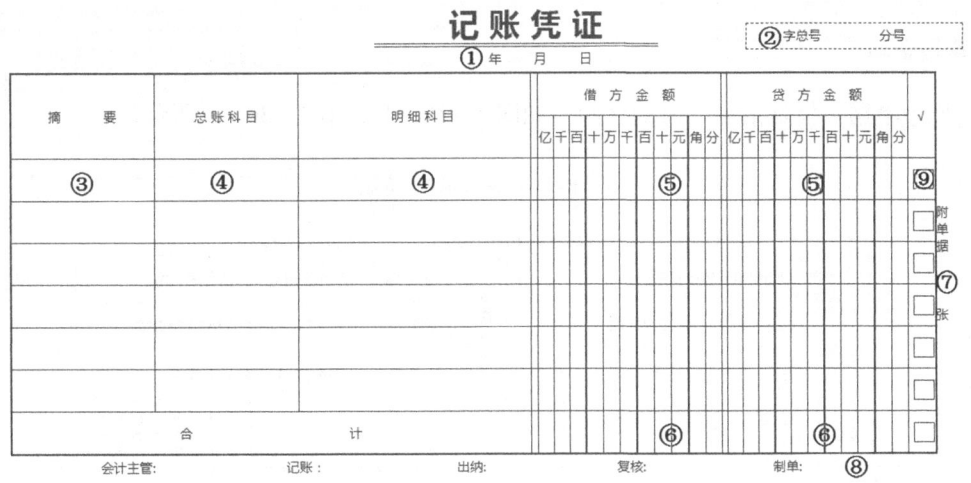

图 3-29 通用记账凭证填制的基本内容

① 填写财会部门受理经济业务事项制证的日期。
② 填写凭证编号。
③ 填写能反映经济业务性质和特征的简要说明。
④ 填写经济业务所涉及的会计科目,如果有明细科目的要填写清楚,并遵循"借方科目在先,贷方科目在后"原则。

⑤ 将各会计科目应借应贷的金额分别填列在"借方金额""贷方金额"栏内，填制完经济业务事项后，如有空行，应当自金额栏最后一笔金额数字下的空行处至合计数上的空行处划线注销。

⑥ 加计后分别填写"借方金额""贷方金额"栏的合计数，借、贷方金额合计数应该相等，并在数字前加"￥"。

⑦ 所附原始凭证的张数。

⑧ 制单人填制凭证后应在制单处签章；复核人复核后在复核处签章；负责登账的人员登账后在记账处签章；会计主管审核后在会计主管处签章。

⑨ 过账的标记。

2. 通用记账凭证的填制方法

通用记账凭证的格式类似于转账凭证，凭证的要素内容与转账凭证基本相同，只是反映的内容不再受经济业务类型的限制，只需要在记账凭证上直接进行会计分录的编制，并相应地填写其他内容即可。与专用记账凭证的收款凭证、付款凭证和转账凭证相比，通用记账凭证种类单一、格式简化，填制方法更易于掌握。关于通用记账凭证的填制方法，可参照转账凭证的填制方法，此处不再赘述。

3.4.3 实验案例

【案例 3-4】2022 年 01 月 07 日，广州盛科电子科技有限公司向银行借款，请根据背景资料（见图 3-30-1 和图 3-30-2）编制记账凭证（见图 3-31）。（凭证编号：039）（制单：王小刚）

※ **背景资料**

原始单据：借款借据、借款合同。如图 3-30-1 和图 3-30-2 所示。

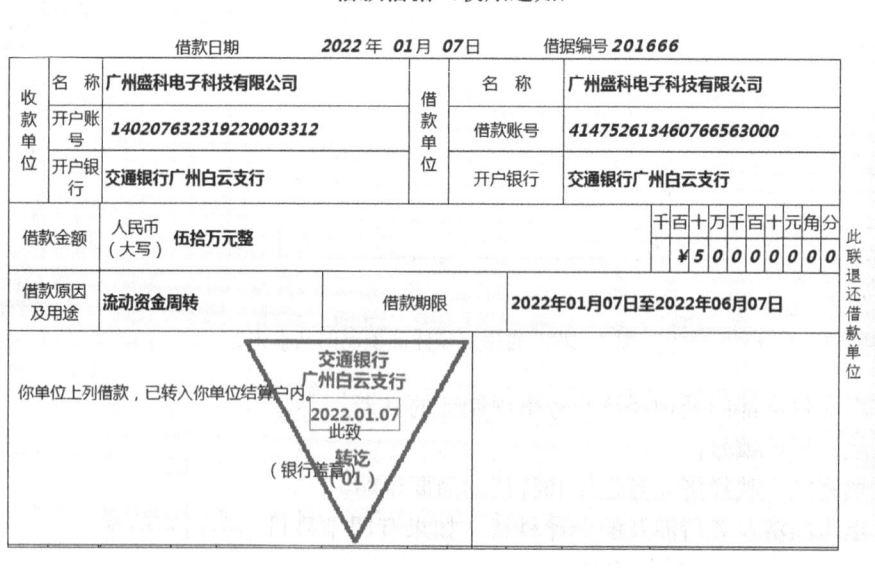

图 3-30-1 借款借据（收账通知）

借款合同

立合同单位：
　　借款单位(简称甲方) 广州盛科电子科技有限公司
　　贷款单位(简称乙方) 交通银行广州白云支行
　　甲方为进行建设和发展的需要，依据 借款合同 ，特向乙方申请借款，经乙方审查同意发放。为明确双方责任，恪守信用，特签订本合同，共同遵守。

　　一、甲方向乙方借款人民币(大写) 伍拾 万元，规定用于 流动资金周转 。

　　二、借款期约定为 0 年 5 个月。即从 2022 年 01 月 07 日至 2022 年 06 月 07 日。乙方保证按设计计划和信贷计划，在下达的贷款指标额度内贷出资金。甲方保证按规定的借款用途用款。

　　三、贷款利息自支用贷款之日起，以实际贷款数按月息 0.5% 计算，按月支付利息，到期还本付息 。

　　四、甲方保证按还款计划归还贷款本金。甲方如不能按期偿还，乙方有权从甲方的存款户中扣收。

　　违约责任:(略)
　　双方商定的其他条件:(略)
　　本合同签定之日起生效，贷款本息全部偿还后失效。
　　本合同正本 贰 份，甲方，乙方，保证方各执一份，副本 贰 份送乙方财会部门和有关部门。

借款单位(公章)　　　　法定代表人(签字)　王进宗　2022 年 01 月 03 日

贷款单位(公章)　　　　法定代表人(签字)　罗瑜华　2022 年 01 月 03 日

图 3-30-2　借款合同

※ 实验材料

通用记账凭证如图 3-31 所示。

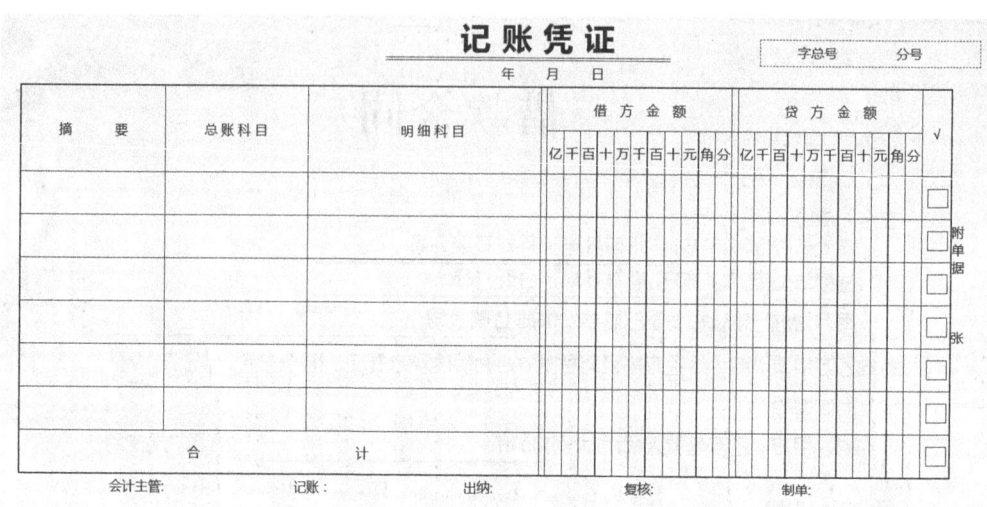

图 3-31 通用记账凭证

3.4.4 实验步骤

（1）审核原始凭证。审核所取得或填制的原始凭证是否真实、合法、完整和准确。经审核，本业务原始凭证借款借据和借款合同无误。

（2）正确填制通用记账凭证。根据审核无误的原始凭证，按照记账凭证的填制规范和通用记账凭证的填制方法填制相应的通用记账凭证。

① 填写凭证日期和编号。

凭证日期：按填制通用记账凭证当天的日期（2022 年 01 月 07 日）填写。

编号：记账凭证为本月第 039 号通用记账凭证，因此编号为"记字第 039 号"。

填写结果如图 3-32 所示。

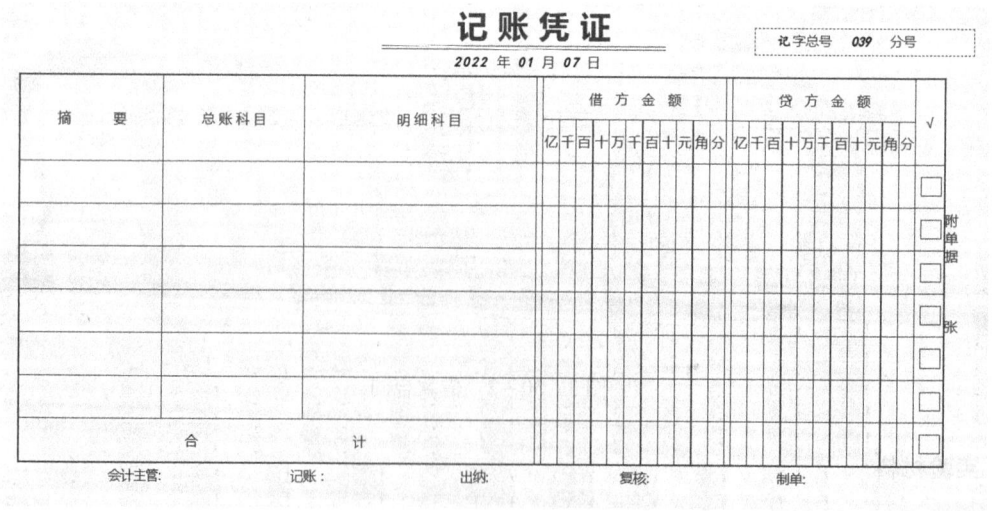

图 3-32 通用记账凭证的填制 1（日期和编号）

② 填写摘要和会计分录。

摘要：简要描述此业务内容为"向银行借款"。

会计分录：根据借款借据收账通知，判断本业务内容为企业向银行借入为期5个月的短期借款500 000元，则"银行存款"账户（资产类）增加记借方，"短期借款"账户（负债类）增加记贷方。编制的会计分录为：

　　借：银行存款——交通银行广州白云支行　　　　500 000
　　　　贷：短期借款　　　　　　　　　　　　　　　　500 000

在通用记账凭证上填写完会计分录后，在金额空白栏对角划线注销。

填写结果如图3-33所示。

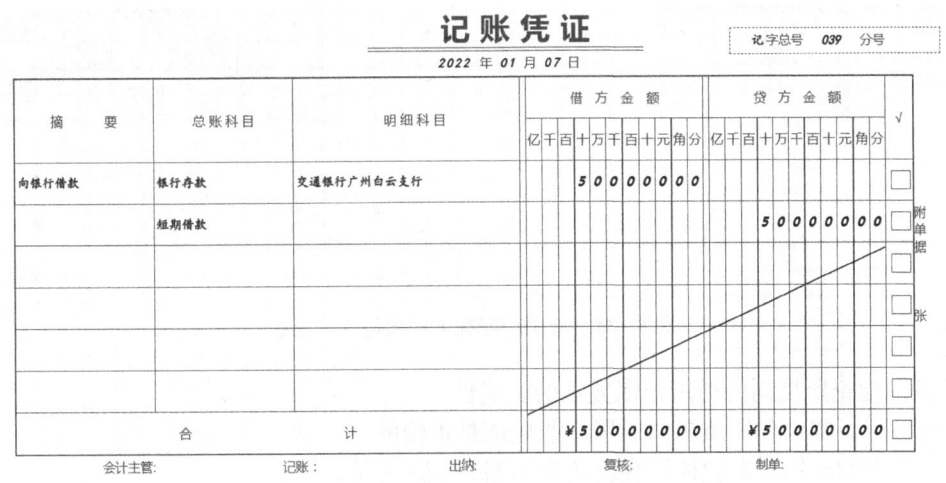

图3-33　通用记账凭证的填制2（摘要和会计分录）

③ 填写附件张数。

本业务附件只有1张借款借据，因此附件张数为1张。

填写结果如图3-34所示。

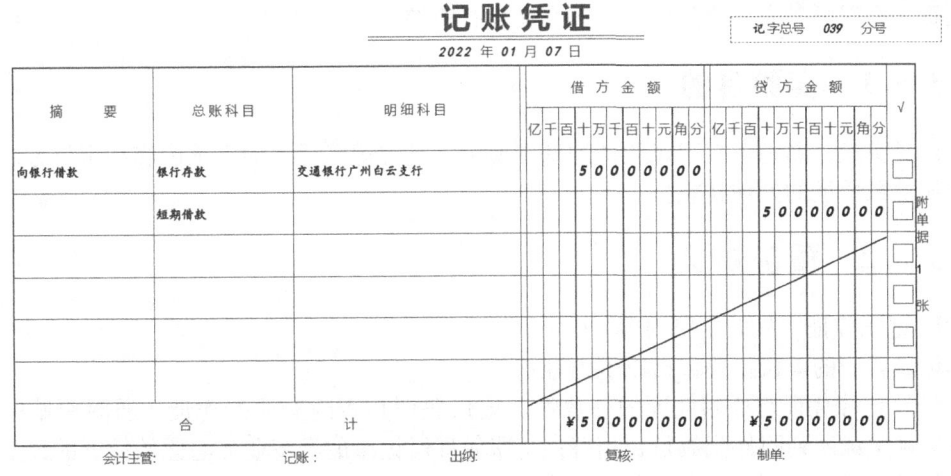

图3-34　通用记账凭证的填制3（附件张数）

④ 签章。由相关人员签字或盖章。

通用记账凭证填写完毕后，由制单人在凭证下方签名。本业务通用记账凭证由王小刚填制，则制单人为王小刚，在制单栏盖上王小刚的个人名章。

签章的结果如图 3-35 所示。

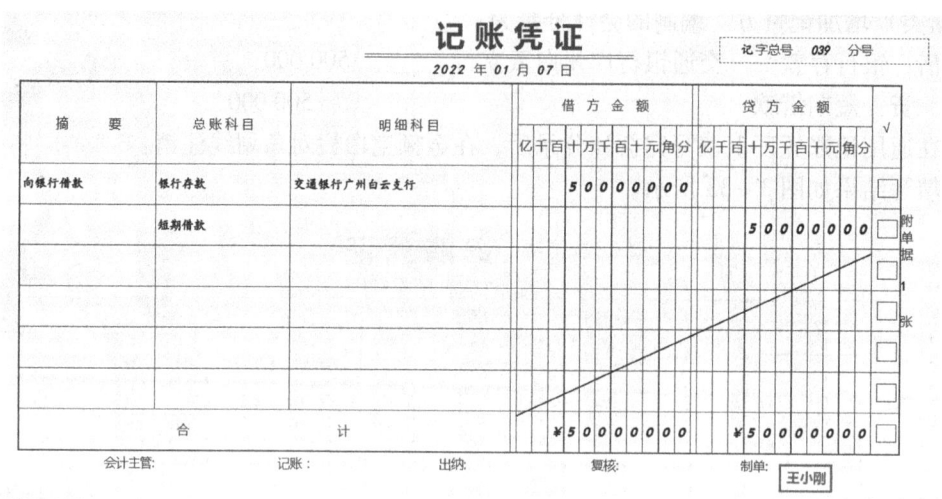

图 3-35　通用记账凭证的填制 4（签章）

（4）检查所填制的通用记账凭证的正确性。

经检查，本业务所填制的通用记账凭证是正确的。

以上编制通用记账凭证的实验结果如图 3-35 所示。

实验 3.5　记账凭证的审核

所有填制完毕的记账凭证，都必须经过其他会计人员认真的审核。在审核记账凭证的过程中，如发现记账凭证填制有误，应当按照规定的方法及时加以更正。只有经过审核无误的记账凭证，才能作为登记账簿的依据。记账凭证的审核工作一般由会计主管或财务经理负责，有时财务人员之间也可内部交叉检查审核。

3.5.1　实验目的

通过实验，熟悉审核记账凭证的基本要求，掌握记账凭证的审核内容和审核方法，掌握错误记账凭证的处理技能。

3.5.2　预备知识

1. 记账凭证审核的主要内容

记账凭证的审核主要包括以下内容：

（1）记账凭证与原始凭证的一致性。记账凭证是否附有原始凭证，所附原始凭证张数与记账凭证所列附件张数是否相符；记账凭证所记录的经济业务与原始凭证的经济业务内容是否相符，两者金额合计是否相等。

（2）记账凭证中应借、应贷的会计科目（包括一级科目、明细科目）和金额是否正确，账户对应关系是否准确。

（3）记账凭证的有关项目是否填列完整，有关人员签章是否齐全。

2. 错误记账凭证的处理

通过审核，若发现尚未登记入账的记账凭证有错误，应重新填制正确的记账凭证。对于已经登记入账的记账凭证，如果发现会计科目有错误，可以用红字填写一张与原凭证内容完全相同的记账凭证，在摘要栏注明"注销某月某日某号凭证"字样，同时再用蓝字重新填制一张正确的记账凭证，在摘要栏注明"订正某月某日某号凭证"字样。如果发现会计科目没有错误，只是金额错误，就按正确金额与错误金额之间的差额，另编一张调整的记账凭证，调增金额用蓝字，调减金额用红字。

3.5.3 实验案例

【案例3-5】2022年03月31日，端州顺天贸易有限公司库存现金盘点盘盈。根据背景资料（见图3-36和图3-37）完成对原记账凭证的审核，如有错误，请重新编制正确的记账凭证（见图3-38），并经复核人员再次复核。（凭证编号：063）（制单：王晓鸣；复核：李欧）

※ 背景资料

原始单据：库存现金盘点表，如图3-36所示。

库存现金盘点表

2022年 03月 31日　　　　　　　　　　　　单位：元

票面额	张数	金额	票面额	张数	金额
壹佰元	18	1800	伍 角		
伍拾元	10	500	贰 角		
贰拾元	7	140	壹 角		
拾 元	6	60	伍 分		
伍 元			贰 分		
贰 元			壹 分		
壹 元			合 计		¥2500.00
库存现金日记账账面余额：					¥2200.00
差额：					300.00
盘盈库存现金300元，原因待查。					
处理意见：					

审批人（签章）：黄艳　　　监盘人（签章）：陈红　　　盘点人（签章）：陈威

图3-36　库存现金盘点表

参考资料：原记账凭证，如图3-37所示。

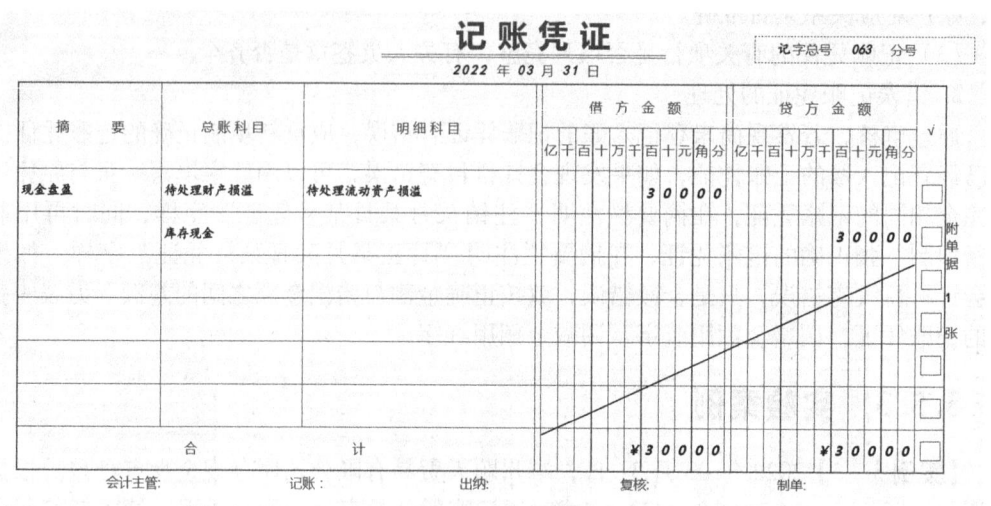

图3-37 原记账凭证

※ **实验材料**

记账凭证如图3-38所示。

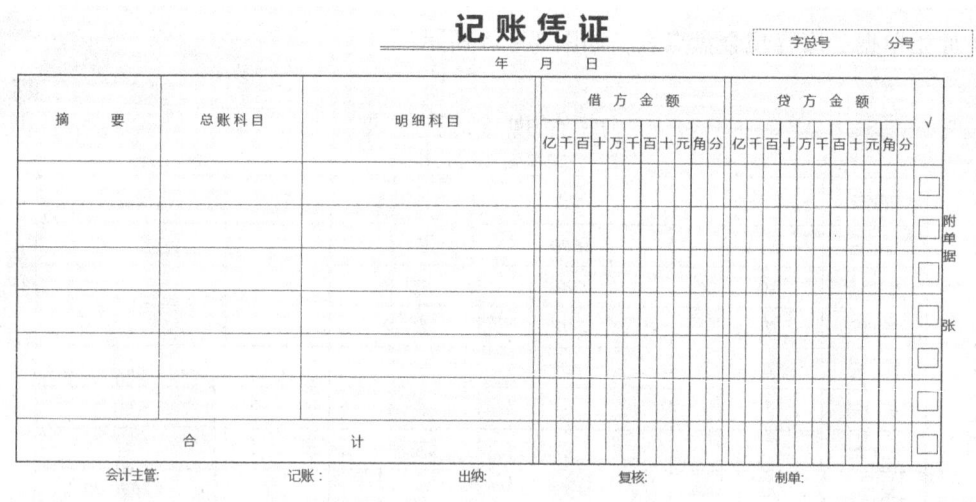

图3-38 记账凭证

3.5.4 实验步骤

（1）审核内容是否真实。

审核记账凭证与所附原始凭证的经济内容是否相符，记账凭证所附原始凭证是否正确。审核记账凭证上的附件张数与所附原始单据的数量是否一致。

本业务从原记账凭证的摘要和会计科目可以看出，其记载的经济内容为现金盘盈，其所附原始凭证为库存现金盘点表，原记账凭证的内容与所附原始凭证内容相符，且所附原始单据正确，审核无误。本业务记账凭证上附件1张，与所附原始单据数量（1张库存现金盘点表)一致,审核无误。

(2) 审核项目是否齐全。

审查记账凭证中有关项目填列是否完整,有关人员签章是否齐全。

经审核,本业务原记账凭证上的日期、凭证编号、摘要、会计科目、金额和附件张数的内容填写完整,但是制单处没有签章(见图3-39)。在进行记账凭证审核时,制单处应由填制这张记账凭证的人员(王晓鸣)补上签名或签章。

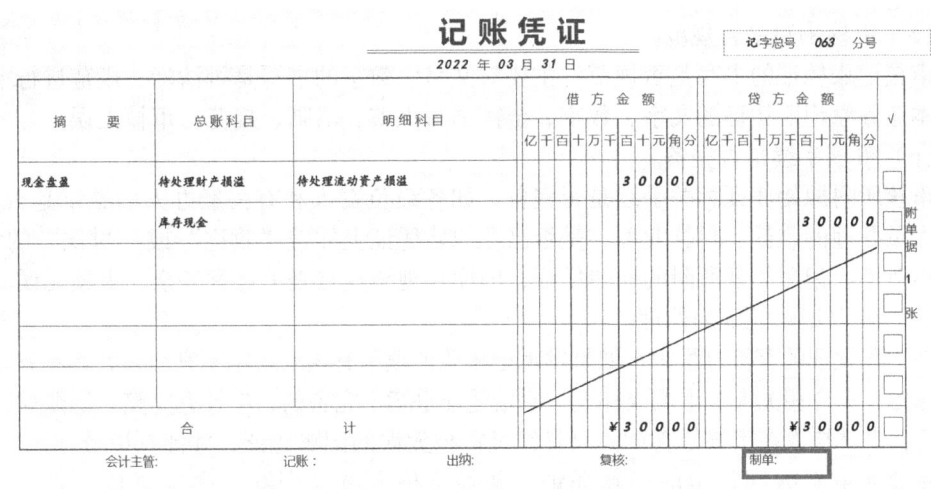

图3-39 记账凭证的审核(制单处无签章)

(3) 审核科目是否正确。

审核记账凭证上的应借、应贷科目,包括二级明细科目是否正确,是否有明确的账户对应关系。

本业务库存现金盘点表上记载盘盈库存现金300元,原因待查。正确的会计处理是借记"库存现金"科目,贷记"待处理财产损溢"科目,明细科目为"待处理流动资产损溢"。而原记账凭证上借记"待处理财产损溢——待处理流动资产损溢"科目,贷记"库存现金"科目,两个科目的借贷方向颠倒,借贷方科目错误,如图3-40所示。

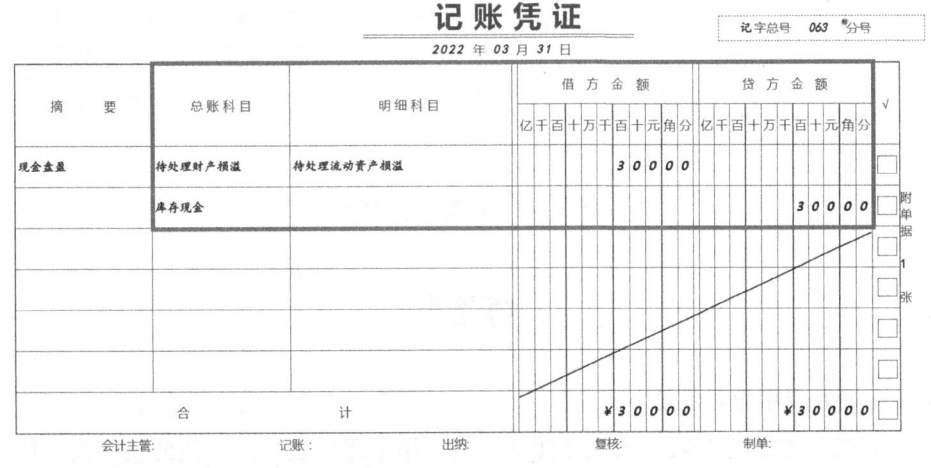

图3-40 记账凭证的审核(科目记错)

(4) 审核金额是否正确。

审核记账凭证借方与贷方的金额合计是否相等,所记录的金额与原始凭证的有关金额是否一致。

本业务原记账凭证中,借方金额合计300元,贷方金额合计300元,借方与贷方金额合计相等。其次核对原始凭证的金额,库存现金实地盘点的金额为2 500元,库存现金日记账账面余额为2 200元,可以确定库存现金盘盈300元,与记账凭证相符,审核无误。

(5) 审核书写是否规范。

审核记账凭证的书写是否规范,主要对文字、数字的书写是否清晰、规范进行审核。

本业务原记账凭证的文字、数字、金额书写工整、清晰、规范,审核无误。

(6) 审核手续是否完备。

审核所附原始凭证相关手续是否完备,如各级负责人和有关经办人的签章是否齐全。出纳人员办理的收款、付款业务,是否已在原始凭证上加盖"收讫"或"付讫"的戳记。

本业务原记账凭证所附的原始凭证,即库存现金盘点表上签章齐全,审核无误。

(7) 错误记账凭证的处理。

在记账凭证的审核过程中,如果发现记账凭证填制有误或填制不完全,签章不齐全,应查明缘由,责令相关人员重填或补充。原始凭证手续不完备的,应补办完整。记账凭证审核无误后,由审核人在审核处签章。只有经过审核无误的记账凭证,才能据以登记账簿。

本业务重新编制正确的记账凭证,并经复核人员(李欧)再次复核,如图3-41所示。

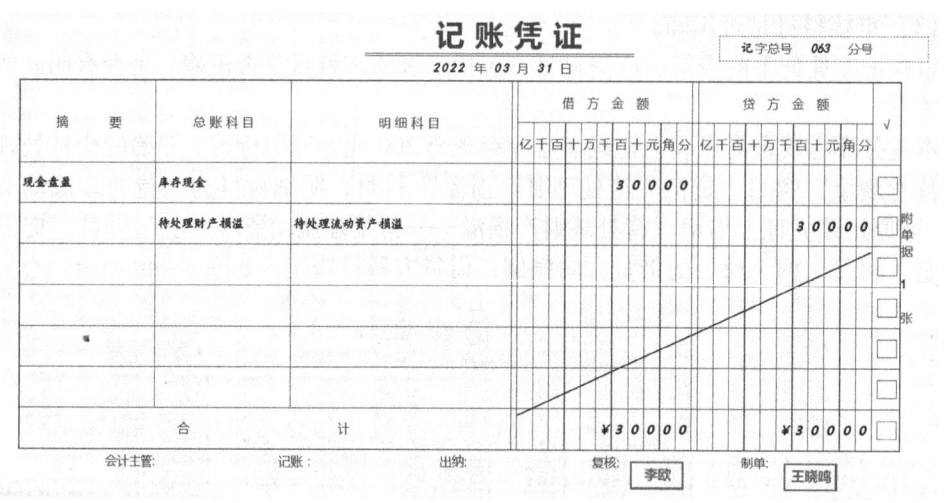

图3-41 正确的记账凭证

练习题

(一) 编制专用记账凭证

广东吉瑞机械股份有限公司记账凭证采用专用记账凭证,记账凭证按现收、现付、银收、银付和转账五类进行编号(按月从001号开始顺序编号)。公司会计(制单):陈婷;

复核：王燕；出纳：李晓君；法人代表：杨火火。2022 年 10 月部分经济业务如下：

1. 2022 年 10 月 03 日，收到北京汽翼汽车修理有限公司签发的转账支票 50 000 元，系定购铝合金油箱的预付款。支票背书后去银行办理进账，收到银行进账单（收账通知）。根据背景资料（见图 3－42－1 至图 3－42－4）编制记账凭证（见图 3－43）。

※ **背景资料**

原始单据：购销合同、转账支票、银行进账单，如图 3－42－1 至图 3－42－4 所示。

购销合同

购方：北京汽翼汽车修理有限公司　　合同编号：3201480
销方：广东吉瑞机械股份有限公司　　签订时间：2022.10.03

供需双方本着互利互惠、长期合作的原则，根据《中华人民共和国合同法》及双方的实际情况，就需方向供方采购事宜，订立本合同，以使双方在合同履行中共同遵守。

一、产品名称、数量、单价、金额：

产品名称	规格型号	计量单位	数量	单价	金额	备注
铝合金油箱	JY336	个	300.00	500.00	150000.00	含税价（13%）
合计					￥150000.00	
合计人民币（大写）：拾伍万元整						

二、质量要求技术标准：供方对质量负责的条件和期限：按合同企业标准。

三、交（提）货地点、方式：**销货方送货至购货方仓库**

四、付款时间与付款方式：
1、双方协定预付货款50000.00元。2、产品交货时间为2022年11月10日。

五、运输方式及到站、港和费用负担：

六、合理损耗及计算方法：以实际数量验收。

七、包装标准、包装物的供应与回收：普通包装，不回收包装物。

八、验收标准、方法及提出异议期限：货到需方七天内提出质量异议，不包括运输过程中造成的质量问题。

九、违约责任：按《合同法》。

十、解决合同纠纷方式：双方协商解决。

十一、其他约定事项：本合同一式两份，需、供双方各一份，经双方盖章后即生效。

购方（盖章）：北京汽翼汽车修理有限公司　　销方（盖章）：广东吉瑞机械股份有限公司
单位地址：北京市大兴区林校路12号　　单位地址：广东省肇庆市端州区砚都大道109号
电　话：010-86545555　　电　话：0758-2736363
签订日期：2022.10.03　　签订日期：2022.10.03
开户银行：中国工商银行北京大兴支行　　开户银行：交通银行肇庆端州支行
账　号：1101001920014425881　　账　号：41207460067500341 2700

图 3－42－1　购销合同

图 3-42-2 转账支票（正联正面）

图 3-42-3 转账支票（正联背面）

图 3-42-4 银行进账单（收账通知）

※ **实验材料**

编制收款凭证，如图 3-43 所示。

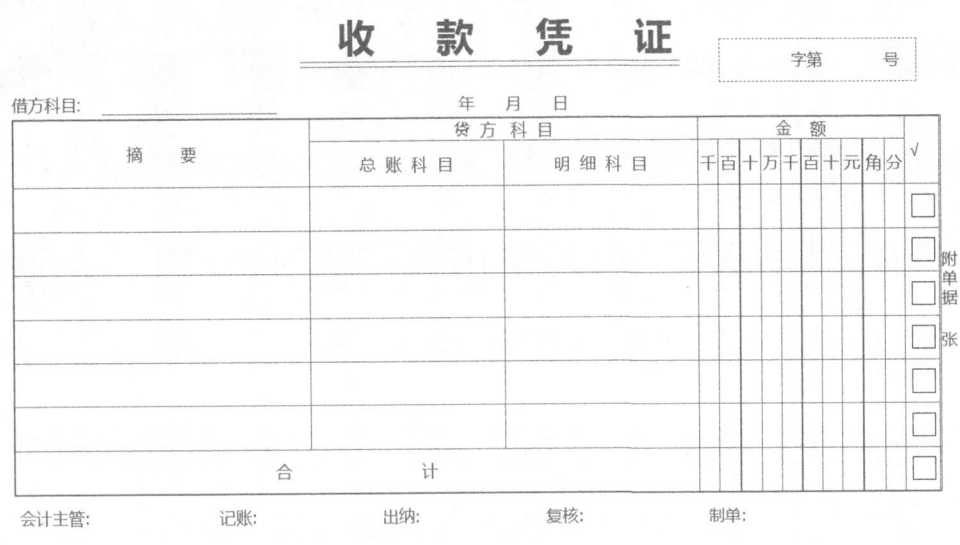

图 3-43 收款凭证

2. 2022 年 10 月 05 日，收到公司员工李小帅交来的罚款，并已开具收款收据。请根据背景单据（见图 3-44）编制记账凭证（见图 3-45）。

※ **背景资料**

原始单据：收款收据，如图 3-44 所示。

图 3-44 收款收据（收据联）

※ **实验材料**

编制收款凭证，如图 3-45 所示。

借方科目：			年　月　日	
摘　要	贷方科目		金　额	√
	总账科目	明细科目	千百十万千百十元角分	
				□
				□ 附单据　　张
				□
				□
				□
合　　计				□

会计主管：　　　记账：　　　出纳：　　　复核：　　　制单：

图 3-45　收款凭证

3. 2022 年 10 月 08 日，从银行提取现金用于发放工资，请根据背景资料（见图 3-46）编制记账凭证（见图 3-47）。

※ **背景资料**

原始单据：现金支票，如图 3-46 所示。

图 3-46　现金支票存根

※ **实验材料**

编制付款凭证，如图 3-47 所示。

付款凭证

贷方科目：　　　　　　　　　　　　年　月　日　　　　　　字第　　号

摘要	借方科目		√	金额	
	总账科目	明细科目		千百十万千百十元角分	
			☐		
			☐		
			☐		附单据　张
			☐		
			☐		
			☐		
合计			☐		

会计主管：　　　　记账：　　　　出纳：　　　　复核：　　　　制单：

图 3-47　付款凭证

4. 2022 年 10 月 10 日，职工赵闯预借差旅费，以现金支付，请根据背景资料（见图 3-48）编制记账凭证（见图 3-49）。

※ **背景资料**

原始单据：借款单（个人），如图 3-48 所示。

借款单

2022 年 10 月 10 日　　　　　　第 00118 号

借款部门	销售部门	姓名	赵闯	事由	出差	
借款金额（大写）	零万 贰仟 零佰 零拾 零元 零角 零分				￥2000.00	
部门负责人签署	同意　王馨	借款人签章	赵闯	注意事项	一、凡借用公款必须使用本单 二、出差返回后三天内结算	
单位领导批示	同意　杨火火	财务经理审核意见	同意　陈可可		现金付讫　李晓君	

图 3-48　借款单（个人）

※ **实验材料**

编制付款凭证,如图 3-49 所示。

付款凭证

贷方科目:		年 月 日		字第 号
摘要	借方科目		√	金额
	总账科目	明细科目		千百十万千百十元角分
			□	
			□	
			□	
			□	
			□	
			□	
合计			□	

会计主管: 记账: 出纳: 复核: 制单:

附单据 张

图 3-49 付款凭证

5. 2022 年 10 月 13 日,生产车间从仓库领用一批材料用于生产,请根据背景资料(见图 3-50-1 和图 3-50-2)编制记账凭证(见图 3-51)。

※ **背景资料**

原始单据:领料单,发出材料计算表,如图 3-50-1 和图 3-50-2 所示。

领 料 单

领料部门:第一车间
用 途:生产　　　　　　2022 年 10 月 13 日　　　　第 331006 号

| 编号 | 材料 | | | 单位 | 数量 | | 成本 | |
	名称	规格			请领	实发	单价	总价
01	钢材	KJ009		千克	10000	10000		
合计					--			--

部门经理:李晖　　　会计:陈婷　　　仓库:罗玉华　　　经办人:王飞

会计联

图 3-50-1 领料单

产品成本计算单

2022年10月13日   金额单位：元

材料品名	计量单位	期初结存数量	本期购入数量	期初结存金额	本期购入金额	单位成本	生产耗用-机床	
							数量	金额
钢材	KG	5000	9000	60000.00	108000.00	12.00	10000	120000.00

审核：王燕　　　　　　　　　　　　　　　　　　　制单：陈婷

图 3-50-2　发出材料计算表

※ **实验材料**

编制转账凭证，如图 3-51 所示。

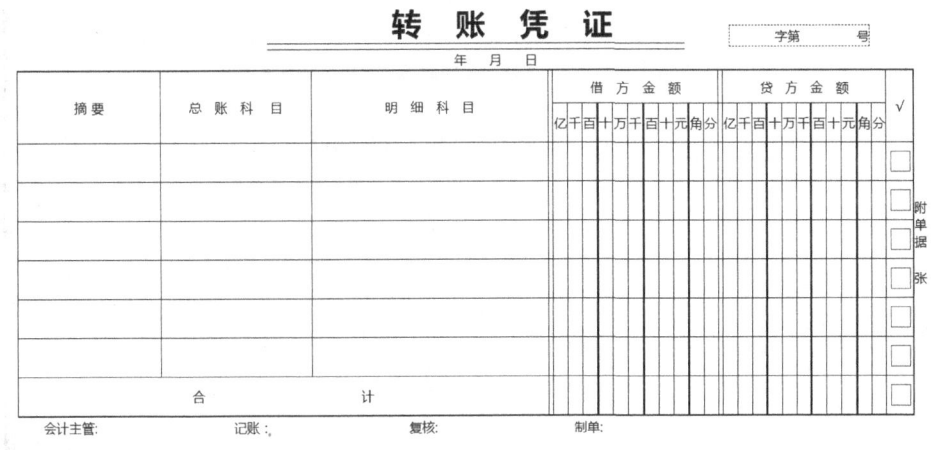

图 3-51　转账凭证

6. 2022 年 10 月 18 日，以银行存款支付广东北望广告有限公司广告费，请根据背景资料（见图 3-52-1 至图 3-52-3）编制记账凭证（见图 3-53）。

※ **背景资料**

原始单据：付款申请书、增值税普通发票、银行电子回单，如图 3-52-1 至图 3-52-3 所示。

付款申请书

2022 年 10 月 18 日

用途及情况	金额									收款单位(人)：广东北望广告有限公司
	亿	千	百	十	万	千	百	十	元	角	分	
支付广告费												账号：416838690266961058
				¥	1	9	0	8	0	0	0	开户行：中国银行肇庆端州支行
金额(大写)合计：人民币 壹万玖仟零捌拾元整												结算方式：网上银行
总经理	杨火火	财务部门	经理	陈可可	业务部门	经理	王彤
			会计	陈婷		经办人	刘昊

图 3-52-1　付款申请书

图 3-52-2 增值税普通发票（发票联）

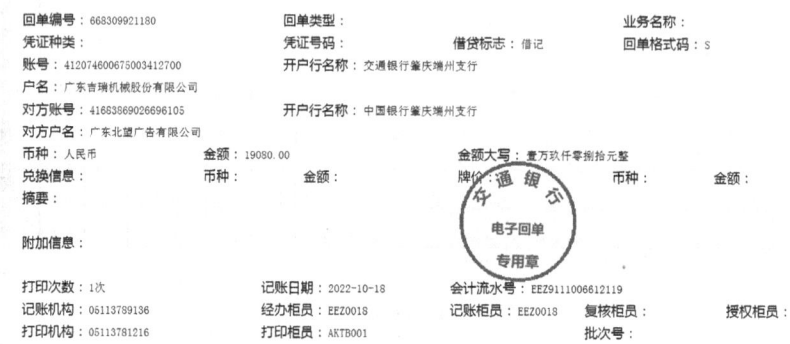

图 3-52-3 银行电子回单

※ 实验材料

编制付款凭证，如图 3-53 所示。

付款凭证

摘要	借方科目		√	金额	附单据张
	总账科目	明细科目		千百十万千百十元角分	
			□		
			□		
			□		
			□		
			□		
			□		
合计			□		

会计主管　　　记账　　　出纳　　　复核　　　制单

图 3-53 付款凭证

7. 2022 年 10 月 20 日，偿还上月购料款。要求根据背景资料（见图 3-54 和图 3-55）审核原记账凭证，若发现有错误，重新编制一张正确的记账凭证（见图 3-56），并经复核人员再次复核。（凭证编号：006）

※ **背景资料**

原始单据：原记账凭证、电汇凭证。如图 3-54 和图 3-55 所示。

付款凭证

贷方科目：银行存款　　　　　2022年10月20日　　　　　银付字第 006 号

摘要	借方科目		√	金额
	总账科目	明细科目		千百十万千百十元角分
偿还上月购料款	应付账款	北京镁一生产制造有限公司		6 9 8 6 5 0 0
合计				¥6 9 8 6 5 0 0

会计主管：　　记账：　　出纳：　　复核：　　制单：陈婷

附单据1张

图 3-54　原记账凭证

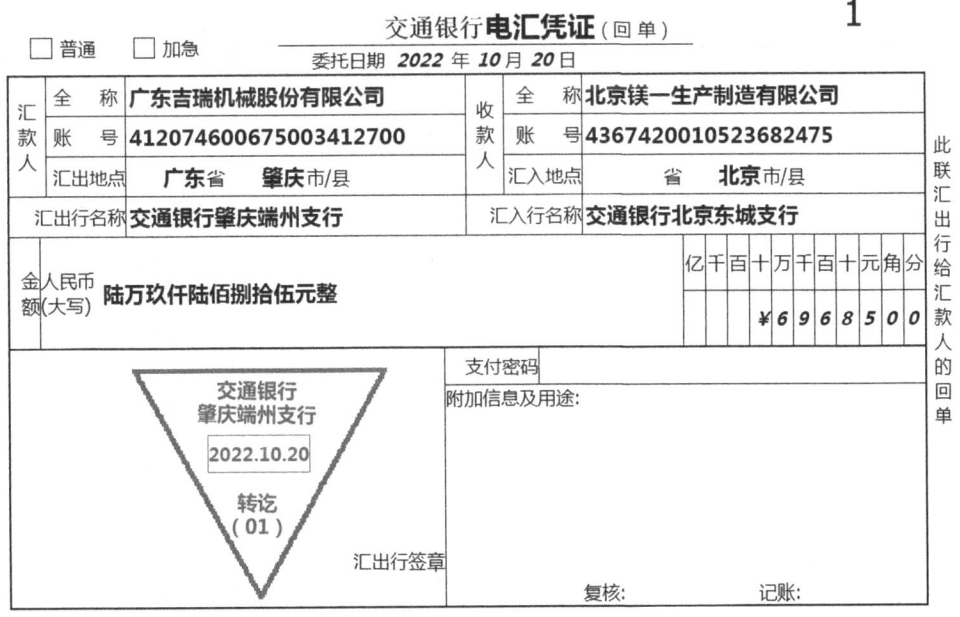

图 3-55　电汇凭证（回单）

※ 实验材料

编制正确的记账凭证，格式如图 3－56 所示。

付款凭证

贷方科目：　　　　年　月　日　　　　字第　　号

摘要	借方科目		√	金额									
	总账科目	明细科目		千	百	十	万	千	百	十	元	角	分
合计													

附单据　张

会计主管：　记账：　出纳：　复核：　制单：

图 3－56　正确的记账凭证（空白）

8. 2022 年 10 月 27 日，从银行提取现金，以备零星开支。要求根据背景资料（见图 3－57 和图 3－58）审核原记账凭证，若发现有错误，重新编制一张正确的记账凭证（见图 3－59），并经复核人员再次复核。（凭证编号：009）

※ 背景资料

原始单据：原记账凭证、现金支票，如图 3－57 和图 3－58 所示。

付款凭证

贷方科目：库存现金　　2022年 10月 27日　　现付字第 009 号

摘要	借方科目		√	金额									
	总账科目	明细科目		千	百	十	万	千	百	十	元	角	分
提取备用金	银行存款							2	8	0	0	0	0
合计							¥	2	8	0	0	0	0

附单据 1 张

会计主管：　记账：　出纳：　复核：　制单：陈婷

图 3－57　原记账凭证

图 3-58 现金支票存根

※ 实验材料

编制正确的记账凭证,格式如图 3-59 所示。

付款凭证

贷方科目:			年 月 日		字第 号	
摘要	借方科目		√	金额		
	总账科目	明细科目		千百十万千百十元角分		
						附单据 张
合计						

会计主管: 记账: 出纳: 复核: 制单:

图 3-59 正确的记账凭证

(二)编制通用记账凭证

广东紫云机械有限公司记账凭证采用通用记账凭证,记账凭证统一按月顺序编号(从 001 号开始编号)。制单(会计):李颖;复核:李晓旭;出纳:杜洁。2022 年 11 月部分经济业务如下:

1. 2022 年 11 月 11 日,将收到的货款(现金)存入银行,请根据背景资料(见图 3-60)编制记账凭证(见图 3-61)。

※ **背景资料**

原始单据：现金解款单，如图3-60所示。

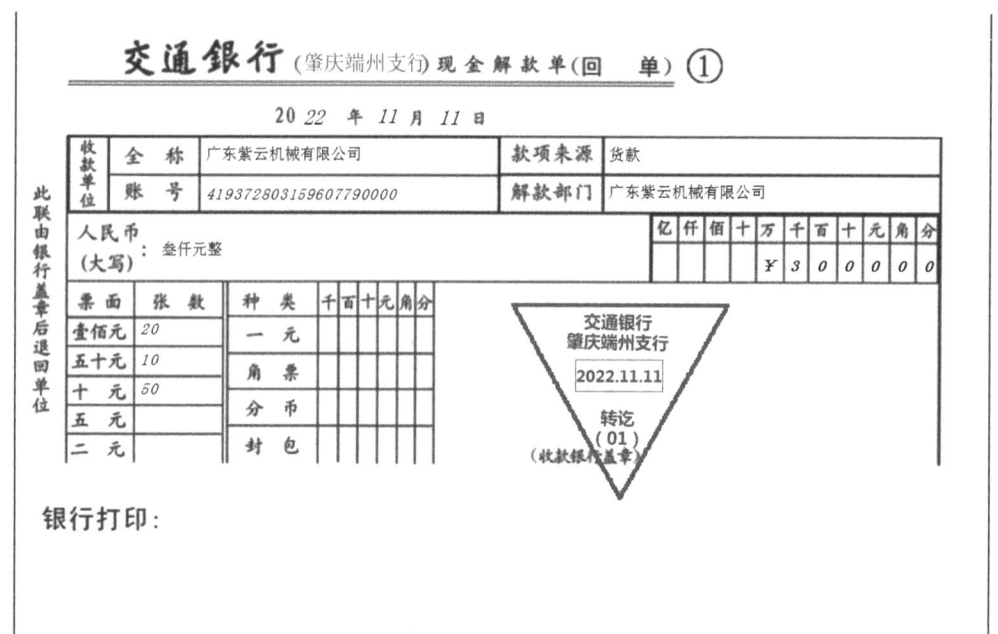

图3-60 现金解款单

※ **实验材料**

编制通用记账凭证，如图3-61所示。

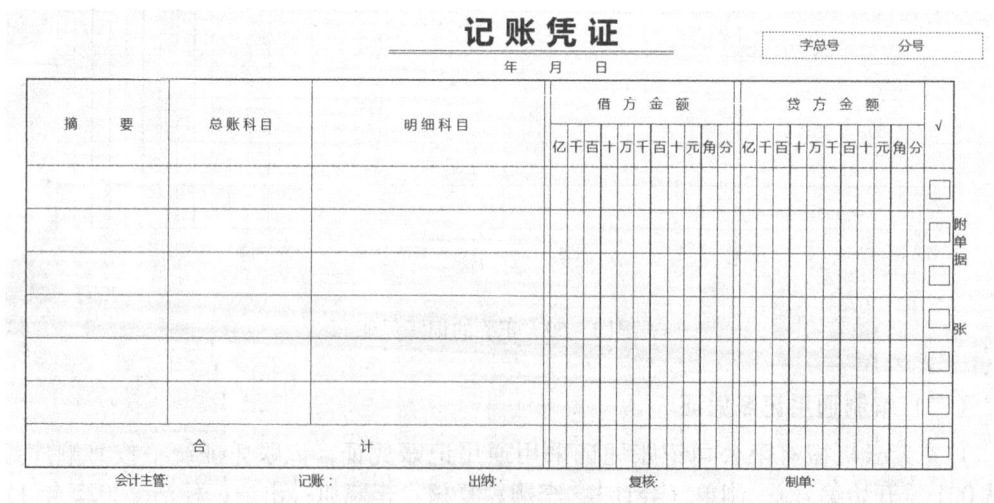

图3-61 通用记账凭证

2. 2022年11月19日,收到客户拖欠货款,请根据背景资料(见图3-62)编制记账凭证(见图3-63)。

※ **背景资料**

原始单据:银行电子回单,如图3-62所示。

交通银行电子回单凭证

回单编号: 668309921199	回单类型: 网银业务	业务名称:
凭证种类:	凭证号码:	借贷标志: 贷记	回单格式码: S
账号: 419372803159607790000	开户行名称: 交通银行肇庆端州支行	
户名: 广东紫云机械有限公司		
对方账号: 417158751542960988	开户行名称: 中国银行北京怀柔支行	
对方户名: 北京新华实业有限公司		
币种: 人民币	金额: ¥50000.00	金额大写: 伍万元整
兑换信息:	币种:	金额:	币种:	金额:
摘要: 货款		
附加信息:		
打印次数: 1次	记账日期: 2022-11-19	会计流水号: EEZ91110066121199
记账机构: 05113789133	经办柜员: EEZ0010	记账柜员: EEZ0010	复核柜员:	授权柜员:
打印机构: 65113781203	打印柜员: AEZD002	批次号:

图3-62 银行电子回单

※ **实验材料**

编制通用记账凭证,如图3-63所示。

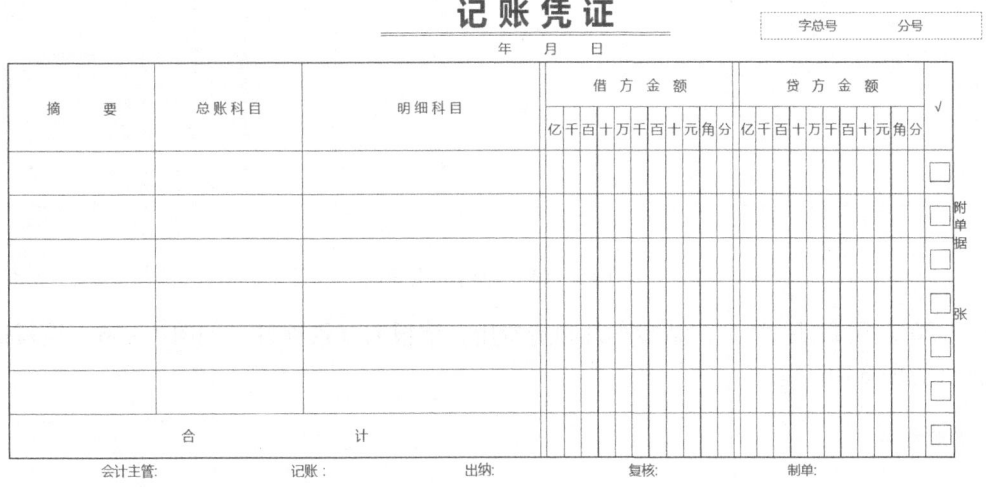

图3-63 通用记账凭证

3. 2022 年 11 月 30 日，计提当月工资。根据背景资料（见图 3-64）填写记账凭证（见图 3-65）。

※ **背景资料**

原始单据：11 月份工资汇总表，如图 3-64 所示。

11月份工资汇总表

编制单位：广东紫云机械有限公司　　　2022年11月30日　　　　　　　　金额单位：元

部门	人员	金额	备注
生产车间	生产工人	30000.00	
生产车间	管理人员	8500.00	
管理部门	管理人员	500.00	
合计	--	39000.00	

审核：李晓旭　　　　　　　　　　　　　　　　　　　　　　　　制单：李颖

图 3-64　工资汇总表

※ **实验材料**

编制通用记账凭证，如图 3-65 所示。

记 账 凭 证

年　月　日　　　　字总号　　分号

摘　要	总账科目	明细科目	借方金额 亿千百十万千百十元角分	贷方金额 亿千百十万千百十元角分	√
合　计					

会计主管：　　　　记账：　　　　出纳：　　　　复核：　　　　制单：

图 3-65　通用记账凭证

4. 2022 年 11 月 30 日，结转本月制造费用，请根据背景资料（见图 3-66）填写记账凭证（见图 3-67）。

※ **背景资料**

原始单据：制造费用分配表，如图 3-66 所示。

制造费用分配表

2022年11月30日 金额单位：元

部门	产品名称	定额工时	分配率	分配金额
生产部门	车床	3500	1.2000	4200.00
	钻床	4500	1.2000	5400.00
	小计	8000	--	9600.00

审核：李晓旭 制单：李颖

图3-66 制造费用分配表

※ **实验材料**

编制通用记账凭证，如图3-67所示。

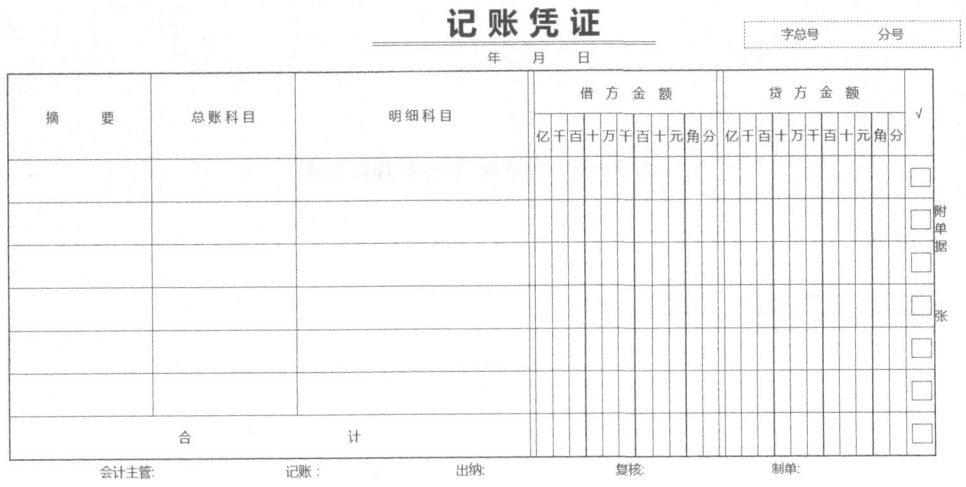

图3-67 通用记账凭证

5. 2022年11月30日，发现原材料盘点盘亏。请根据背景资料（见图3-68）填写记账凭证（见图3-69）。

※ **背景资料**

原始单据：存货盘盈/亏处理报告表，如图3-68所示。

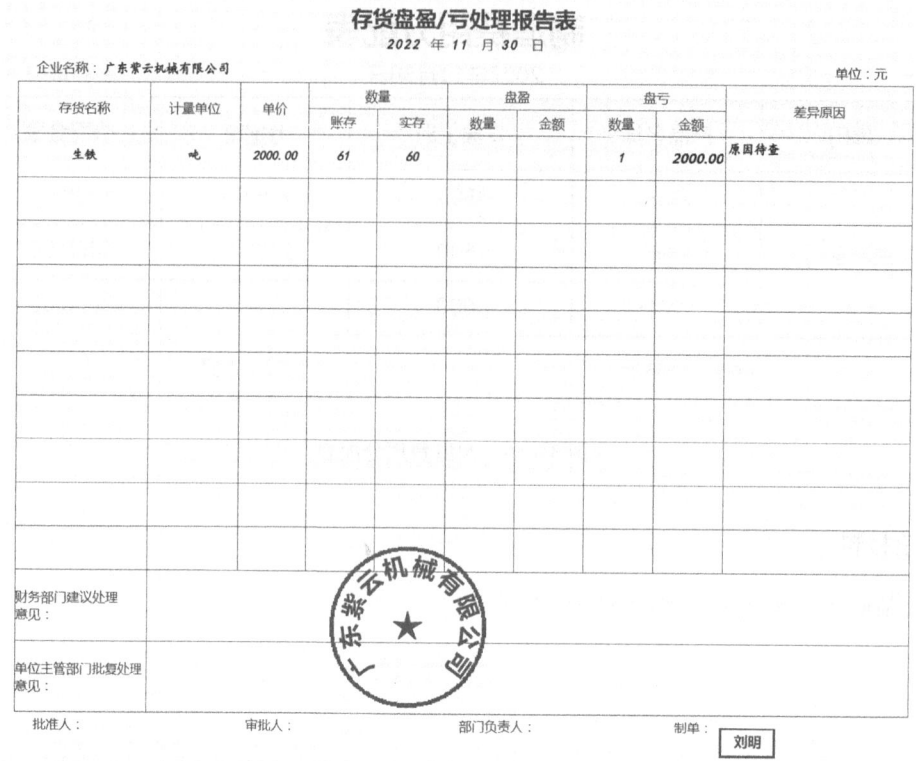

图 3-68 存货盘盈/亏处理报告表

※ **实验材料**

编制通用记账凭证，如图 3-69 所示。

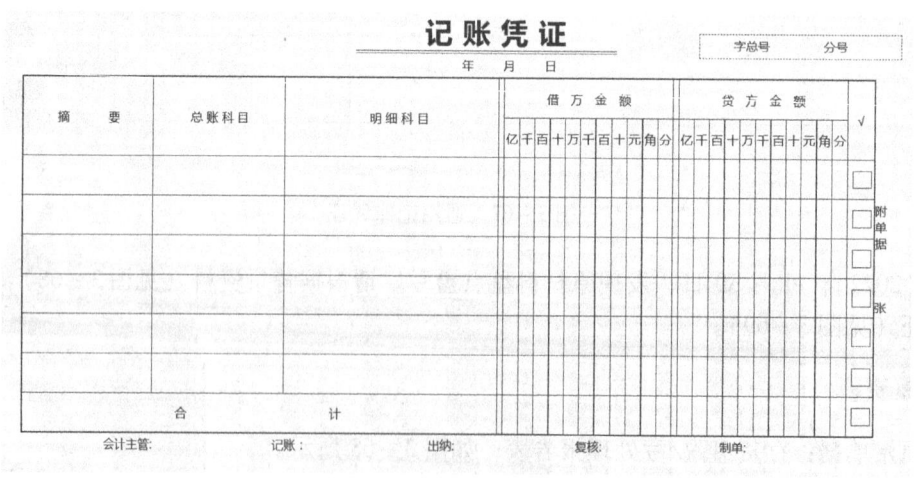

图 3-69 通用记账凭证

6. 2022 年 11 月 30 日，原材料盘点盘亏批准处理。请根据背景资料（见图 3-70）填写记账凭证（见图 3-71）。

※ 背景资料

原始单据：存货盘盈/亏处理报告表，如图 3-70 所示。

存货盘盈/亏处理报告表

2022 年 11 月 30 日

企业名称：广东紫云机械有限公司　　　　　　　　　　　　　　　　　单位：元

存货名称	计量单位	单价	数量		盘盈		盘亏		差异原因
			账存	实存	数量	金额	数量	金额	
生铁	吨	2000.00	61	60			1	2000.00	系保管人员董铭工作失职造成

财务部门建议处理意见：	盘亏按企业会计准则规定进行处理
单位主管部门批复处理意见：	同意

| 批准人：李绵熙 | 审批人：吴楠 | 部门负责人：吴楠 | 制单：刘明 |

图 3-70　存货盘盈/亏处理报告表

※ 实验材料

编制通用记账凭证，如图 3-71 所示。

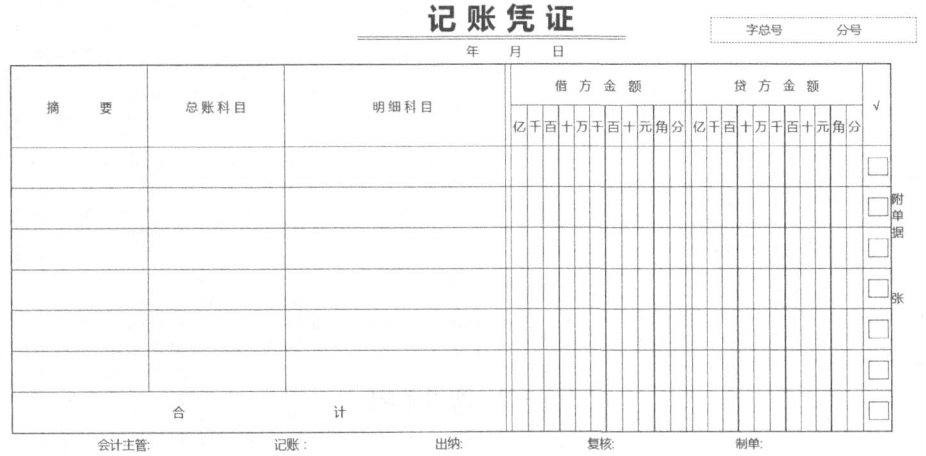

图 3-71　通用记账凭证

7. 2022年11月30日，公司计提附加税。请根据背景单据（见图3-72）编制记账凭证（见图3-73）。

※ **背景资料**

原始单据：税金及附加计算表，如图3-72所示。

税金及附加计算表

编制单位：广东紫云机械有限公司　　2022年11月30日　　　　　金额单位：元

项目	计税依据	计税金额	税率	应纳税额
城市维护建设税	增值税	1568.00	7%	109.76
教育费附加	增值税	1568.00	3%	47.04
地方教育附加	增值税	1568.00	2%	31.36
合计				188.16

审核：李晓旭　　　　　　　　　　　　　　　　　　　　制单：李颖

图3-72　税金及附加计算表

※ **实验材料**

编制通用记账凭证，如图3-73所示。

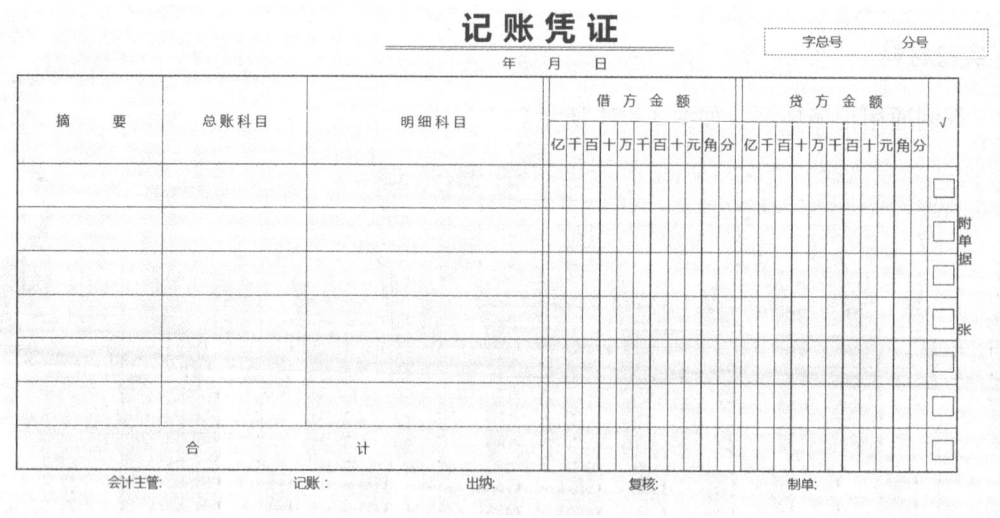

图3-73　通用记账凭证

8. 2022 年 11 月 30 日，人力资源部何妍出差回来，报销差旅费。请根据背景单据（见图 3－74）填写记账凭证（见图 3－75）。（不考虑增值税）

※ 背景资料

原始单据：差旅费报销单，如图 3－74 所示。

差旅费报销单

2022 年 11 月 30 日　　　　单据及附件共 5 张

所属部门				人力资源部	姓名	何妍	出差事由	参加招聘会	
出发		到达		起止地点		交通费	住宿费	伙食费	其他
月	日	月	日						
11	23	11	23	肇庆——成都		519.00			
11	23	11	26	成都——成都		200.00	900.00	400.00	
11	26	11	26	成都——肇庆		519.00			
						现金付讫			
合计	大写金额：人民币贰仟伍佰叁拾捌元整　¥2538.00					预支旅费	2500.00	退回金额	
								补付金额	38.00

总经理：何晓文　　财务经理：张璐　　会计：李颖　　出纳：杜洁　　部门经理：谢燕　　报销人：何妍

图 3－74　差旅费报销单

※ 实验材料

编制通用记账凭证，如图 3－75 所示。

记 账 凭 证

年　月　日　　　　字总号　　分号

摘　要	总账科目	明细科目	借方金额 亿千百十万千百十元角分	贷方金额 亿千百十万千百十元角分	√
合　计					

附单据　张

会计主管:　　记账：　　出纳:　　复核:　　制单:

图 3－75　通用记账凭证

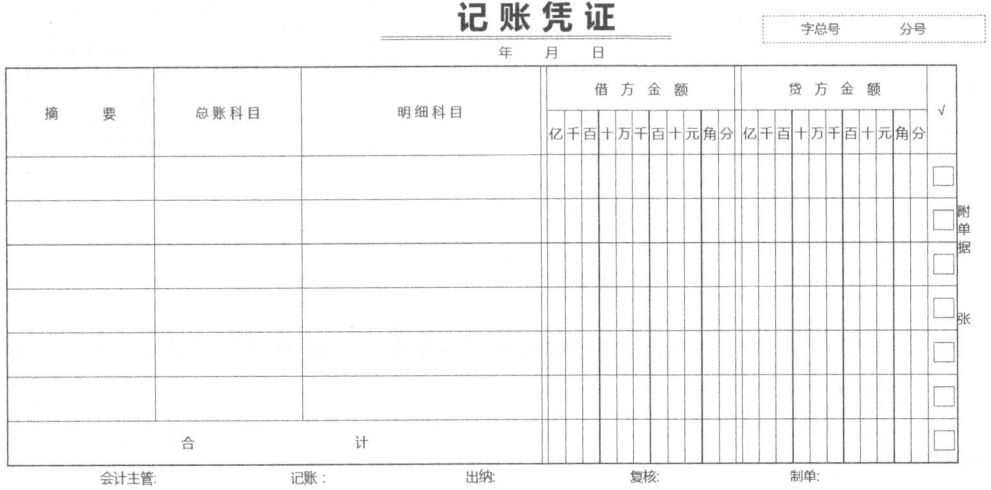

9. 2022年11月30日,公司计提所得税,请根据背景单据(见图3-76)编制记账凭证(见图3-77)。

※ **背景资料**

原始单据:所得税计算表,如图3-76所示。

所得税计算表

编制单位:广东紫云机械有限公司　　　　2022年11月　　　　　　　　　　金额单位:元

项目	收入总额	成本费用总额	利润总额	计税金额	税率	应纳税额
金额	689000.00	452999.80	236000.20	236000.20	25%	59000.05

审核:李晓旭　　　　　　　　　　　　　　　　　　　　　　　　制单:李颖

图3-76　所得税计算表

※ **实验材料**

编制通用记账凭证,如图3-77所示。

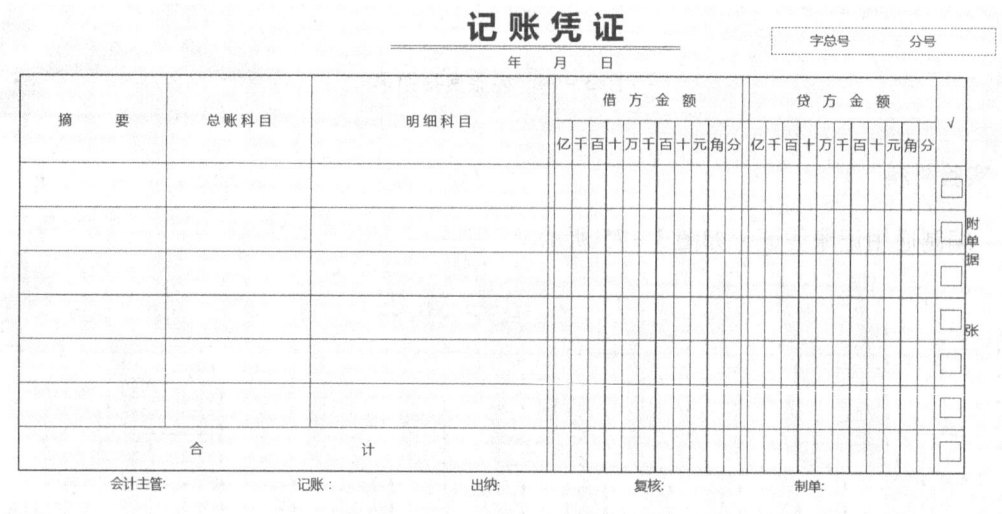

图3-77　通用记账凭证

10. 2022年11月30日,公司宣告对外分配现金股利。请根据背景单据(见图3-78)填写记账凭证(见图3-79)。

※ **背景资料**

原始单据:股东会决议,如图3-78所示。

股东会决议

本公司于 2022 年 11 月 30 日在 广东紫云机械有限公司二楼会议室 召开股东会，会议应到股东 2 人，实到 2 人，参加会议的股东在人数和资格等方面符合《公司法》和《公司章程》的有关规定，会议审议并一致通过如下决议：

本公司截止2022年11月30日的未分配利润￥690500.00元（人民币陆拾玖万零伍佰元整），现向全体股东分配现金利润￥60000.00元（人民币陆万元整），按出资比例分配，其中广东华宇实业有限公司出资30.00%，广东光电发展股份有限公司出资70.00%。

股东签章：

广东紫云机械有限公司 （公司公章）

2022 年 11 月 30 日

图 3-78　股东会决议

※ **实验材料**

编制通用记账凭证，如图 3-79 所示。

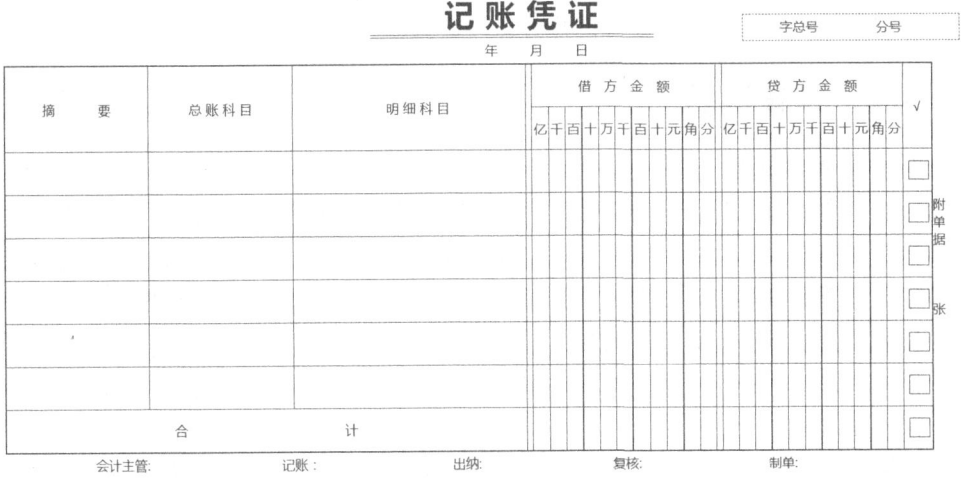

图 3-79　通用记账凭证

第 4 章 账簿登记与错账更正

会计账簿是由具有专门格式，并以一定形式相互联结在一起的账页所组成，以审核无误的会计凭证为依据，对全部经济业务进行全面、系统、连续、分类地记录和核算的簿籍。设置和登记账簿是专业会计核算方法之一，它是填制和审核会计凭证的延伸，也是编制财务报表的基础，是连接会计凭证和财务报表的中间环节。

在会计核算过程中，每一项经济业务都应当取得或填制会计凭证，会计凭证数量众多，内容零散，只能反映单独某项经济业务内容，账簿记录是在会计凭证基础上，将分散的经济业务集中并归类整理，提供了完整、系统的会计资料，对单位经济业务进行序时核算，又能进行分类核算，既可提供各项总括的核算信息，又能提供明细的核算信息。

实验 4.1 账簿的启用

4.1.1 实验目的

通过实验，了解企业会计账簿的启用，填制会计账簿启用时相关表格，同时掌握建账的操作，提高学生对实际经济业务的账务处理能力。

4.1.2 预备知识

1. 账簿启用的要求

启用新的会计账簿时，应当在账簿封面上写明单位名称和账簿名称；并在账簿扉页填制账簿启用和经管人员交接一览表（格式见图 4-1），详细填写：企业名称、账簿名称、账簿编号、账簿页数和启用日期等，并填写负责人、会计主管人员、复核人员、记账人员姓名，加盖单位公章和相关人员名章。启用订本式账簿应当从第一页到最后一页顺序编订页数，不得跳页、缺号。使用活页式账簿应当按账户顺序编号，定期装订成册。

2. 建账的要求

新设企业设置账簿后即可启用并建账，建账时，摘要一般填写"期初余额"，余额金额为"0"。

日常经营的企业，应在每一年会计年度结束、新会计年度开始需要更换账簿及建立新账。建立新账时，应当将各账户上年余额直接记入新年度相应账簿中，需要填写日期、摘要及账户余额信息，一般日期填写新年度 01 月 01 日，摘要填写"上年结转"，并将期末余额填入金额栏。

账 簿 启 用 及 交 接 表

机构名称			印鉴	
账簿名称		（第　　册）		
账簿编号				
账簿页数	本账簿共计　　页（本账簿页数　　）			
启用日期	公元　　年　　月　　日			

经管人员	负责人		主办会计		复核		记账	
	姓名	盖章	姓名	盖章	姓名	盖章	姓名	盖章

接交记录	经管人员		接管			交出		
	职别	姓名	年	月	日 盖章	年	月	日 盖章

备注	

图 4-1　账簿启用及交接表

4.1.3　实验案例

【案例 4-1】 2022 年 01 月 01 日北京恒诚股份有限公司启用账簿，其中银行存款日记账簿共 50 页，第一册。负责人：林舒；主办会计：陈程；复核员：王小逢；记账员：覃力。请根据背景资料填写银行存款日记账的账簿启用及交接表（见图 4-2）。

※ **实验材料**

账簿启用及交接表如图 4-2 所示。

账 簿 启 用 及 交 接 表

机构名称			印鉴	
账簿名称		（第　　册）		
账簿编号				
账簿页数	本账簿共计　　页（本账簿页数　　）			
启用日期	公元　　年　　月　　日			

经管人员	负责人		主办会计		复核		记账	
	姓名	盖章	姓名	盖章	姓名	盖章	姓名	盖章

接交记录	经管人员		接管			交出		
	职别	姓名	年	月	日 盖章	年	月	日 盖章

备注	

图 4-2　账簿启用及交接表

【案例 4-2】2022 年 01 月 01 日北京恒诚股份有限公司开始建账,其中 2022 年 01 月 01 日库存现金账户余额 5 500 元。根据背景资料,分别建立库存现金总分类账(见图 4-3)与库存现金日记账(见图 4-4)。

※ **实验材料**

库存现金总分类账及库存现金日记账如图 4-3 和图 4-4 所示。

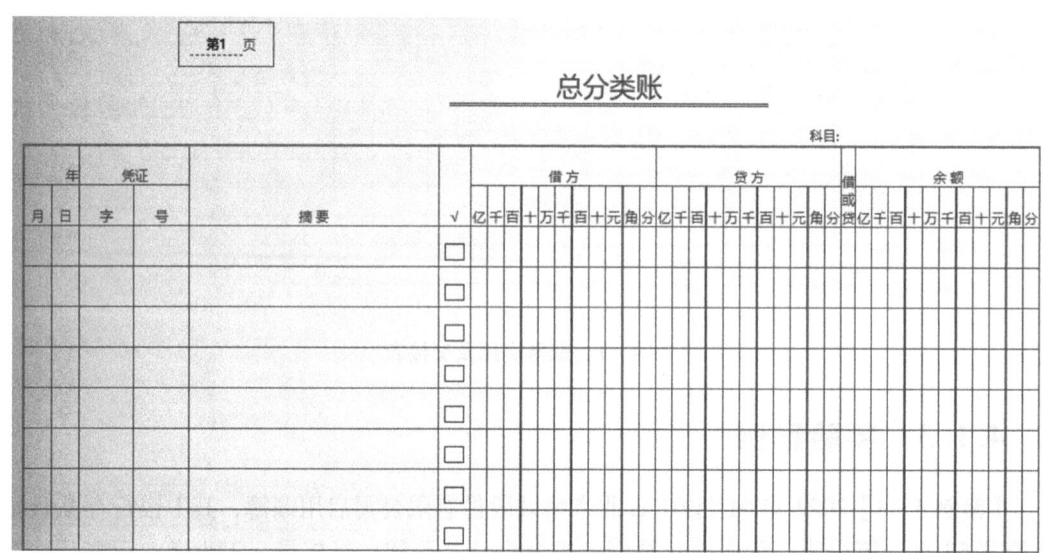

图 4-3 库存现金总分类账

图 4-4 库存现金日记账

【案例 4-3】2022 年 01 月 01 日北京恒诚股份有限公司开始建账,2022 年 01 月 01 日应付职工薪酬总分类账贷方余额 37 850 元,应付账款——北京镜湖实业有限公司明细分类账贷方余额84 000元。根据背景资料，分别建立应付职工薪酬总分类账（见图4－5）与应付账款——北京镜湖实业有限公司明细分类账（见图4－6）。

※ 实验材料

应付职工薪酬总分类账及应付账款——北京镜湖实业有限公司明细分类账如图4－5和图4－6所示。

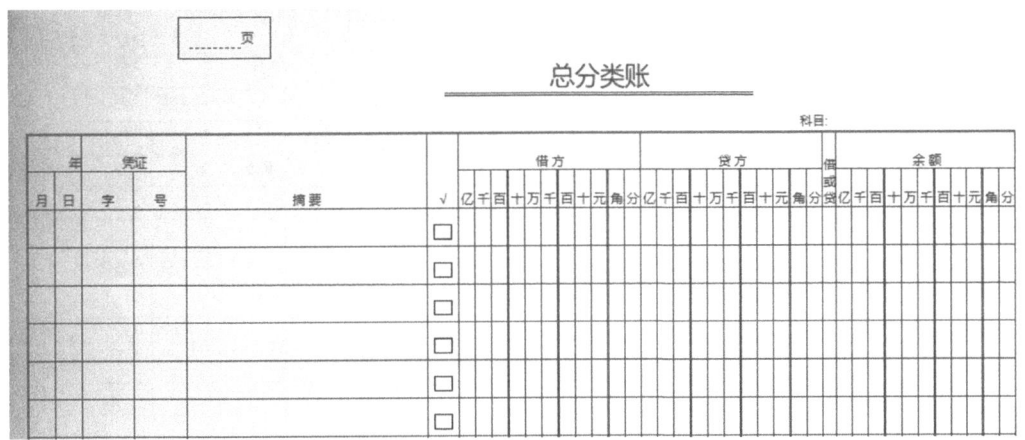

______页

总分类账

科目:

年		凭证		摘要	√	借方											贷方											借或贷	余额										
月	日	字	号			亿	千	百	十	万	千	百	十	元	角	分	亿	千	百	十	万	千	百	十	元	角	分		亿	千	百	十	万	千	百	十	元	角	分
					□																																		
					□																																		
					□																																		
					□																																		
					□																																		
					□																																		

图4－5　应付职工薪酬总分类账

分页:______总页:______

______级科目:______　　______级科目:______

年		凭证		摘　　要	日页	借　方											贷　方											借或贷	余　额										
月	日	种类	号数			亿	千	百	十	万	千	百	十	元	角	分	亿	千	百	十	万	千	百	十	元	角	分		亿	千	百	十	万	千	百	十	元	角	分

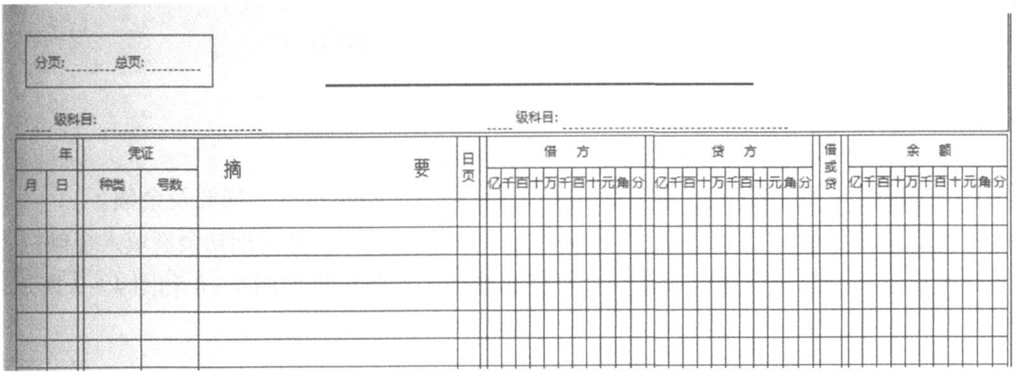

图4－6　应付账款——北京镜湖实业有限公司明细分类账

4.1.4　实验步骤

1.【**案例**4－1】的实验步骤

（1）根据相关资料填写需要启用账簿企业名称（北京恒诚股份有限公司）；账簿名称（银行存款日记账）；账簿编号（01号）；账簿页数具体信息以及启用日期（2022年01月01日）。

（2）相关负责人、主办会计、复核、记账等负责人经办人签名并盖章。

（3）启用账簿时加盖启用企业公章。

（4）交接记录是企业更换会计，办理交接时填写。（注：本案例无需填写。）

以上填写银行存款日记账账簿启用及交接表的实验结果如图4－7所示。

账簿启用及交接表

机构名称	北京恒诚股份有限公司	印鉴
账簿名称	银行存款日记账　（第 一　册）	北京恒诚股份有限公司
账簿编号	01	
账簿页数	本账簿共计 50 页（本账簿页数 50 ）	
启用日期	公元 2022 年 01 月 01 日	

经管人员	负责人		主办会计		复核		记账	
	姓名	盖章	姓名	盖章	姓名	盖章	姓名	盖章
	林舒	林舒	陈程	陈程	王小逢	王小逢	章力	章力

接交记录	经管人员		接管				交出			
	职别	姓名	年	月	日	盖章	年	月	日	盖章
备注										

图4－7　银行存款日记账启用及交接表

2. 【**案例**4－2】的实验步骤

（1）在账簿账页中标注出科目名称：库存现金。

（2）根据上年结转资料，填写新设账页具体内容，包括日期、摘要及余额。

一般日期填写新年度01月01日，摘要填写“上年结转”，并将期初余额填入金额栏。

以上库存现金总分类账与库存现金日记账建账的实验结果如图4－8和图4－9所示。

第1　页

总分类账

科目：库存现金

2022年 月	日	凭证 字	号	摘要	√	借方 亿千百十万千百十元角分	贷方 亿千百十万千百十元角分	借或贷	余额 亿千百十万千百十元角分
01	01			上年结转	□			借	5 5 0 0 0 0
					□				
					□				
					□				
					□				
					□				
					□				

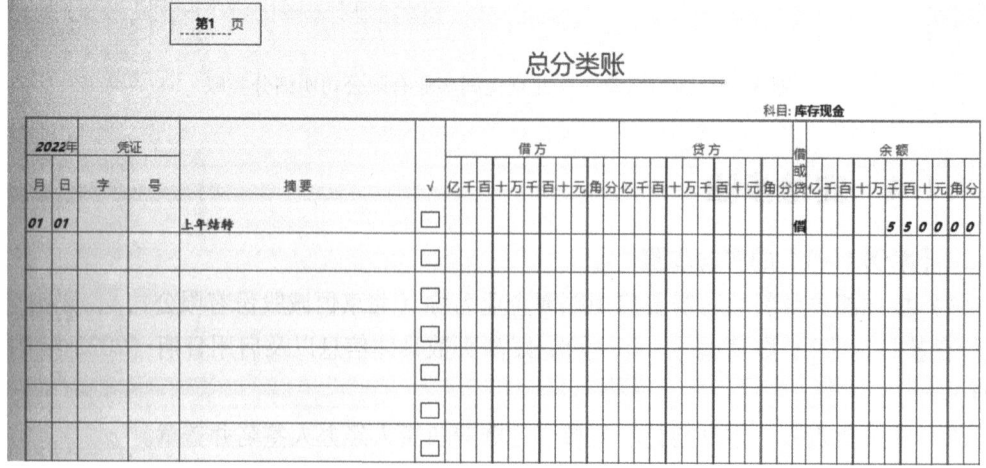

图4－8　库存现金总分类账（建账）

库存现金日记账　　第 1 页

2022年		凭证		票据号数	摘要	借方									贷方									余额									核对
月	日	种类	号数			百	十	万	千	百	十	元	角	分	百	十	万	千	百	十	元	角	分	百	十	万	千	百	十	元	角	分	
01	01				上年结转																						5	5	0	0	0	0	□
																																	□
																																	□
																																	□
																																	□
																																	□
																																	□
																																	□
																																	□
																																	□
																																	□
																																	□

图4－9　库存现金日记账（建账）

3.【**案例**4－3】的实验步骤

（1）在账簿账页中标注出科目名称。

（2）根据上年结转资料，填写新设账页具体内容，包括日期、摘要及余额。

一般日期填写新年度01月01日，摘要填写“上年结转”，并将期初余额填入金额栏。

以上应付职工薪酬总分类账与应付账款——北京镜湖实业有限公司明细分类账建账的实验结果如图4－10和图4－11所示。

19 页

总分类账

科目：应付职工薪酬

2022年		凭证		摘要	√	借方											贷方											借或贷	余额										
月	日	字	号			亿	千	百	十	万	千	百	十	元	角	分	亿	千	百	十	万	千	百	十	元	角	分		亿	千	百	十	万	千	百	十	元	角	分
01	01			上年结转	□																							贷					3	7	8	5	0	0	0
					□																																		
					□																																		
					□																																		
					□																																		
					□																																		
					□																																		

图4－10　应付职工薪酬总分类账（建账）

图4-11 应付账款——北京镜湖实业有限公司明细分类账（建账）

实验4.2 日记账的登记

4.2.1 实验目的

通过实验，使学生了解企业日记账的账簿形式以及账页格式，掌握特种日记账的登记方法。提高学生对实际经济业务的账务处理能力。

4.2.2 预备知识

1. 日记账的概念

日记账，也称序时账，是按照经济业务发生的时间先后顺序逐日、逐笔登记的账簿。序时账簿通常分为普通日记账和特种日记账。普通日记账登记全部经济业务内容。特种日记账是对某一特定种类的经济业务按其发生的时间先后顺序逐日、逐笔登记的账簿，反映特定项目的详细内容。例如，库存现金日记账和银行存款日记账，用以逐日核算和监督库存现金及银行存款的收入、支出和结存情况。实际工作中，很少企业会采用普通日记账，应用较为广泛的是特种日记账。

2. 库存现金日记账的格式与登记

（1）三栏式库存现金日记账

三栏式库存现金日记账（格式见图4-12）设有借方、贷方和余额三栏，或分为收入、支出和结余三栏。

三栏式现金日记账由出纳人员根据库存现金收款凭证、库存现金付款凭证和银行存款付款凭证按照经济业务发生的时间先后顺序逐日、逐笔登记。并根据"上日余额+本日收入－本日支出＝本日余额"公式，每日营业结束计算出余额，并将现金日记账的账面余额与库存现金实有数相核对。

	库存现金日记账			第 1 页

年		凭证		票据号数	摘要	借方 百十万千百十元角分	贷方 百十万千百十元角分	余额 百十万千百十元角分	核对
月	日	种类	号数						

图 4-12 库存现金日记账

(2) 多栏式库存现金日记账

多栏式库存现金日记账是在三栏式库存现金日记账基础上发展而来，日记账中借方（收入）、贷方（支出）金额栏都按对方科目设专栏，即按收入来源和支出用途设专栏。在月末结账时，可以结出各收入来源专栏和支出用途专栏的合计数，便于对库存现金的收支合法性、合理性进行审核，便于检查财务收支计划的执行情况，其本月发生额还可以作为登记总账的依据。

多栏式库存现金日记账应先根据有关库存现金收入业务的记账凭证登记库存现金收入日记账，根据有关库存现金支出业务的记账凭证登记库存现金支出日记账，每日营业结束，再将库存现金支出日记账的支出合计数转入日记账的"支出合计"栏中，并结出当日余额。

3. 银行存款日记账的格式与登记

银行存款日记账是用来核算和监督银行存款日常收入、支付和结余情况的序时账簿。银行存款日记账可按企业在银行开立的账户和币种分别设置，每个银行账户设置一本日记账。

银行存款日记账登记方法与库存现金日记账相同，银行存款日记账账页格式可以采用三栏式（格式见图 4-13），也可以采用多栏式账页。银行存款日记账由出纳人员根据审核无误后的银行存款收款凭证、银行存款付款凭证，按经济业务发生顺序逐日、逐笔登记。根据银行存款收款凭证和有关库存现金付款凭证登记收入栏，根据银行存款付款凭证登记支出栏，每日营业结束结出银行存款余额。

第 1 页

银行存款日记账

开户行：

账号：

年		凭证		支票号码	摘要	对方科目	收入（借方金额）亿千百十万千百十元角分	支出（贷方金额）亿千百十万千百十元角分	余额（结存余额）亿千百十万千百十元角分	核对
月	日	种类	号数							
										□
										□
										□
										□
										□
										□
										□
										□
										□

图 4－13　三栏式银行存款日记账

4.2.3　实验案例

【案例 4－4】 北京羿阳制造有限公司 2022 年 03 月 01 日，银行存款日记账借方本年累计发生额为 230 000 元，贷方本年累计发生额为 140 000 元，期初余额合计为 532 000 元。根据银行存款日记账的期初资料及相关背景资料（图 4－14 至图 4－21）登记银行存款日记账（见图 4－22）。

※ 背景资料

2022 年 03 月业务记账凭证如图 4－14 至图 4－21 所示。

记账凭证

2022 年 03 月 01 日

记字总号 01　分号

摘要	总账科目	明细科目	借方金额（亿千百十万千百十元角分）	贷方金额（亿千百十万千百十元角分）	√
提取现金备用金	库存现金		100000		√
	银行存款	交通银行北京朝阳支行		100000	√
合　　计			¥100000	¥100000	

附单据 1 张

会计主管：覃力　记账：王小逑　出纳：陈建忠　复核：陈程　制单：卫锋

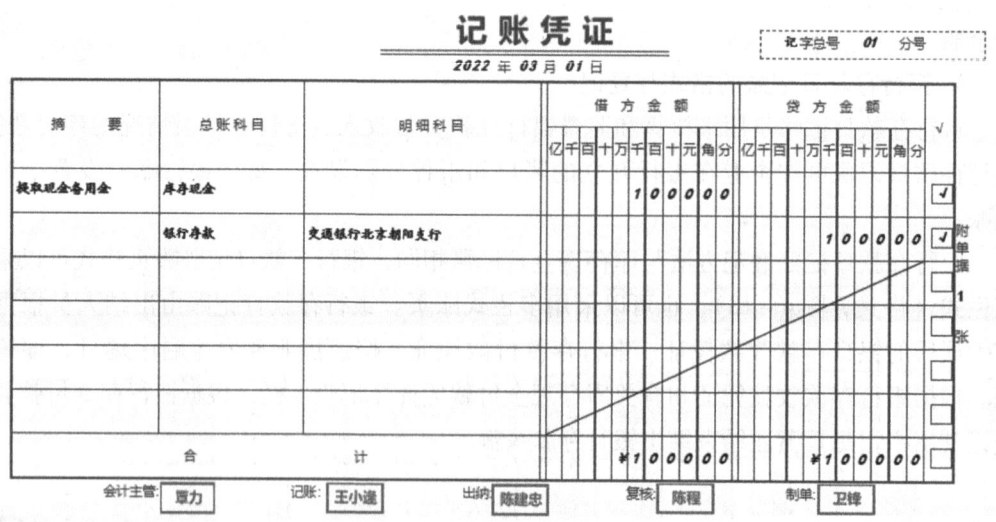

图 4－14　通用记账凭证 1

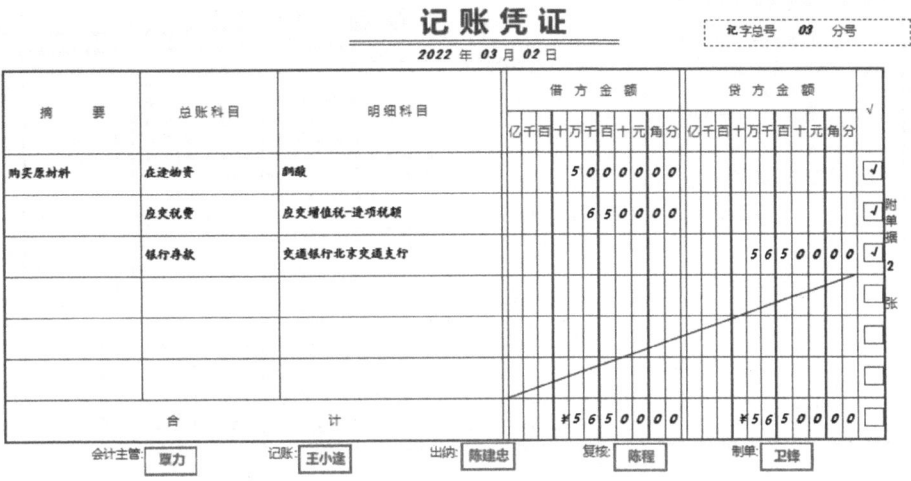

图4-15 通用记账凭证2

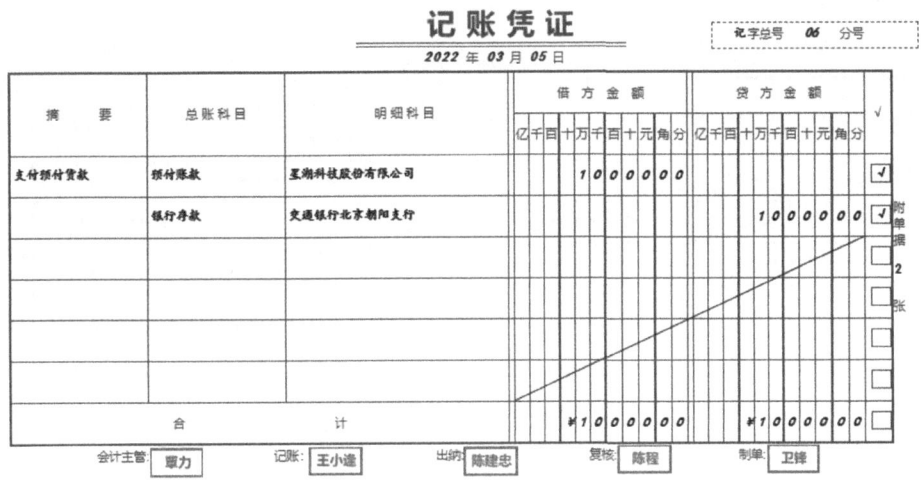

图4-16 通用记账凭证3

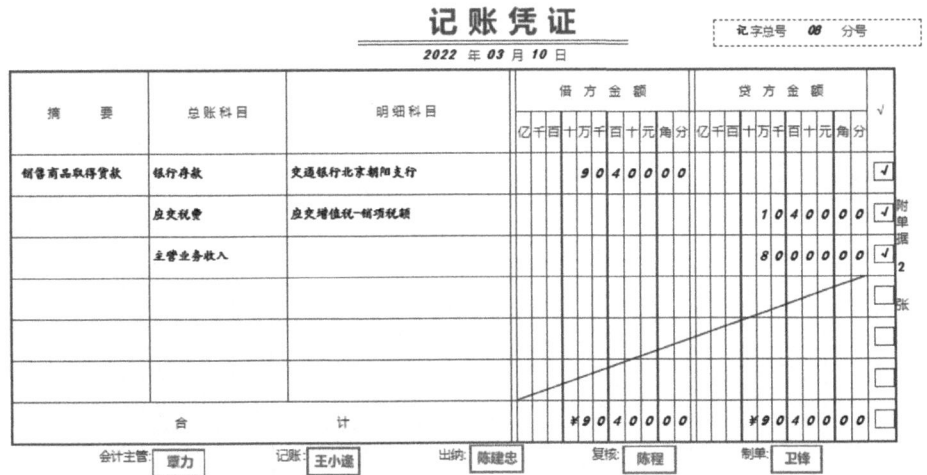

图4-17 通用记账凭证4

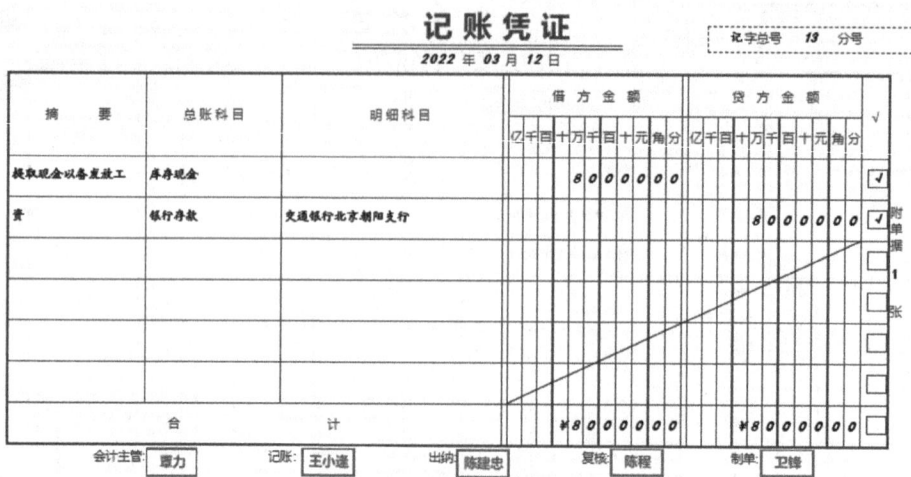

图 4-18　通用记账凭证 5

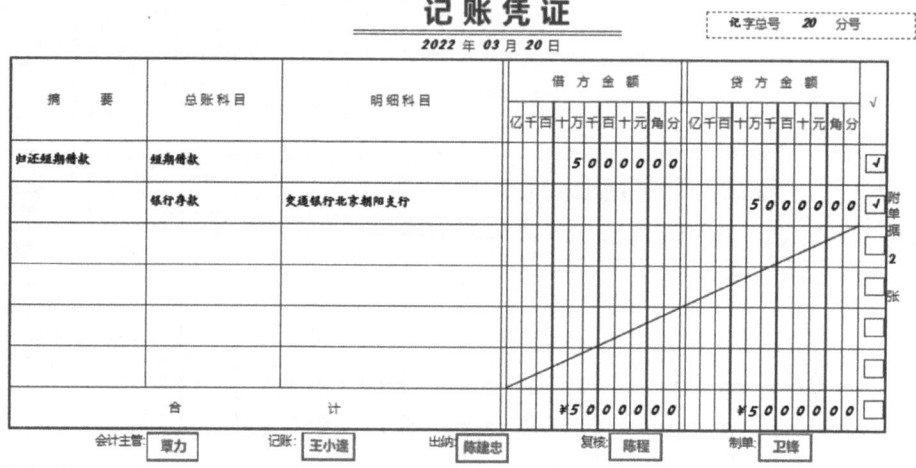

图 4-19　通用记账凭证 6

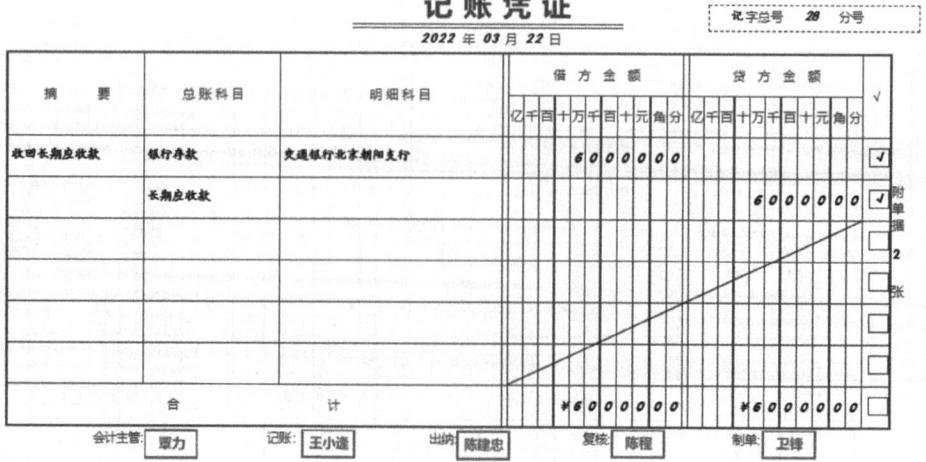

图 4-20　通用记账凭证 7

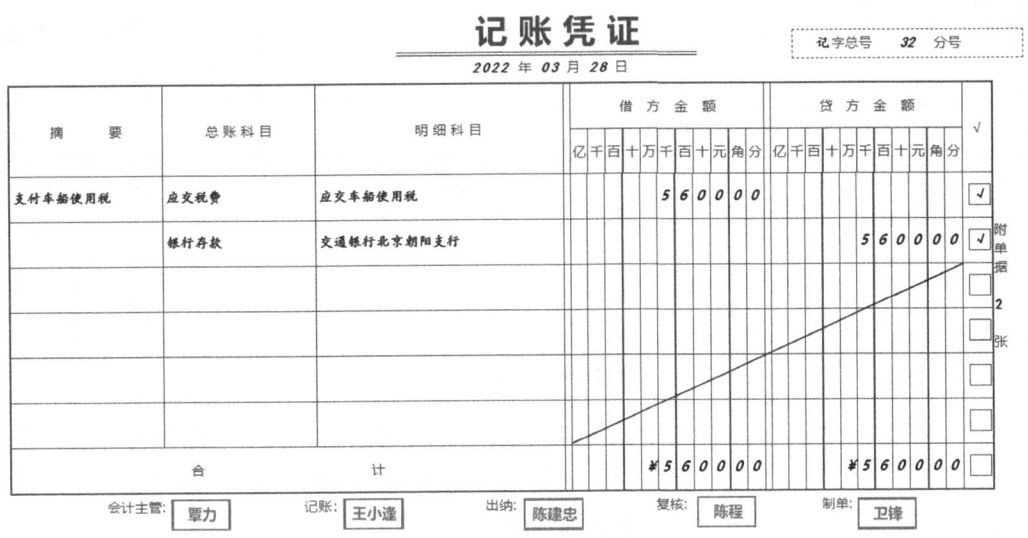

图 4-21 通用记账凭证 8

※ **实验材料**

银行存款日记账如图 4-22 所示。

图 4-22 银行存款日记账

4.2.4 实验步骤

（1）根据企业开户信息填写开户行（交通银行北京朝阳支行）及账号（9906785463002003）。

（2）根据银行存款日记账的期初资料在账页第一行填写其期初信息，如图 4-23 所示。

图4-23 银行存款日记账的登记1（期初信息）

（3）根据审核无误的记账凭证逐笔登记账簿，根据记账凭证填写账簿的日期、凭证种类和号数、摘要及发生额。此处仅以通用记账凭证1（见图4-14）为例说明登记银行存款日记账的具体步骤和方法，其他记账凭证类似登记。

根据通用记账凭证1填写账簿的日期（03月01日）、凭证种类（记）和号数（01）、摘要（提取现金）及支出栏金额（1 000.00）。如图4-24所示。

图4-24 银行存款日记账的登记2（发生额）

（4）根据公式"本日余额＝上日余额＋本日收入－本日支出"得出本日结存的余额531 000.00（532 000＋0－1 000），并填入余额栏。如图4-25所示。其他记账凭证登账后的余额类似计算。

图4-25 银行存款日记账的登记3（余额）

以上银行存款日记账登记的实验结果如图4-26所示。

银行存款日记账

2022年		凭证		支票号码	摘要	对方科目	收入(借方金额)	支出(贷方金额)	余额(结存金额)	核对
月	日	种类	号数				亿千百十万千百十元角分	亿千百十万千百十元角分	亿千百十万千百十元角分	
03	01				承前页		2 3 0 0 0 0 0	1 4 0 0 0 0 0	5 3 2 0 0 0 0	
03	01	记	01		提取现金			1 0 0 0 0 0	5 3 1 0 0 0 0	
03	02	记	03		购买原材料			5 6 5 0 0 0 0	4 7 4 5 0 0 0	
03	05	记	05		归还贷款			1 0 0 0 0 0 0	4 6 4 5 0 0 0	
03	10	记	08		销售产品		9 0 4 0 0 0 0		5 5 4 9 0 0 0	
03	12	记	13		提取现金发放工资			8 0 0 0 0 0	4 7 4 9 0 0 0	
03	20	记	20		归还短期借款			5 0 0 0 0 0	4 2 4 9 0 0 0	
03	22	记	28		收回长期应收款		6 0 0 0 0 0 0		4 8 4 9 0 0 0	
03	28	记	32		支付车船使用税			5 6 0 0 0 0	4 7 9 3 0 0 0	

图4-26　银行存款日记账登记结果

实验4.3　明细分类账的登记

4.3.1　实验目的

通过实验，使学生了解企业明细分类账的账簿形式以及账页格式，掌握特种明细分类账的登记方法。提高学生对实际经济业务的账务处理能力。

4.3.2　预备知识

1. 明细分类账的概念

明细分类账按照明细分类账户开设，详细记录某一经济业务的账簿。它提供经济业务详细的、具体的核算资料，是总账账簿的明细具体说明。

2. 明细分类账的账页格式

明细分类账一般采用活页式账簿和卡片式账簿，根据账户的特性明细分类账可以采用三栏式、数量金额式、多栏式和横线登记式等账页格式，下面介绍前三种格式。

（1）三栏式

三栏式账簿（格式见图4-27）设有借方、贷方和余额三个金额栏目，用以分类核算各项经济业务内容，提供详细的会计核算资料。三栏式账页格式适用于只需要金额核算的债权债务类账户的明细账。

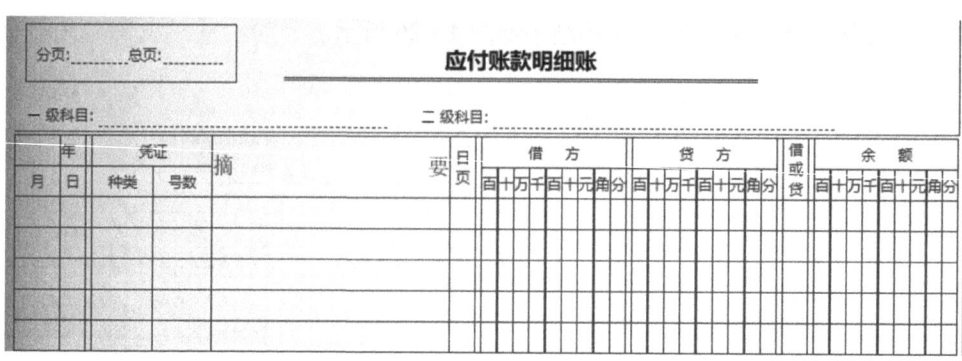

图 4-27 三栏式明细分类账

(2) 多栏式

多栏式账簿（格式见图 4-28、图 4-29）是将同属于一个总账科目的各个明细科目合在一张账页上进行登记，即在账簿的两个金额栏目（借方和贷方）按照需要分设若干专栏的账簿。按照专栏设置的具体位置，多栏式又可以细分为借方多栏式账页、贷方多栏式账页和借贷方多栏式账页三种形式。多栏式账页主要适用于收入类、成本类和费用类明细分类账。

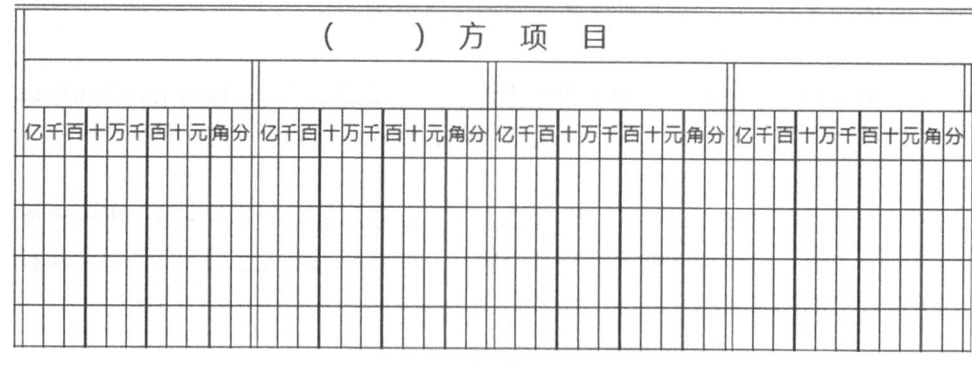

图 4-28 多栏式明细分类账（正面）

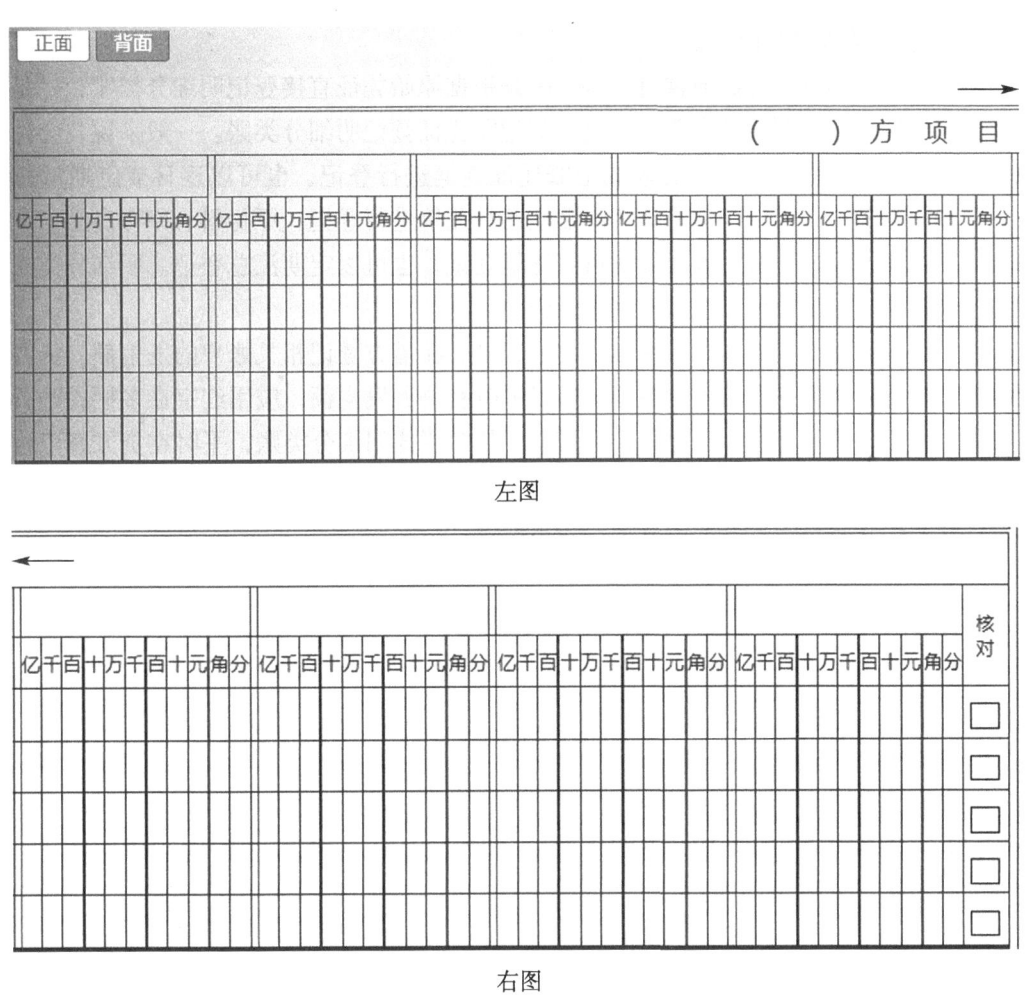

左图

右图

图4-29 多栏式明细分类账（背面）

(3) 数量金额式

数量金额式账簿（格式见图4-30）是指在账页的借方、贷方和余额金额栏目内，每个栏目再分设数量、单价和金额栏目。数量金额式账簿通常适用于既要进行金额核算又要进行数量核算的账户，例如：原材料、库存商品、产成品等财产物资明细分类账。

图4-30 数量金额式明细分类账

3. 明细分类账的登记方法

明细分类账的登记方法通常有三种，一是根据原始凭证直接登记明细分类账；二是根据汇总原始凭证登记明细分类账；三是根据记账凭证登记明细分类账。一般来说，会计人员根据原始凭证、原始凭证汇总表或记账凭证逐笔进行登记，也可以逐日或定期汇总登记。例如固定资产、债权、债务等明细账应逐日逐笔进行登记；原材料、库存商品、产成品收发明细账及收入、费用等明细账可以逐笔登记，也可以定期汇总登记。明细分类账一般应于会计期末结出当期发生额及期末余额。

对于只设有借方栏的多栏式明细分类账，平时在借方登记相关账户的发生额，贷方登记月末将借方发生额一次转出的数额，所以平时有贷方发生额，应用红字在多栏式账页的借方栏中登记，表示冲减。对于只设有贷方栏的多栏式明细分类账，平时在贷方登记相关账户的发生额，借方登记月末将贷方发生额一次转出的数额，所以平时有借方发生额，应用红字在多栏式账页的贷方栏中登记，表示冲减。

4.3.3 实验案例

【案例 4-5】北京羿阳制造有限公司 2022 年 04 月 01 日，原材料——丙酮明细账期初资料为：借方本年累计发生额为 50 000 元，数量 10 000 千克；贷方累计发生额为 22 500 元，数量 4 500 千克；期初余额为 27 500 元，数量 5 500 千克，单价 5 元/千克（提示：本公司丙酮所有的进价和出库单价都是 5 元/千克）。2022 年 04 月发生相关业务，根据原材料——丙酮账户的期初资料及背景资料（见图 4-31 至图 4-34）登记原材料——丙酮明细分类账（见图 4-35）。

※ **背景资料**

2022 年 04 月业务记账凭证如图 4-31 至图 4-34 所示。

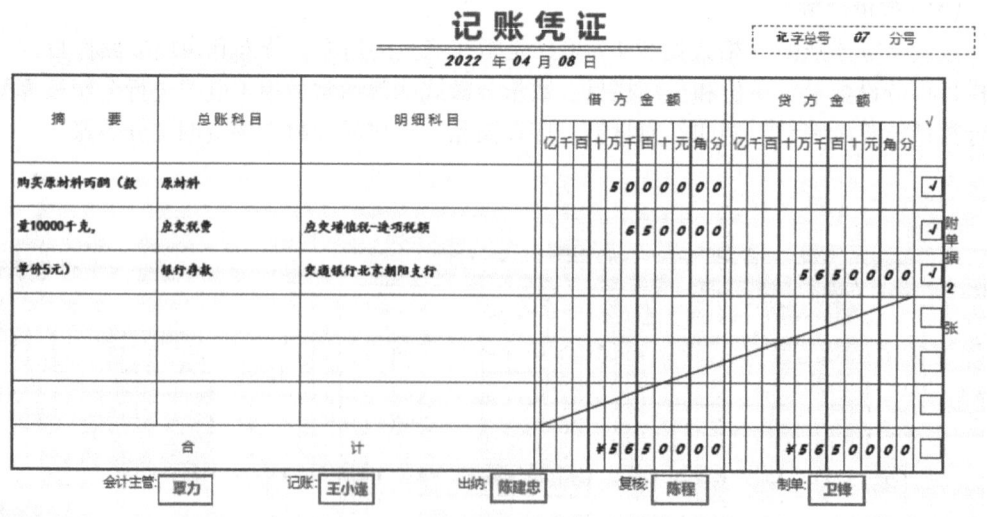

图 4-31 通用记账凭证 1

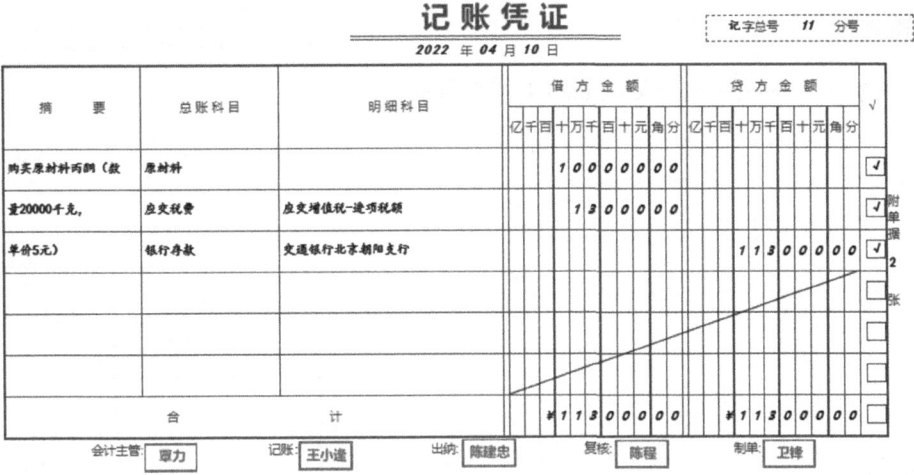

图 4-32 通用记账凭证 2

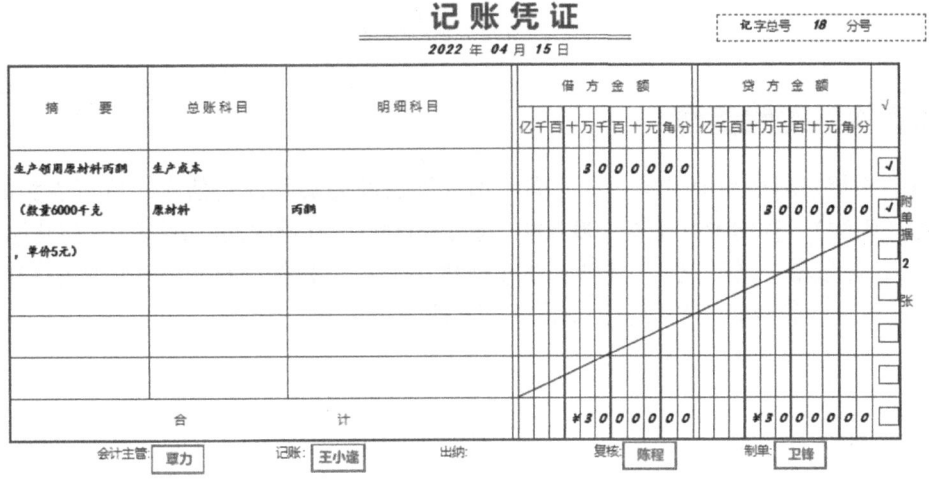

图 4-33 通用记账凭证 3

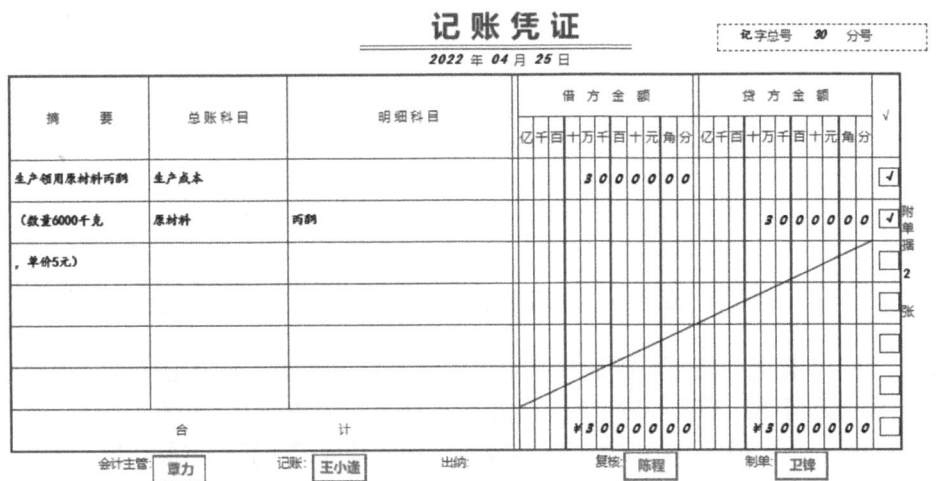

图 4-34 通用记账凭证 4

※ **实验材料**

原材料——丙酮明细分类账如图4-35所示。

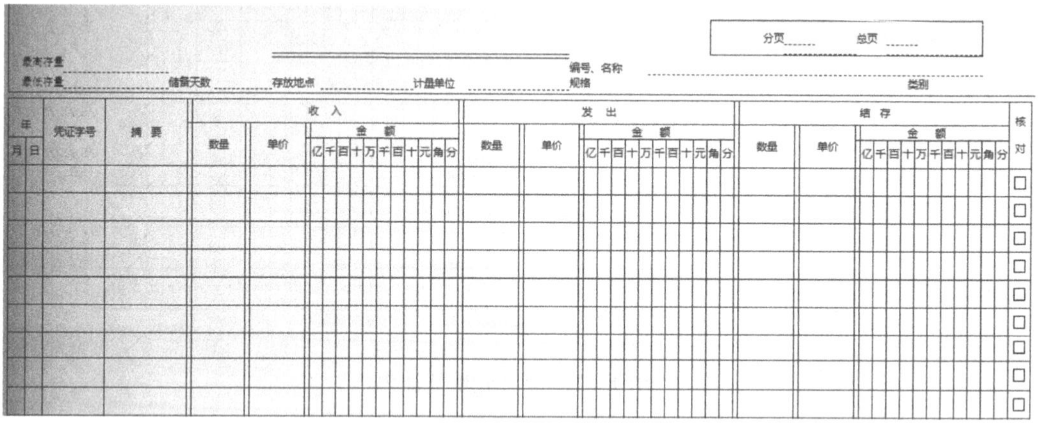

图4-35 原材料——丙酮明细分类账

4.3.4 实验步骤

（1）根据资料填写原材料——丙酮明细分类账的表头及期初信息。填写表头的原材料名称（丙酮）、存储量（最高100 000，最低5 000）、存储时间（20天）、存放地点（2号仓库）、计量单位（千克）、材料型号（SEJK-022）。根据原材料——丙酮账户的期初资料在账页第一行登记期初信息。如图4-36所示。

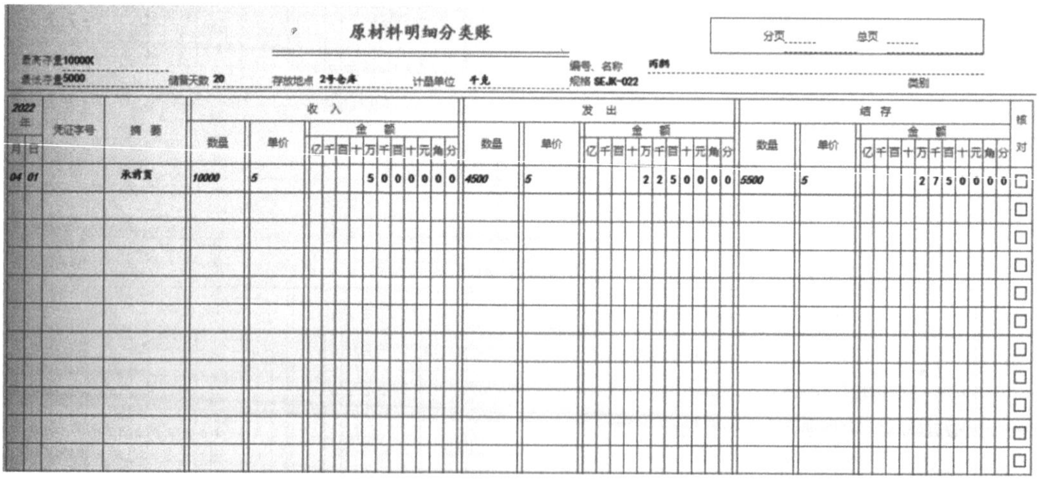

图4-36 原材料——丙酮明细分类账登记1（表头及期初信息）

（2）根据审核无误的记账凭证及原始凭证逐笔登记账簿，根据记账凭证填写账页日期、凭证种类和号码、摘要及发生额。此处仅以通用记账凭证1（见图4-31）为例说明登记原材料——丙酮明细分类账的具体步骤和方法，其他记账凭证类似登记。

根据通用记账凭证1（记07业务）填写账簿的日期（04月08日）、凭证种类（记）和号数（07）、摘要（购买原材料）及收入栏信息（数量10 000，单价5，金额50 000）。如图4－37所示。

原材料明细分类账

分页______ 总页______

最高存量10000(　最低存量5000　储备天数 20　存放地点 第二仓库　计量单位 千克　编号、名称 丙酮　规格 SEJK-022　类别

2022年 月	日	凭证字号	摘要	收入 数量	收入 单价	收入 金额（亿千百十万千百十元角分）	发出 数量	发出 单价	发出 金额（亿千百十万千百十元角分）	结存 数量	结存 单价	结存 金额（亿千百十万千百十元角分）	核对
04	01		承前页	10000	5	5000000	4500	5	2250000	5500	5	2750000	□
04	08	记07	购买原材料	10000	5	5000000							□
													□
													□
													□
													□
													□
													□
													□

图4－37　原材料——丙酮明细分类账登记2（记07业务）

（3）根据公式“本日余额＝上日余额＋本日收入－本日支出”填列余额。此处仅以通用记账凭证1（见图4－31）为例说明“原材料——丙酮”账户的余额登记的具体步骤和方法。根据余额计算公式得出原材料——丙酮余额为77 500（27 500＋50 000－0），并填入余额栏，如图4－38所示。其他记账凭证登账后的余额类似计算。

原材料明细分类账

分页______ 总页______

最高存量10000(　最低存量5000　储备天数 20　存放地点 第二仓库　计量单位 千克　编号、名称 丙酮　规格 SEJK-022　类别

2022年 月	日	凭证字号	摘要	收入 数量	收入 单价	收入 金额（亿千百十万千百十元角分）	发出 数量	发出 单价	发出 金额（亿千百十万千百十元角分）	结存 数量	结存 单价	结存 金额（亿千百十万千百十元角分）	核对
04	01		承前页	10000	5	5000000	4500	5	2250000	5500	5	2750000	□
04	08	记07	购买原材料	10000	5	5000000				15500	5	7750000	□
													□
													□
													□
													□

图4－38　原材料——丙酮明细分类账登记3（余额）

以上原材料多栏式明细账登记的实验结果如图4－39所示。

原材料明细分类账

分页______ 总页______

最高存量10000(　最低存量5000　储备天数 20　存放地点 第二仓库　计量单位 千克　编号、名称 丙酮　规格 SEJK-022　类别

2022年 月	日	凭证字号	摘要	收入 数量	收入 单价	收入 金额（亿千百十万千百十元角分）	发出 数量	发出 单价	发出 金额（亿千百十万千百十元角分）	结存 数量	结存 单价	结存 金额（亿千百十万千百十元角分）	核对
04	01		承前页	10000	5	5000000	4500	5	2250000	5500	5	2750000	□
04	08	记07	购买原材料	10000	5	5000000				15500	5	7750000	□
04	10	记11	购买原材料	20000	5	10000000				35500	5	17750000	□
04	15	记18	生产领用原材料				6000	5	3000000	29500	5	14750000	□
04	25	记30	生产领用原材料				6000	5	3000000	23500	5	11750000	□
													□
													□
													□

图4－39　原材料——丙酮明细分类账登记结果

实验 4.4　总分类账的登记

4.4.1　实验目的

通过实验，使学生了解企业总分类账的账簿形式以及账页格式，掌握总分账的登记方法。提高学生对实际经济业务的账务处理能力。

4.4.2　预备知识

1. 总分类账的概念

总分类账是按照总分类账户设置，提供总括会计信息的账簿。总分类账簿可以全面、系统、综合地反映企业经济活动情况，可以为编制会计报表提供数据。

2. 总分类账的格式与登记

总分类账采用订本式账簿，一般采用借方、贷方、余额三栏式账页格式（格式见图 4－40）。

总分类账登记方法取决于所采用的会计核算形式。采用记账凭证会计核算形式，根据记账凭证登记总账；采用汇总记账凭证会计核算形式的，根据汇总记账凭证登记总账；采用科目汇总表会计核算形式的，根据科目汇总表登记。

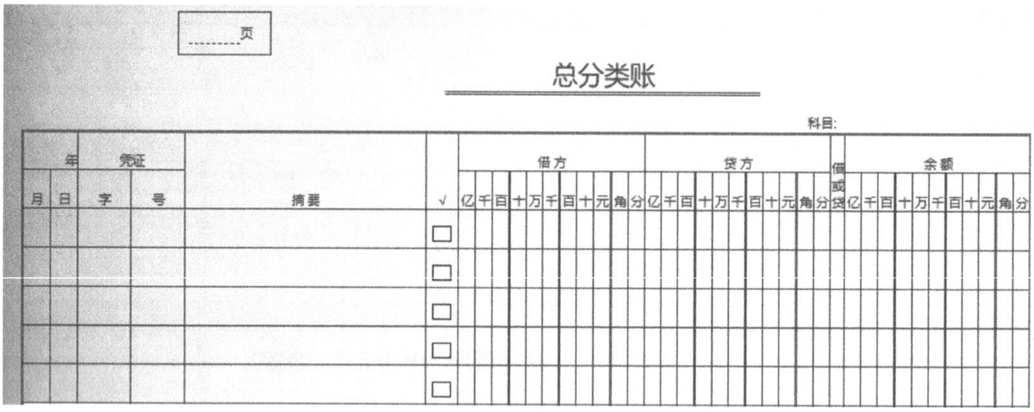

______页

总分类账

科目:

年		凭证		摘要	√	借方											贷方											借或贷	余额										
月	日	字	号			亿	千	百	十	万	千	百	十	元	角	分	亿	千	百	十	万	千	百	十	元	角	分		亿	千	百	十	万	千	百	十	元	角	分

图 4－40　总分类账

4.4.3　实验案例

【案例 4－6】根据北京羿阳制造有限公司 2022 年 12 月总分类账初始资料（见图 4－41 至图 4－47），以及 2022 年 12 月 01 日—12 月 15 日科目汇总表（见图 4－48），登记相关账户总分类账（见图 4－41 至图 4－47）。

※ 背景资料（实验材料）

2022 年 12 月相关账户总分类账初始资料（实验材料），如图 4－41 至图 4－47 所示。

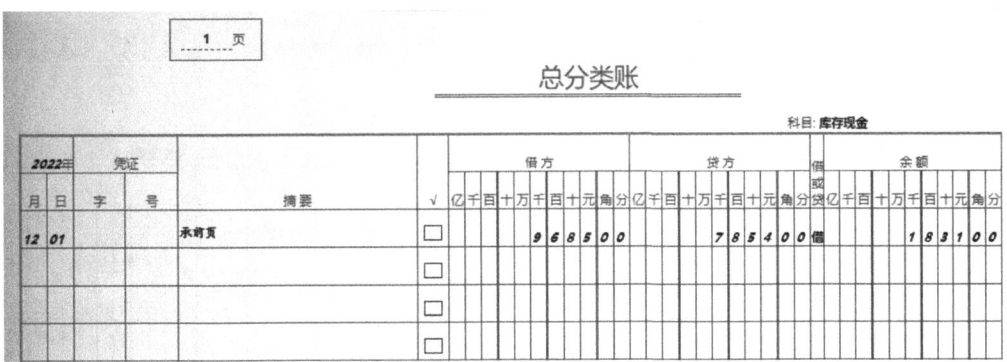

图 4-41 库存现金总分类账

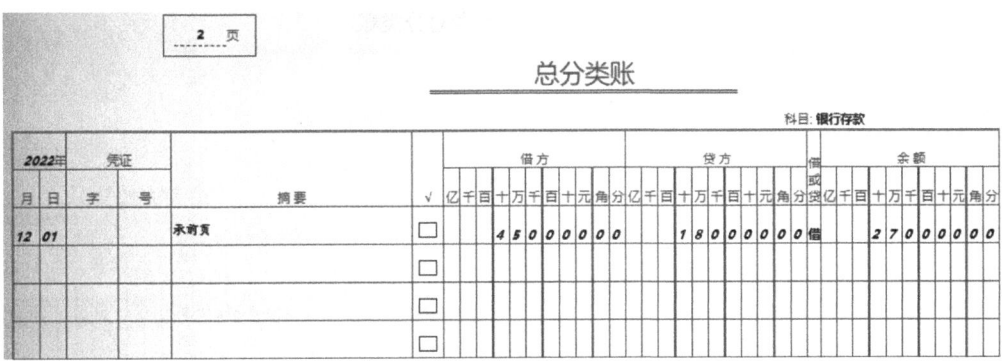

图 4-42 银行存款总分类账

图 4-43 应收账款总分类账

图 4-44 应付账款总分类账

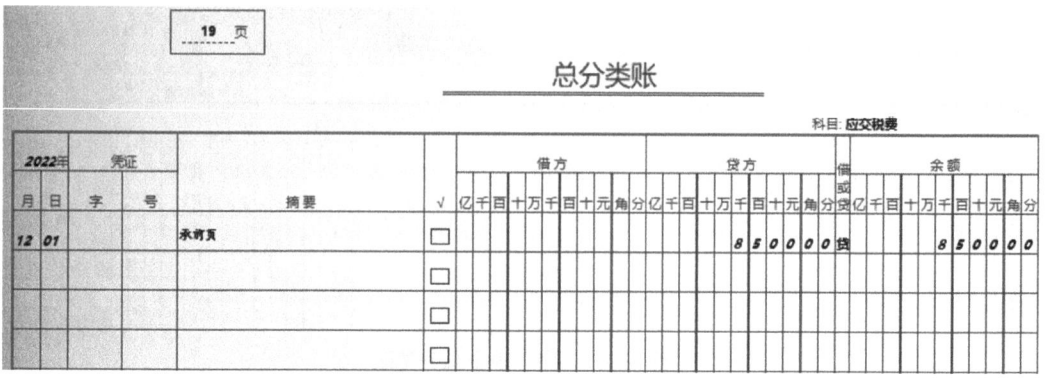

图 4-45　应交税费总分类账

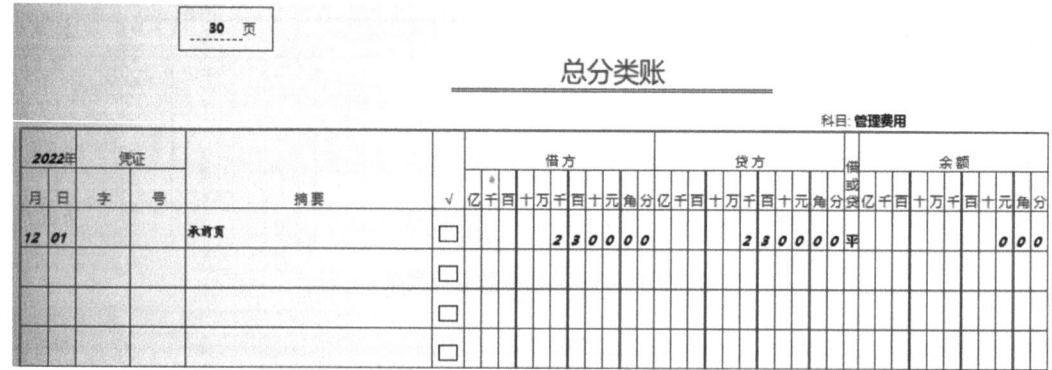

图 4-46　主营业务收入总分类账

图 4-47　管理费用总分类账

2022 年 12 月 15 日科目汇总表如图 4-48 所示。

科目汇总表

2022年 12月 01日至 12月 15日

编号: 23　　附件共 5 张

凭证号数		
收	第001 号至002	号共2 张
付	第001 号至002	号共1 张
转	第001 号至001	号共1 张

会计科目	总页	借方金额	贷方金额	会计科目	总页	借方金额	贷方金额
库存现金			450 00				
银行存款		9 680 00	300 00				
应收账款		4 520 00	9 680 00				
应付账款		3 000 00					
应交税费			520 00				
主营业务收入			4 000 00				
管理费用		450 00					
合　计		¥17 245 00	¥17 245 00	合　计			

财会主管　　　记账　　　　　　　复核　　　　　　制表 王明

图 4-48　科目汇总表

【案例 4-7】北京羿阳制造有限公司 2022 年 12 月 01 日库存现金总分类账期初资料为：借方发生额合计 9 685 元，贷方发生额合计 7 854 元，借方余额 1 831 元；应交税费总分类账期初资料为：贷方发生额合计 8 500 元，贷方余额 8 500 元。根据上述期初资料和 2022 年 12 月汇总收付款及转账凭证（见图 4-49 至图 4-51），登记库存现金及应交税费总分类账（见图 4-52 和图 4-53）。

※ **背景资料**

2022 年 12 月汇总收付转凭证如图 4-49 至图 4-51 所示。

汇总收款凭证

借方科目：库存现金　　　　　2022年12月　　　　　　　第 4 号

贷方科目	金　额				记　账	
	1-10日	11-20日	21-31日	合计	借方	贷方
银行存款	10000.00			10000.00		
其他应收款			300.00	300.00		
合　计	10000.00		300.00	10300.00		

附件　(1) 自 01 日至 10 日付 凭证共　1　张
　　　(2) 自 11 日至 20 日付 凭证共　　　张
　　　(3) 自 21 日至 31 日付 凭证共　1　张

图 4-49　汇总收款凭证

汇总付款凭证

贷方科目：库存现金　　　　2022年12月　　　　　　　　　　第1号

借方科目	金额				记账	
	1-10日	11-20日	21-31日	合计	借方	贷方
管理费用		450.00		450.00		
应付职工薪酬			5000.00	5000.00		
合计		450.00	5000.00	5450.00		

附件　(1) 自01日至10日付 凭证共　　张
　　　(2) 自11日至20日付 凭证共　1　张
　　　(3) 自21日至31日付 凭证共　1　张

图4－50　汇总付款凭证

汇总转账凭证

贷方科目：应交税费　　　　2022年12月　　　　　　　　　　第3号

借方科目	金额				记账	
	1-10日	11-20日	21-31日	合计	借方	贷方
应收账款		5200.00		5200.00		
税金及附加			3200.00	3200.00		
合计		5200.00	3200.00	8400.00		

附件　(1) 自01日至10日付 凭证共　　张
　　　(2) 自11日至20日付 凭证共　2　张
　　　(3) 自21日至31日付 凭证共　1　张

图4－51　汇总转账凭证

※ **实验材料**

库存现金及应交税费总分类账如图4－52和图4－53所示。

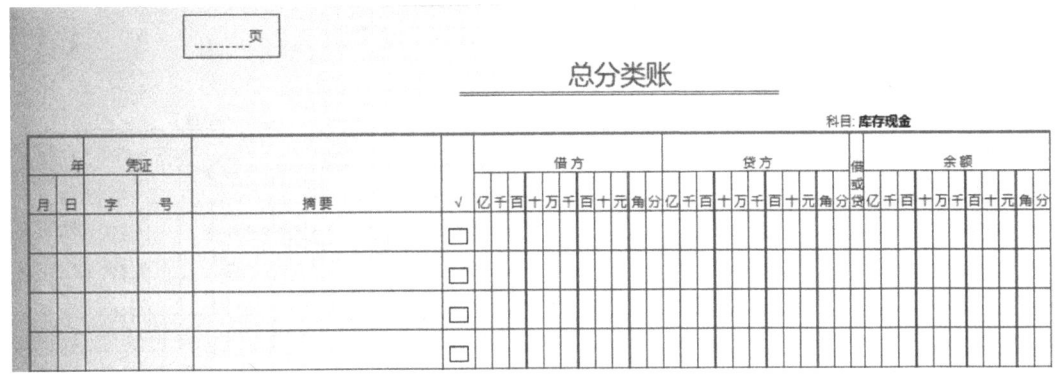

图 4-52 库存现金总分类账

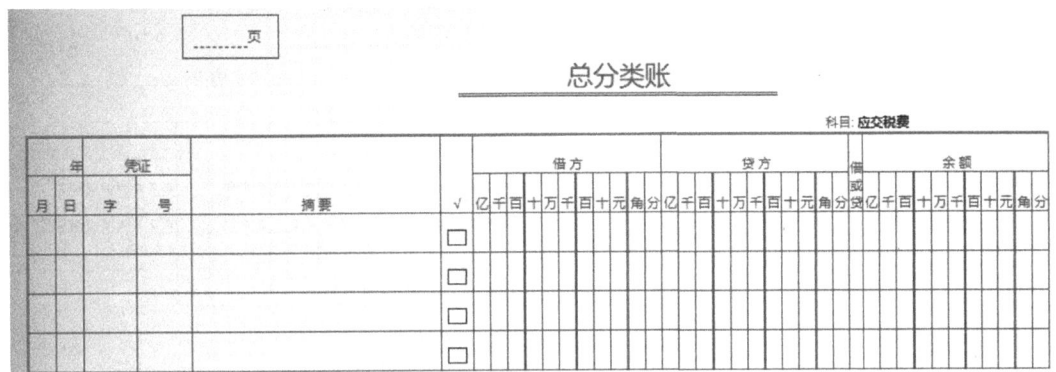

图 4-53 应交税费总分类账

4.4.4 实验步骤

1. 【案例 4-6】的实验步骤

(1) 填写总分类账账页页码及科目名称,本案例数据见背景资料(实验材料)。

(2) 根据科目汇总表定期登记总分类账内容,其中日期、凭证种类和编号、摘要及发生额根据科目汇总表填写。

(3) 账户余额根据公式"期末余额=期初余额+本期增加额-本期减少额"填列。

本案例 2022 年 12 月 15 日相关总分类账余额如下:库存现金余额 1 381(1 831+0-450),银行存款余额 336 800(270 000+96 800-30 000),应收账款余额 61 400(113 000+45 200-96 800),应付账款余额 15 000(45 000+0-30 000),应交税费余额 13 700(8 500+5 200-0),主营业务收入余额 40 000(0+40 000-0),管理费用余额 450(0+450-0)。

以上总分类账登记的实验结果如图 4-54 至图 4-60 所示。

图 4-54 库存现金总分类账

图 4-55 银行存款总分类账

图 4-56 应收账款总分类账

图 4-57 应付账款总分类账

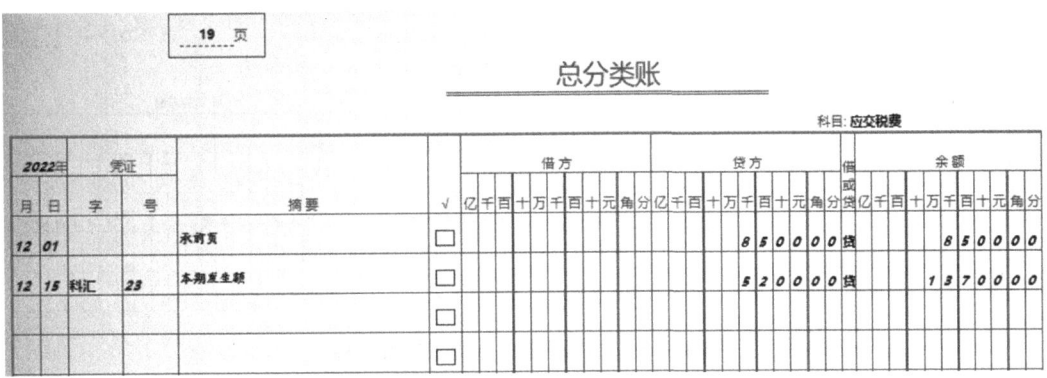

图 4-58 应交税费总分类账

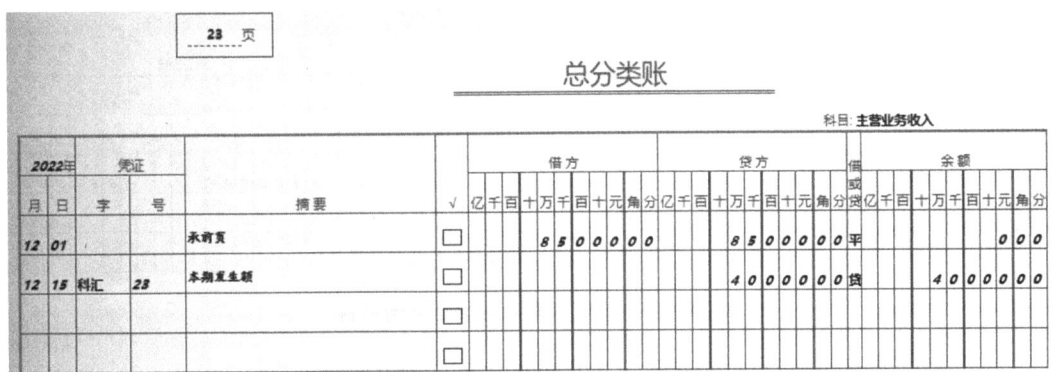

图 4-59 主营业务收入总分类账

图 4-60 管理费用总分类账

2. 【案例 4-7】的实验步骤

(1) 填写总分类账初始资料, 如图 4-61 和图 4-62 所示。

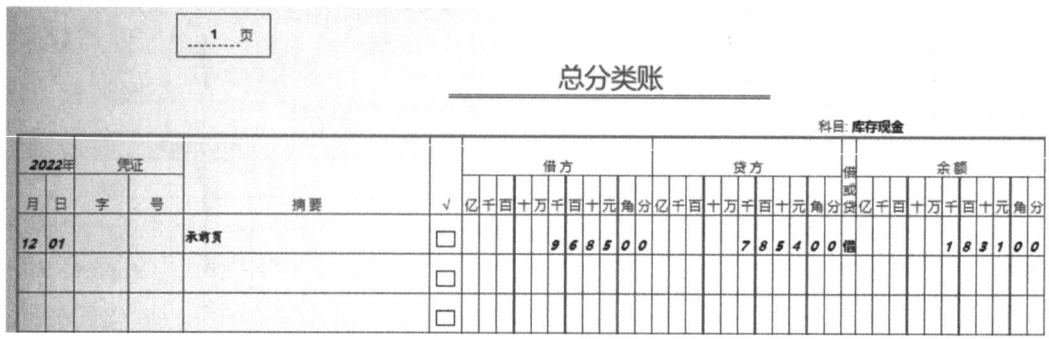

图 4-61 库存现金总分类账初始资料

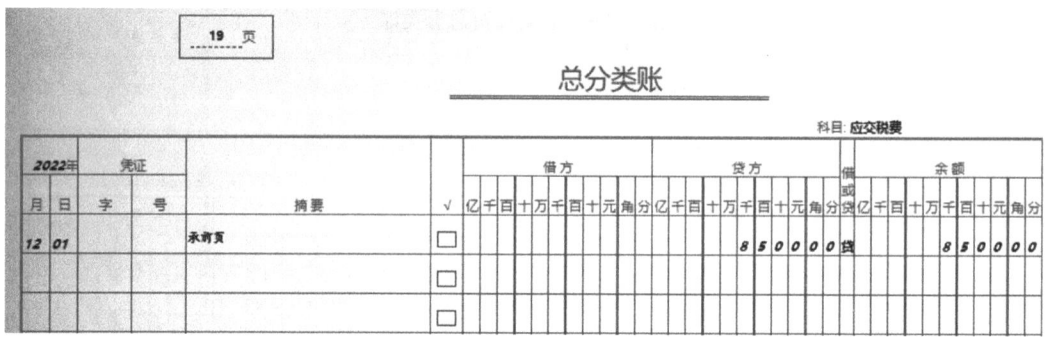

图 4-62 应交税费总分类账初始资料

（2）根据汇总记账凭证定期登记总分类账内容，其中日期、凭证种类和号码、摘要及发生额根据汇总记账凭证填写。

（3）总分类账余额根据公式"期末余额 = 期初余额 + 本期增加额 - 本期减少额"填列。

本案例 2022 年 12 月 31 日库存现金、应交税费总分类账余额如下：库存现金余额 6 681（1 831 + 10 300 - 5 450），应交税费余额 16 900（8 500 + 8 400）。

以上总分类账登记的实验结果如图 4-63 和图 4-64 所示。

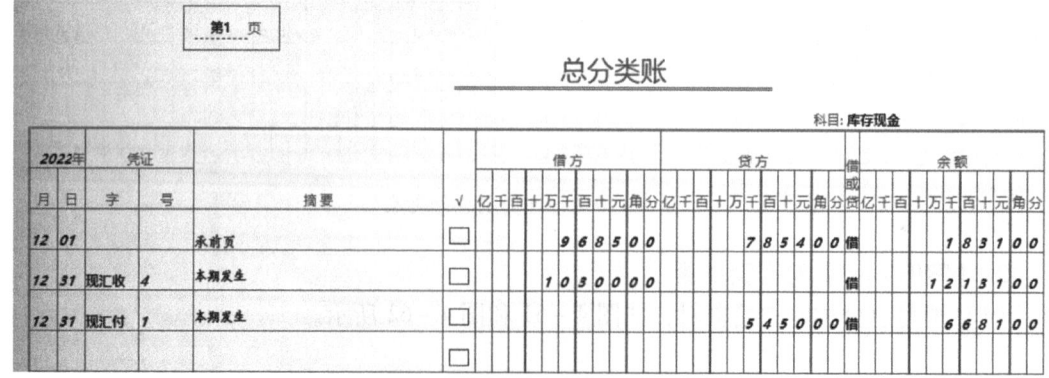

图 4-63 库存现金总分类账登记结果

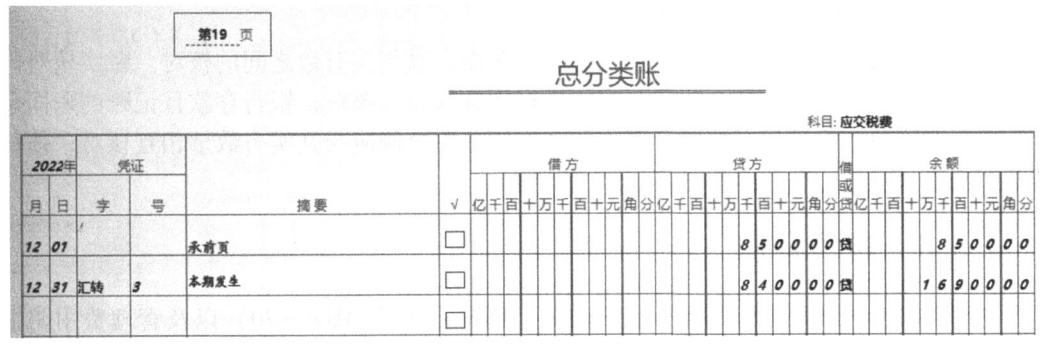

图 4-64 应交税费总分类账登记结果

实验 4.5 对账

4.5.1 实验目的

通过实验，在学生掌握企业相关账簿设立、启用及登记的基础上，掌握账簿与会计凭证，账簿与账簿之间，以及账簿与财产物资、债权债务之间对账的具体方法，提高学生对实际经济业务的账务处理能力。

4.5.2 预备知识

1. 对账的概念

对账是指核对账目，是对账簿记录的正确与否所进行的核对工作。在记录账簿的过程中，由于主观、客观的各种原因，常会出现账簿记录误差。为了使账簿记录无误以及账簿记录如实地反映经济活动情况，在结转会计期间账簿记录之前，有必要对账簿记录的有关数据进行核对。对账工作每年至少进行一次。对账的目的主要是为了保证账簿记录的正确与完整，真实可靠。

※ 对账的内容

对账内容一般包括账证核对、账账核对和账实核对。

（1）账证核对

账证核对是指对会计账簿记录与原始凭证、记账凭证进行核对。即各种账簿记录要与有关的记账凭证及所附的原始凭证的时间、凭证号、内容、金额和记账方向进行核对。账证核对主要通过编制凭证和记账中复核环节进行。将凭证与账簿记录内容进行相互核对，保证账证相符，这也是保证账账相符、账实相符的基础。

（2）账账核对

账账核对是核对不同会计账簿之间的记录是否相符。各种账簿之间存在有勾稽关系，可以进行相互核对。账账核对主要包括：总分类账簿核对；总分类账簿与序时账簿核对；总分类账簿与所属明细分类账簿核对；会计部门财产物资明细账与实物保管和使用部门有关财产物资明细账簿核对等。

（3）账实核对

账实核对是指各项财产物资、债权债务等账面余额与实有数之间的核对。账实核对内容主要包括现金日记账每日余额应与实际库存现金数相互核对；银行存款日记账的账面余额与银行对账单应每月相互核对；各项财产物资账面余额应与其实有数量相互核对；债权债务明细账余额应与有关单位账目记录相互核对。

4.5.3 实验案例

【案例4-8】请根据相关记账凭证记录（见图4-65至图4-70）以及管理费用明细分类账记录（见图4-71），核对北京羿阳制造有限公司2022年05月管理费用账户账证是否一致。

※ 背景资料

2022年05月管理费用记账凭证如图4-65至图4-70所示。

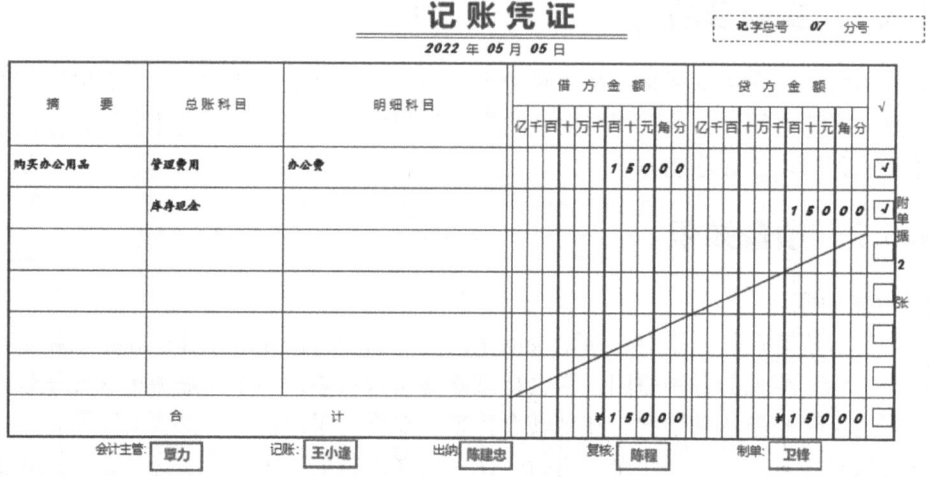

图4-65 通用记账凭证1

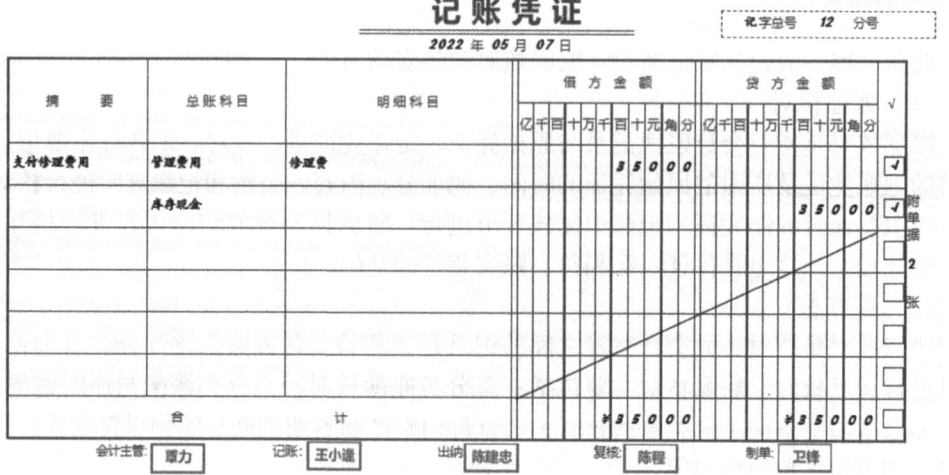

图4-66 通用记账凭证2

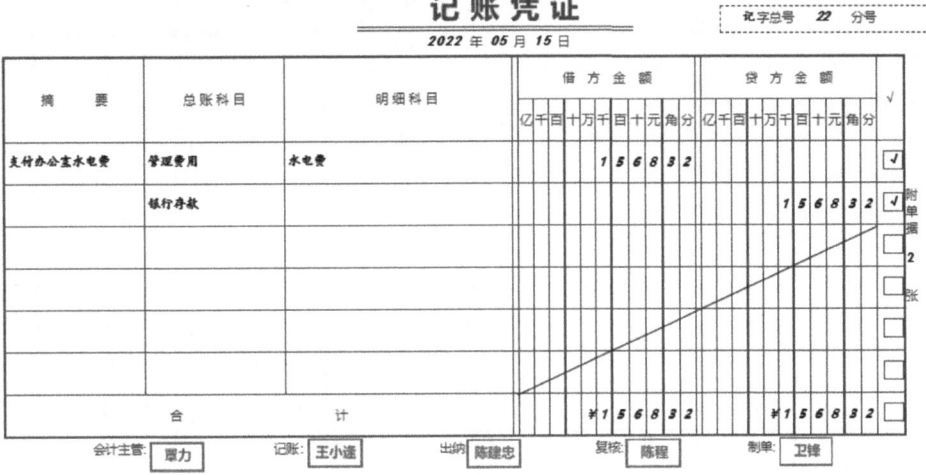

图 4-67　通用记账凭证 3

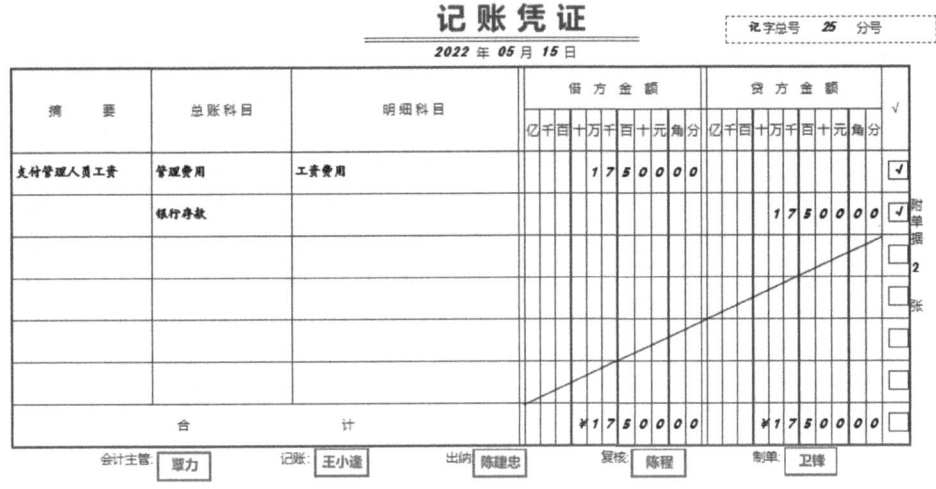

图 4-68　通用记账凭证 4

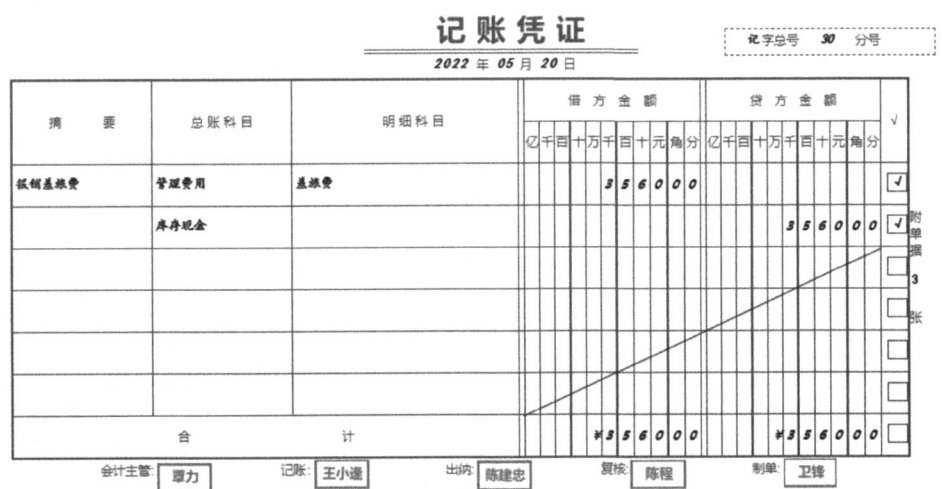

图 4-69　通用记账凭证 5

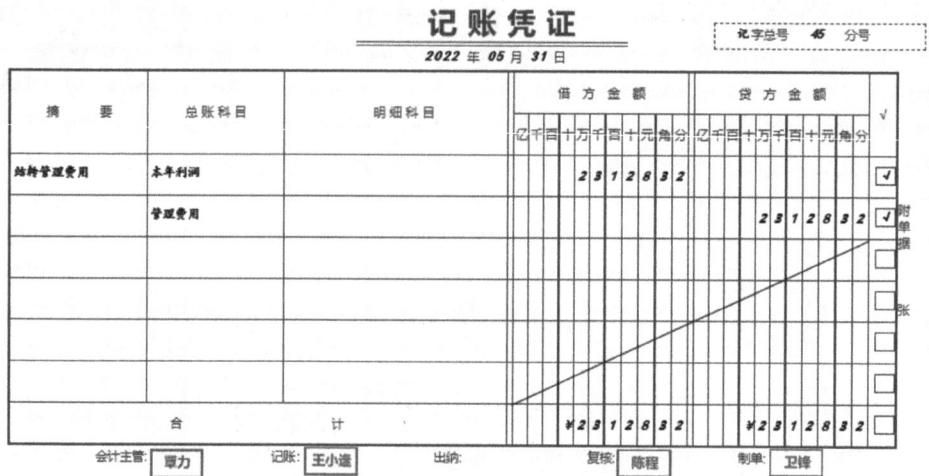

图 4-70 通用记账凭证 6

2022 年 05 月管理费用明细分类账如图 4-71 所示。

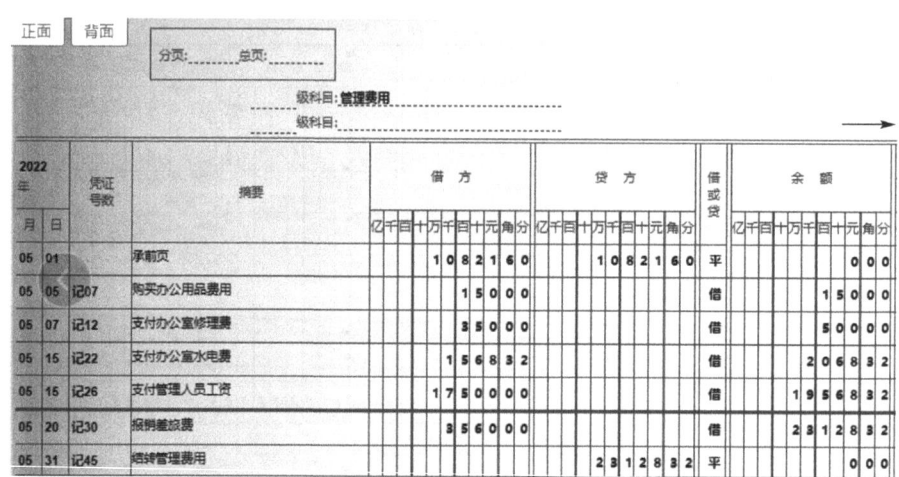

左图

右图

图 4-71 多栏式管理费用明细分类账

【案例4-9】请根据北京羿阳制造有限公司2022年05月管理费用账户总分类账（见图4-72）与所属明细分类账（见图4-73）记录，核对总分类账与明细分类账记录是否一致。

※ 背景资料

2022年05月管理费用总分类账如图4-72所示。

第23 页

总分类账

科目：管理费用

2022年 月	日	凭证 字	号	摘要	√	借方（亿千百十万千百十元角分）	贷方（亿千百十万千百十元角分）	借或贷	余额（亿千百十万千百十元角分）
05	01			承前页		1082160	1082160	平	000
05	31	科汇	10	本期发生额累计		2312832	2312832	平	000

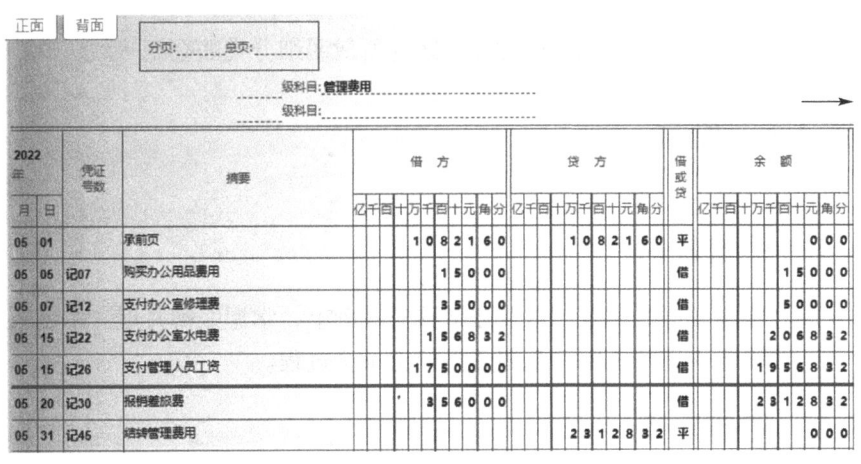

图4-72 管理费用总分类账

2022年05月管理费用明细分类账如图4-73所示。

正面 背面

分页：______ 总页：______

级科目：管理费用

级科目：______

2022年 月	日	凭证号数	摘要	借方（亿千百十万千百十元角分）	贷方（亿千百十万千百十元角分）	借或贷	余额（亿千百十万千百十元角分）
05	01		承前页	1082160	1082160	平	000
05	06	记07	购买办公用品费用	15000		借	15000
05	07	记12	支付办公室修理费	35000		借	50000
05	15	记22	支付办公室水电费	156832		借	206832
05	15	记26	支付管理人员工资	1750000		借	1956832
05	20	记30	报销差旅费	356000		借	2312832
05	31	记45	结转管理费用		2312832	平	000

左图

管理费用明细分类账

（借）方项目

办公费（亿千百十万千百十元角分）	修理费（亿千百十万千百十元角分）	水电费（亿千百十万千百十元角分）	工资（亿千百十万千百十元角分）	差旅费（亿千百十万千百十元角分）
15000				
	35000			
		156832		
			1750000	
				356000

右图

图4-73 多栏式管理费用明细分类账

4.5.4 实验步骤

1. 【案例 4-8】的实验步骤

（1）逐一核对记账凭证与所附的原始凭证的时间、凭证号、内容、金额和记账方向一致。

（2）逐一核对记账凭证与多栏式管理费用明细账记录的凭证号、摘要、金额和记账方向一致。

实验结果：经过核对，管理费用多栏式明细分类账登记无误，账证记录一致。

2. 【案例 4-9】的实验步骤

（1）确认管理费用总分类账与所属的管理费用明细分类账已经全部登记入账。

（2）逐一核对管理费用总分类账与所属明细分类账本期发生额金额、方向一致；核对期末余额方向金额一致。

2022 年 05 月管理费用总分类账（借方发生额：23 128.32 元；贷方发生额：23 128.32 元；期末无余额）。

2022 年 05 月管理费用明细分类账（借方发生额合计：23 128.32 元；贷方发生额合计：23 128.32 元；期末无余额）。

实验结果：经过核对，管理费用总分类账与所属明细分类账登记一致。

实验 4.6　结账

4.6.1　实验目的

通过实验在学生掌握账簿登记以及账簿核对基础上，掌握账簿月度、季度及年度结账的具体方法，使得学生完整了解并掌握账簿的记录全过程。

4.6.2　预备知识

1. 结账的概念

结账是将账簿记录定期结算清楚的账务工作。企业在一定会计期间期末（如月末、季末、年末），为了正确编制财务报表，要将所发生的全部的经济业务登记入账，并及时结算。结账具体包括月结、季结和年结。

2. 结账的程序

（1）结账前，必须将属于本期发生的经济业务全部登记入账，确保账簿记录的完整正确。不得把将要发生的经济业务提前入账，也不得将本期已发生的经济业务延至下期入账。不得为赶编报表而提前结账，也不得先编报表，后结账。

（2）在将属于本期发生的经济业务全部登记入账的前提下，根据权责发生制的要求进行账项调整，合理确定本期的收入和费用。

（3）结账前将损益类账户发生额转入"本年利润"账户，结平损益类账户，年末应将"本年利润"账户余额转"利润分配"账户。

（4）结出资产、负债、所有者权益类账户的本期发生额与期末余额，进行试算平衡，并结转下期。

3. 结账的方法

在会计实务中，结账一般采用划线结账的方法。

月结，应先在各账户本月份最后一笔账目下端画一通栏单红线，在红线下用钢笔蓝黑墨水结出本月借方、贷方发生额和月末余额，并在摘要栏内注明"本月合计"字样，然后在下面画一通栏单红线。对于需要结出本年累计发生额的明细账户，每月结账时，应在"本月合计"行下结出自年初起到本月末止的累计发额，并在摘要栏中注明"本年累计"字样，并在下面画通栏单红线。对本月份没有发生额的账户，不需办理月结手续。

季结，应在个账户本季度最后一个月的月结下面画一通栏红线，表示本季结束；然后在红线下结算出本季度发生额及季末余额，并在摘要栏内注明"本季发生额及余额"或"本季合计"字样；最后在本栏下画一通栏红线，表示完成季结工作。

年结，年度终了，核对账目，要将所有账户结出全年发生额和年末余额，在摘要栏中注明"本年累计"字样，并在合计数下画通栏双红线，表示年度结账。年度结账时，有余额的账户，要将余额结转下年，并在摘要栏中注明"结转下年"字样；在下一个会计年度新建会计账户的第一行余额栏内填写上年结转的余额，并在摘要栏中注明"上年结转"字样。

4.6.3 实验案例

【案例 4-10】根据原材料明细分类账账簿记录（见图 4-74），进行 2022 年 04 月月结操作。

※ **背景资料（实验材料）**

2022 年 04 月原材料明细分类账记录如图 4-74 所示。

图 4-74 原材料明细分类账

【案例 4-11】根据库存现金日记账账簿记录（见图 4-75），进行 2022 年年结操作。

※ **背景资料（实验材料）**

2022年12月库存现金日记账记录如图4-75所示。

2022年		凭证		票据号数	摘要	借方	贷方	余额	核对
月	日	种类	号数						
12	01				承前页	4952000	2567000	2385000	
12	03	记	05		支付修理费用		25000	2360000	
12	08	记	16		收到押金	60000		2420000	
12	15	记	23		支付电话费		36892	2383108	
12	18	记	30		购买文具用品		89500	2293608	
12	23	记	45		预付差旅费		360000	1933608	
12	28	记	52		支付劳务补贴		80000	1853608	
12	30	记	63		取现	200000		2053608	

图4-75 库存现金日记账

4.6.4 实验步骤

1. 【案例4-10】的实验步骤

（1）计算出04月原材料明细分类账发生额和余额，摘要栏中记录"本月合计"，最后一笔账目下端画一通栏单红线，同时在月结行下画单红线，如图4-76所示。

2022		凭证字号	摘要	收入			发出			结存			核对
月	日			数量	单价	金额	数量	单价	金额	数量	单价	金额	
04	01		承前页	10000	5	500000	4500	5	225000	5500	5	275000	
04	08	记07	购买原材料	10000	5	500000				15500	5	775000	
04	10	记11	购买原材料	20000	5	1000000				35500	5	1775000	
04	15	记18	生产领用原材料				6000	5	300000	29500	5	1475000	
04	25	记30	生产领用原材料				6000	5	300000	23500	5	1175000	
04	30		本月合计	30000	5	1500000	12000		600000	23500	5	1175000	

图4-76 原材料明细分类账月结1

（2）另起一行计算年初至04月原材料明细分类账2022年度累计发生额和期末余额，在摘要栏中记录"本年累计"，本年累计行下画单红线，如图4-77所示。

原材料明细分类账

2022年		凭证字号	摘要	收入		金额	发出		金额	结存		金额	核对
月	日			数量	单价	亿千百十万千百十元角分	数量	单价	亿千百十万千百十元角分	数量	单价	亿千百十万千百十元角分	
04	01		承前页	10000	5	5000000	4500	5	2250000	5500	5	2750000	
04	08	记07	购买原材料	10000	5	5000000				15500	5	7750000	
04	10	记11	购买原材料	20000	5	10000000				35500	5	17750000	
04	15	记18	生产领用原材料				6000	5	3000000	29500	5	14750000	
04	25	记30	生产领用原材料				6000	5	3000000	23500	5	11750000	
04	30		本月合计	30000	5	15000000	12000	5	6000000	23500	5	11750000	
04	30		本年累计	40000	5	20000000	16500	5	8250000	23500	5	11750000	

图4-77 原材料明细分类账月结2

至此2022年04月原材料——丙酮明细分类账完成月结。

2. **【案例4-11】的实验步骤**

（1）结算出12月库存现金发生额和余额，摘要栏中记录"本月合计"，在月结行下画单红线，如图4-78所示。

库存现金日记账　　　　　　　　第 6 页

2022年		凭证		票据号数	摘要	借方	贷方	余额	核对
月	日	种类	号数			百十万千百十元角分	百十万千百十元角分	百十万千百十元角分	
12	01				承前页	495200 0	256700 0	238500 0	
12	03	记	05		支付修理费用		2500 0	236000 0	
12	08	记	16		收到押金	6000 0		242000 0	
12	15	记	23		支付电话费		3689 2	238310 8	
12	18	记	30		购买文具用品		8950 0	229360 8	
12	23	记	45		预付差旅费		36000 0	193360 8	
12	28	记	52		支付劳务补贴		8000 0	185360 8	
12	30	记	63		取现	20000 0		205360 8	
12	31				本月合计	26000 0	59139 2	205360 8	

图4-78 库存现金日记账年结1

（2）另起一行结算2022年年初至12月累计发生额和期末余额，在摘要栏中记录"本年累计"，本年累计行下画双红线，如图4-79所示。

图4-79 库存现金日记账年结2

（3）另起一行，摘要中注明结转下年，将余额结转下年，如图4-80所示。

图4-80 库存现金日记账年结3

至此库存现金日记账2022年度结账完成。

实验4.7 错账更正

4.7.1 实验目的

会计工作实务中，可能会发生各种差错，产生账簿记录错误，需要及时找出差错，及时更正。通过实验，了解产生差错的原因，掌握账簿差错更正的常用划线更正、红字更正及补充登记等方法。

4.7.2 预备知识

账簿记录发生错误时，必须采用正确的方法予以更正，不能任意涂改，或用刮、擦、挖、补以及用褪色药水褪色后更正，也不能任意撕毁账页重新抄写，错账更正的方法通常用划线更正法、红字更正法和补充登记法。

1. 划线更正法

划线更正法又称"红线更正法"。在结账之前，发现账簿记录中所记录的文字或数字有错误，而记账凭证没有错误，可以采用划线更正法进行更正。更正时，在错误的文字或数字上画一条红线，以示注销。然后将正确的文字或数字用蓝、黑墨水写在被红线画销的文字或数字的上方，并由记账人员在更正处签章。

2. 红字更正法

红字更正法是用红字冲销原有错误的账簿记录或凭证记录，从而更正账簿记录的一种错账更正方法。这种方法适用于以下两种情况：

（1）记账以后，如果发现记账凭证中的会计科目或金额有错误，致使账簿记录有错误。更正的方法是先用红字填制一张内容与原错误凭证完全相同的记账凭证，并用红字登记入账，以示冲销原有的错误记录，并在摘要栏注明"冲销某月某日××号凭证"。并用红字登记入账；然后用蓝字填制一张正确的记账凭证，并在摘要栏写明"更正某月某日××号记账凭证"，并据以入账。

（2）记账以后，如果发现记账凭证中的应借、应贷会计科目并无错误，只是所记金额大于应记金额，并已登记入账，也可以采用此方法更正。更正的方法是按多记的金额用红字填制一张应借、应贷会计科目与原凭证相同的记账凭证，在摘要栏内写明"冲销某月某日第××号记账凭证多记金额"以冲销多记金额，并据以入账。

3. 补充登记法

补充登记法是记账以后发现记账凭证和账簿记录中应借、应贷科目无误，但所记金额小于应记金额时所采用的更正方法。更正时应按少计的金额用蓝字填制一张与原会计凭证应借、应贷科目完全相同的记账凭证，并在摘要栏内写明"补记某月某日第××号凭证少记金额"以补充少计的金额，并据以入账。

4.7.3 实验案例

【案例4-12】北京嘉泰股份有限公司2022年05月发生报销办公用品费用业务，取得原始凭证（见图4-81-1和图4-81-2），公司会计人员根据原始凭证编制了记账凭证（见图4-82），并根据记账凭证登记入管理费用总分类账（见图4-83）和库存现金日记账（见图4-84）。05月15日经核查，发现记账凭证错误，请用红字更正法进行更正（实验材料见图4-85和图4-86，以及图4-83和图4-84）。

※ **背景资料**

报销办公用品费用业务取得的原始凭证如图4-81-1和图4-81-2所示。

图4-81-1 增值税普通发票

图4-81-2 报销申请单

原记账凭证如图4-82所示。

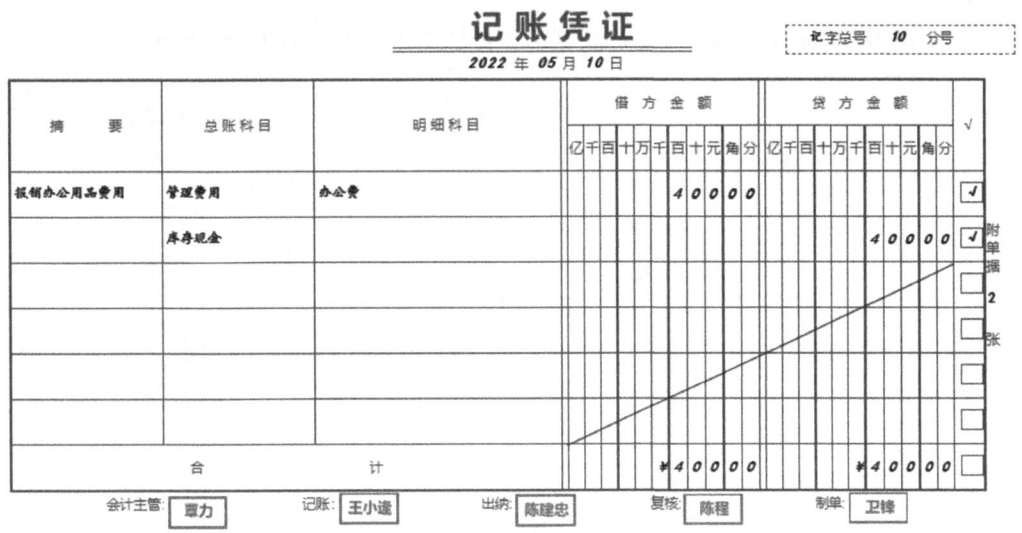

图4-82 原记账凭证

原记账凭证据以入账，如图4-83和图4-84所示（实验材料）。

图4-83 管理费用总分类账

图4-84 库存现金日记账

※ **实验材料**

原错误记账凭证（见图 4-82）的更正凭证如图 4-85 和图 4-86 所示。

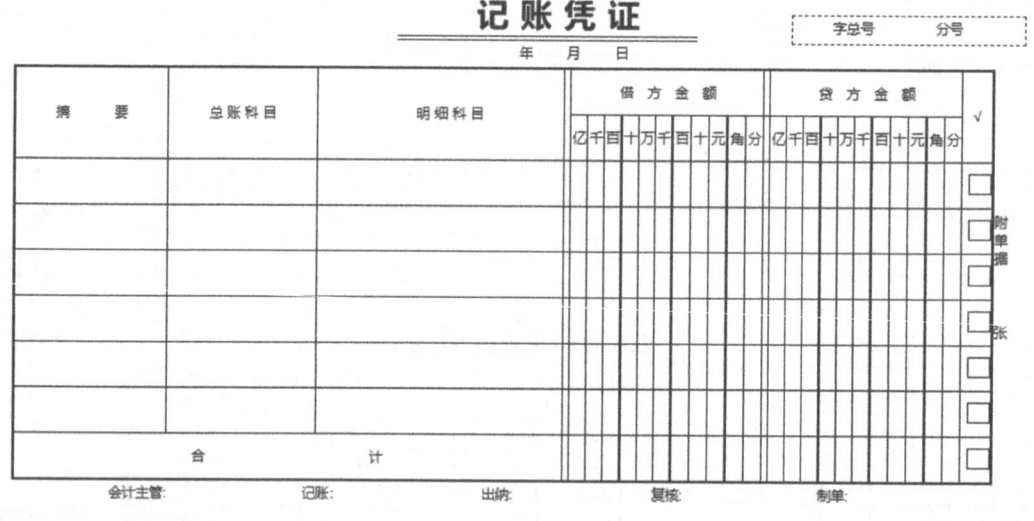

图 4-85　更正记账凭证 1

图 4-86　更正记账凭证 2

更正错误的记账凭证据以入账，见图 4-83 和图 4-84。

【**案例 4-13**】北京嘉泰股份有限公司 2022 年 05 月 20 日生产车间领用原材料丙酮用于生产，取得原始凭证（见图 4-87），公司会计人员根据原始凭证编制了记账凭证（见图 4-88），并根据记账凭证登记入原材料总分类账（见图 4-89）和生产成本总分类账（见图 4-90）。05 月 25 日经核查，发现记账凭证多记金额 500 元，请用红字更正法进行更正（实验材料见图4-91，以及图4-89和图4-90）。

※ **背景资料**

车间领用原材料用于生产的原始凭证如图4-87所示。

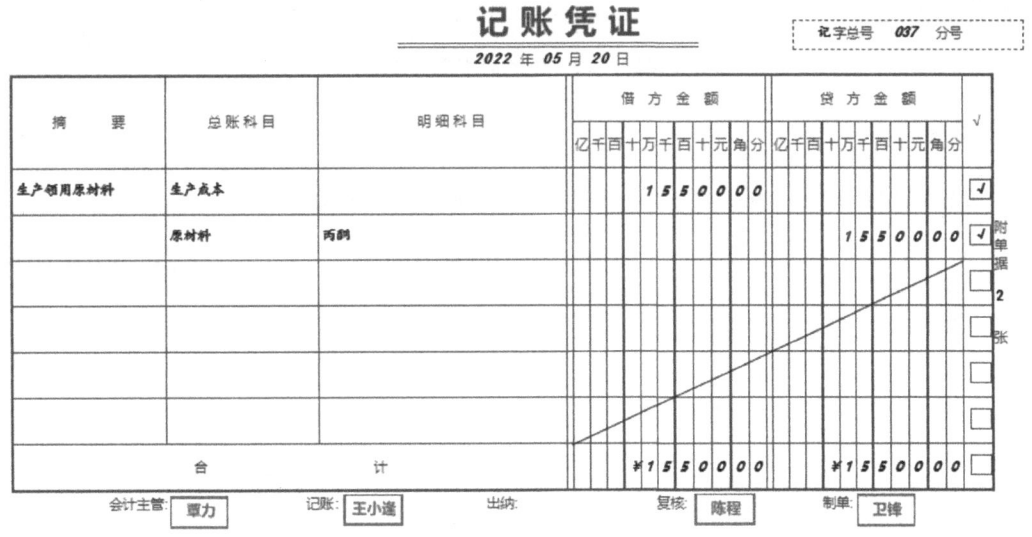

图4-87 领料单

领用原材料用于生产，填制的原记账凭证如图4-88所示。

图4-88 原记账凭证

根据原记账凭证登记总分类账，如图4-89和图4-90所示（实验材料）。

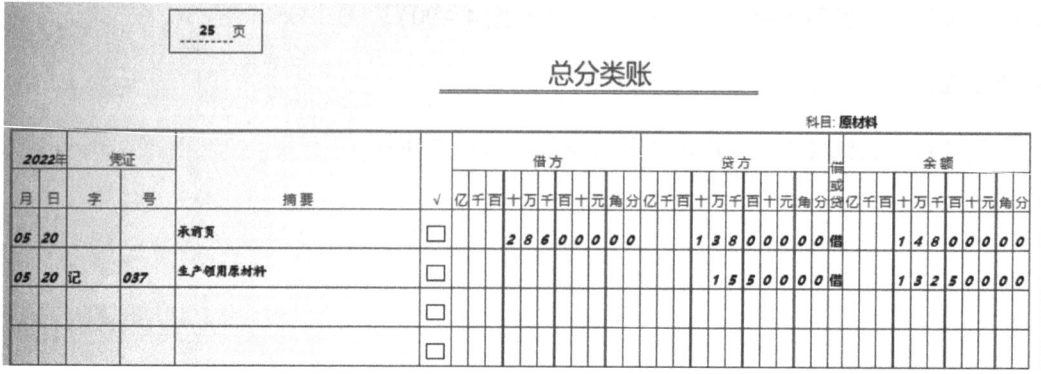

图 4-89 原材料总分类账

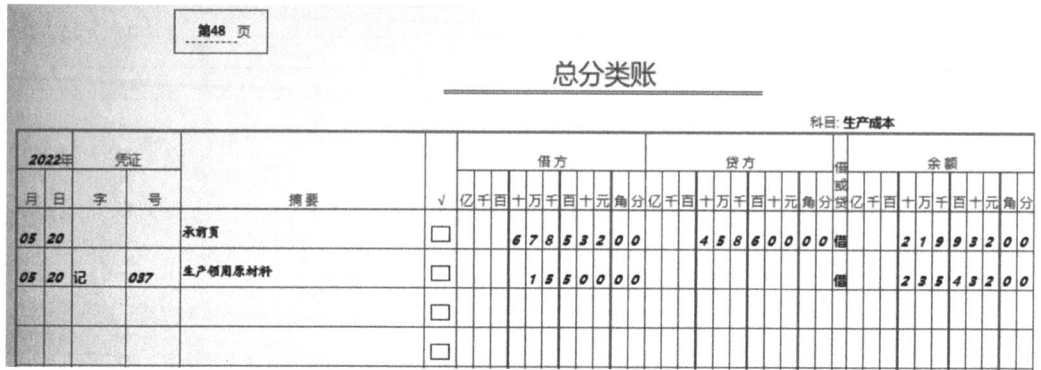

图 4-90 生产成本总分类账

※ **实验材料**

原错误记账凭证（见图 4-88）的更正凭证如图 4-91 所示。

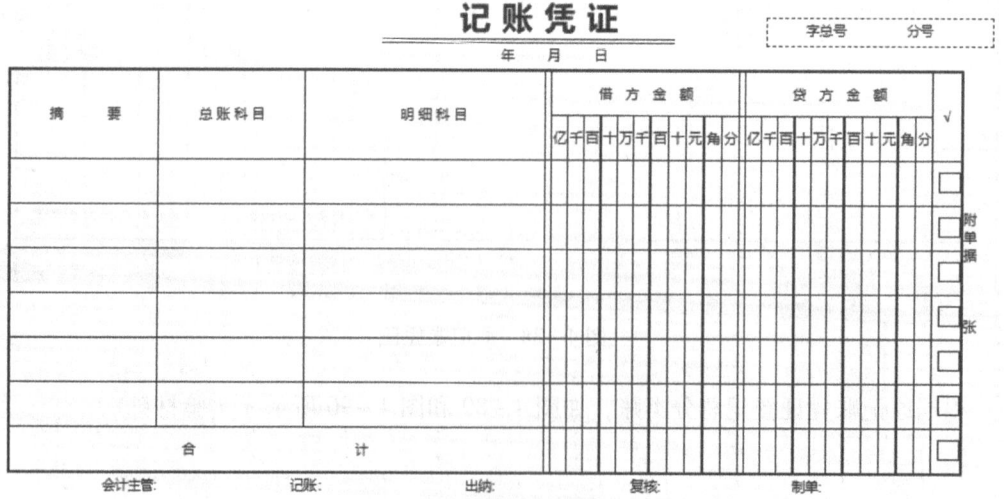

图 4-91 更正记账凭证

更正错误的记账凭证据以入账,如图 4-89 和图 4-90 所示。

【案例 4-14】北京嘉泰股份有限公司 2022 年 05 月 23 日收到购货款存入银行,取得原始凭证(见图 4-92),公司会计人员根据原始凭证编制了记账凭证(见图 4-93),并根据记账凭证登记应收账款总分类账(见图 4-94)和银行存款日记账(见图 4-95)。05 月 26 日经核查,发现记账凭证少记金额 3 000 元,请用补充登记法进行更正(实验材料见图 4-96,以及图 4-94 和图 4-95)。

※ 背景资料

收到购货款存入银行的原始凭证如图 4-92 所示。

图 4-92 进账单

收到购货款存入银行的原记账凭证如图 4-93 所示。

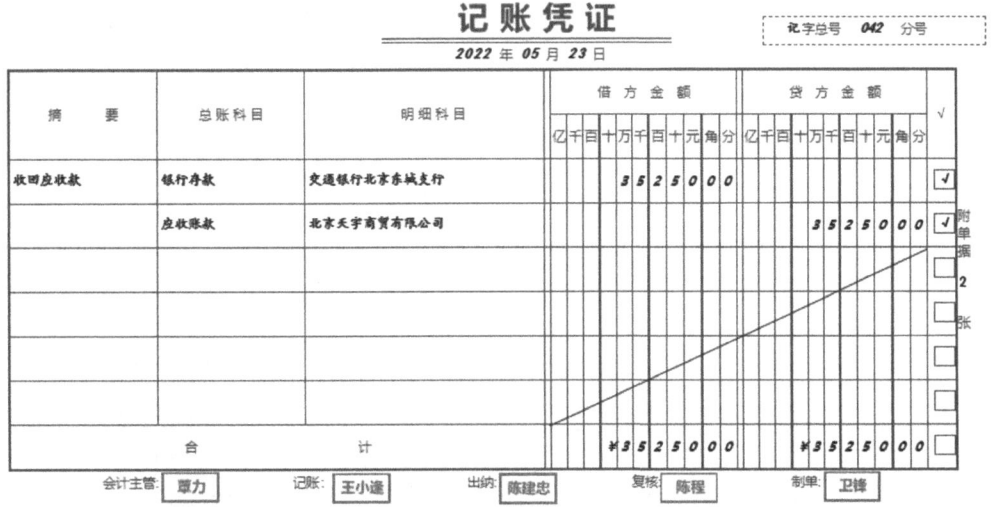

图 4-93 原记账凭证

根据原记账凭证登记总分类账如图 4-94 和图 4-95 所示（实验材料）。

图 4-94　应收账款总分类账

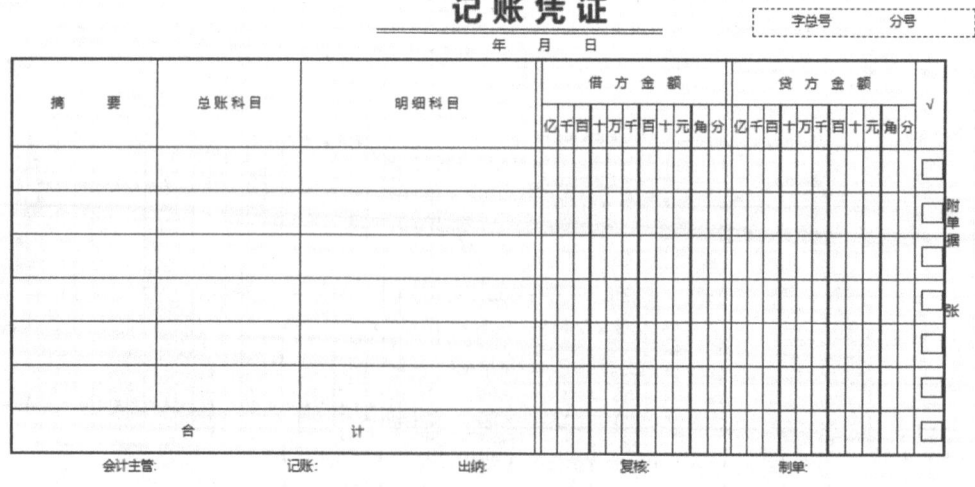

图 4-95　银行存款日记账

※ **实验材料**

原错误记账凭证（见图 4-93）的更正凭证如图 4-96 所示。

图 4-96　更正记账凭证

更正错误的记账凭证据以入账，见图 4-94 和图 4-95。

4.7.4 实验步骤

1.【案例 4-12】的实验步骤

（1）填制一张与原错误凭证一样的记账凭证，摘要注明"冲销 05 月 10 日 10 号记账凭证"，金额 400 用红字填写，如图 4-97 所示。

提示：本实验教程内加有方框的金额均表示为红字金额。

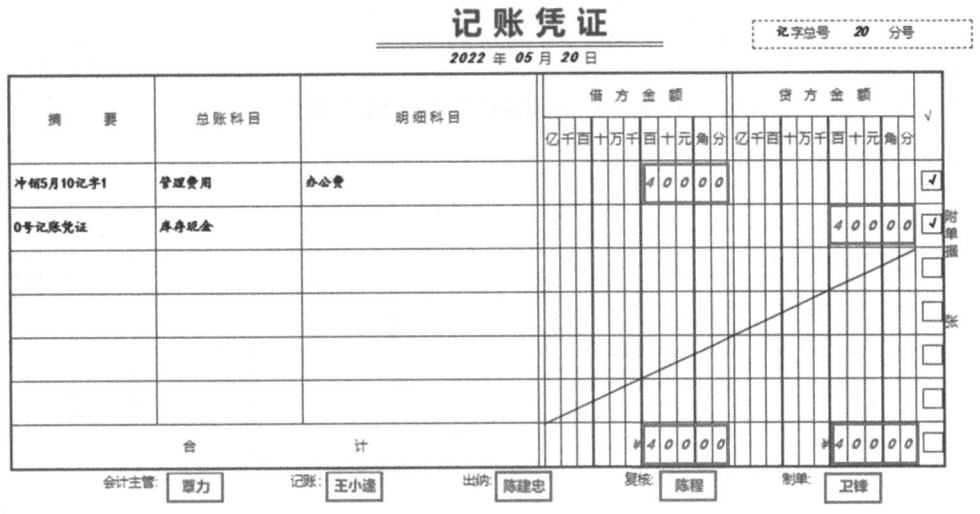

图 4-97 冲销错误的红字记账凭证

（2）根据原始凭证填制正确的记账凭证，如图 4-98 所示。

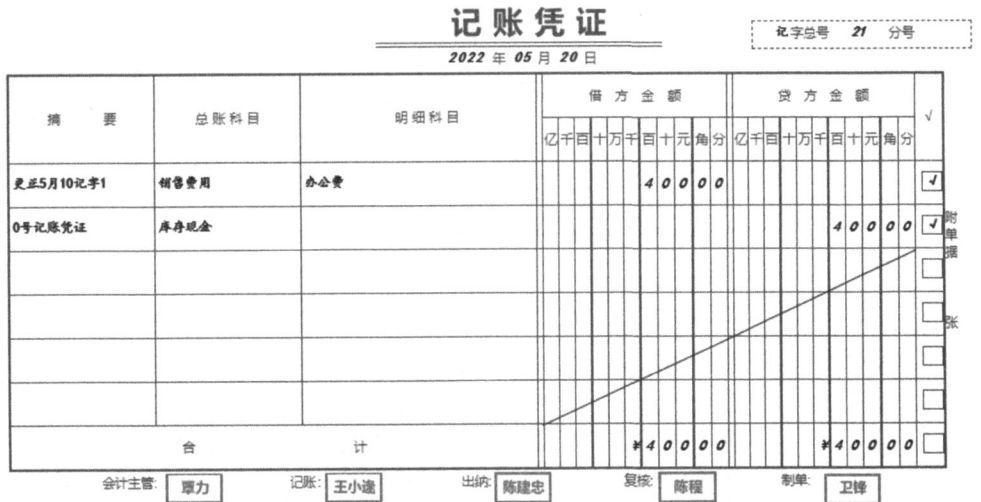

图 4-98 更正后正确的记账凭证

（3）将红字凭证登记入账簿，其中红字凭证登记入账时，账簿金额也用红字填制。如图 4－99 和图 4－100 所示。

42 页

总分类账

科目：管理费用

2022年 月	日	凭证 字	号	摘要	√	借方	贷方	借或贷	余额
05	10	记	10	报销购买办公用品费用	□	40000		借	40000
05	15	记	20	冲销5月10日记字10号凭证	□	40000		平	000
					□				
					□				

图 4－99　冲销错记管理费用总分类账

库存现金日记账　　第 6 页

2022年 月	日	凭证 种类	号数	票据号数	摘要	借方	贷方	余额	核对
05	10				承前页	2500000	1500000	1000000	□
05	10	记	10		报销购买办公用品费用		40000	960000	□
05	15	记	20		冲销5月10日记字10号凭证		40000	1000000	□
									□

图 4－100　冲销错记库存现金日记账

（4）将更正后正确的凭证登记入账簿，如图 4－101 和图 4－102 所示。

45 页

总分类账

科目：销售费用

2022年 月	日	凭证 字	号	摘要	√	借方	贷方	借或贷	余额
05	15	记	21	更正5月10日记字10号凭证	□	40000		借	40000
					□				
					□				

图 4－101　登记销售费用总分类账

库存现金日记账　　第 6 页

2022年 月	日	凭证 种类	号数	票据号数	摘要	借方	贷方	余额	核对
05	10				承前页	2500000	1500000	1000000	□
05	10	记	10		报销购买办公用品费用		40000	960000	□
05	15	记	20		冲销5月10日记字10号凭证		40000	1000000	□
05	15	记	21		更正5月10日记字10号凭证		40000	960000	□
									□

图 4－102　更正库存现金日记账

2. 【案例 4-13】的实验步骤

(1) 填制一张与原错误凭证一样的记账凭证，摘要注明"冲销某月某日某号记账凭证多记金额"，金额栏用红字填写多记金额，如图 4-103 所示。

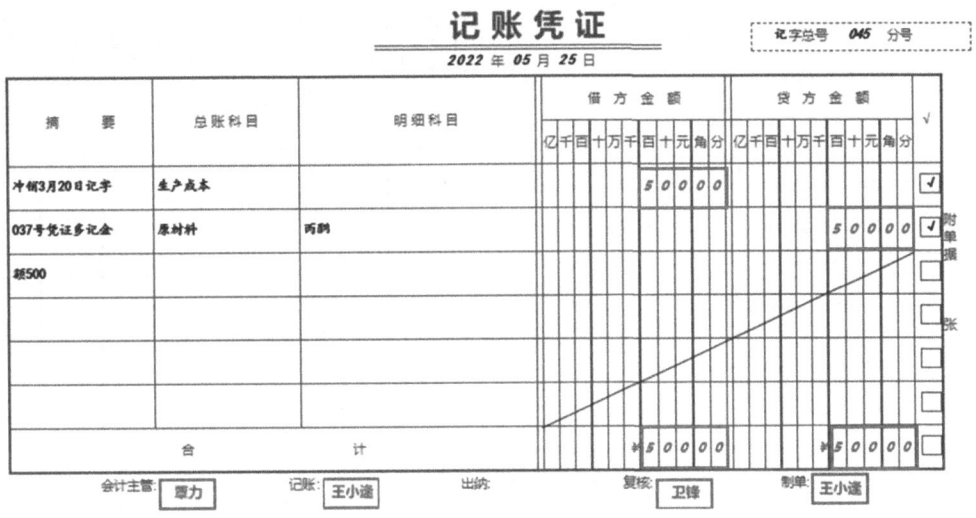

图 4-103　冲销多记金额的红字凭证

(2) 将红字凭证登记入账簿，登记账簿金额也用红字填制，以表示冲销，如图 4-104 和图 4-105 所示。

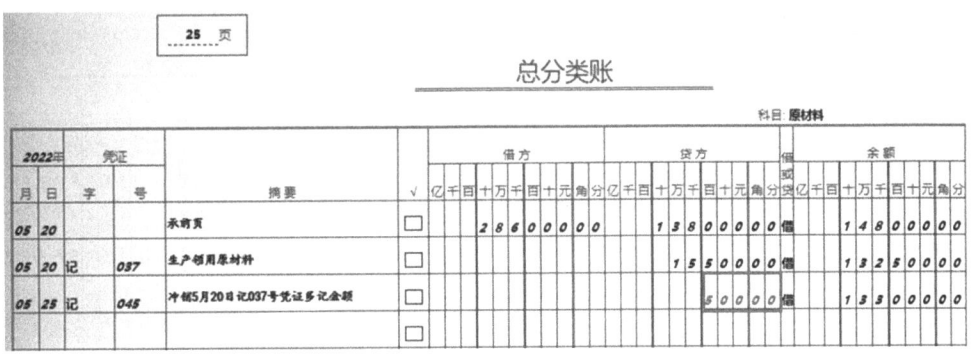

图 4-104　冲销多记金额的原材料总分类账

图 4-105　冲销多记金额的生产成本总分类账

3. 【案例 4 – 14】的实验步骤

（1）填制一张与原错误凭证一样的记账凭证，摘要注明"补充登记 05 月 23 日 042 号记账凭证少记金额"，金额栏用蓝字填写少记金额 3 000，如图 4 – 106 所示。

图 4 – 106　补充登记少计金额的记账凭证

（2）将补充凭证记 052 号登记入账簿，如图 4 – 107 和图 4 – 108 所示。

图 4 – 107　补充登记应收账款总分类账

图 4 – 108　补充登记银行存款日记账

练习题

1. 北京宏盛股份有限公司2022年01月01日启用账簿，其中总分账簿共一册，共70页。负责人：王宇；主办会计：陈浩；复核员：林宇飞；记账员：李俊。填写该公司账簿启用及交接表（见图4－109）。

※ 实验材料

账簿启用及交接表如图4－109所示。

账簿启用及交接表

机构名称		印鉴
账簿名称	（第　　册）	
账簿编号		
账簿页数	本账簿共计　　页（本账簿页数　　）	
启用日期	公元　　年　　月　　日	

经管人员	负责人		主办会计		复核		记账	
	姓名	盖章	姓名	盖章	姓名	盖章	姓名	盖章

接交记录	经管人员		接管				交出			
	职别	姓名	年	月	日	盖章	年	月	日	盖章
备注										

图4－109　账簿启用及交接表

2. 北京宏盛股份有限公司2022年05月01日更换主办会计，由蔡清泉接替陈浩成为主办会计，请在原账簿启用及交接表（见图4－110）中填写交接记录。

※ 实验材料

账簿启用及交接表如图4－110所示。

图4-110 账簿启用及交接表

3. 2022年01月01日北京宏盛股份有限公司开始建账,其中2022年01月01日银行存款余额286 5000元,分别建立银行存款总分类账(见图4-111)与银行存款日记账(见图4-112)。

※ **实验材料**

银行存款总分类账及银行存款日记账如图4-111和图4-112所示。

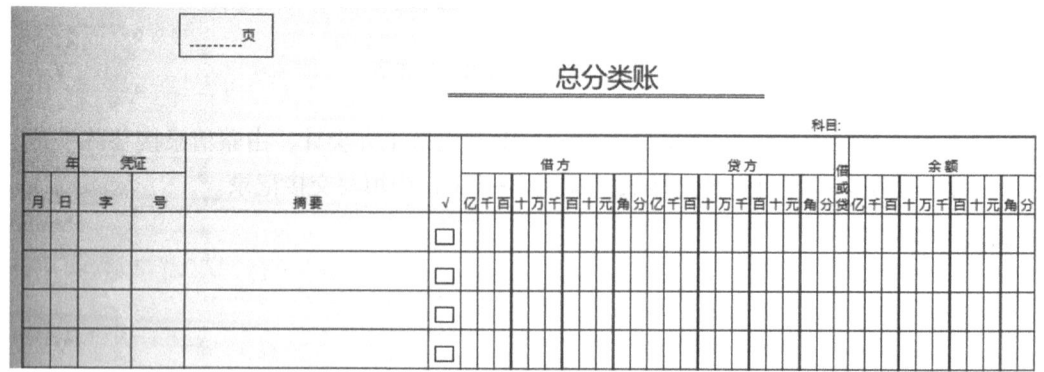

图4-111 银行存款总分类账

第 1 页

银行存款日记账

开户行:

账 号:

年		凭证		支票号码	摘要	对方科目	收入（借方金额）	支出（贷方金额）	余额（结存余额）	核对
月	日	种类	号数				亿千百十万千百十元角分	亿千百十万千百十元角分	亿千百十万千百十元角分	
										□
										□
										□
										□
										□
										□
										□

图 4－112　银行存款日记账

4. 北京宏盛股份有限公司 2022 年 02 月 01 日库存现金借方本年累计发生额为 21 600 元，贷方累计发生额为 18 600 元，期初余额合计为 3 000 元。根据上述库存现金日记账的期初资料以及相关背景资料（见图 4－113 至图 4－119）登记库存现金日记账（见图 4－120）。

※ 背景资料

2022 年 2 月库存现金收付款业务凭证如图 4－113 至图 4－119 所示。

记账凭证

2022 年 02 月 01 日

记字总号 01 分号

摘要	总账科目	明细科目	借方金额	贷方金额	√
提取现金	库存现金		700000		√
	银行存款			700000	√
					□
					□
					□
					□
合　　计			¥700000	¥700000	□

附单据 1 张

会计主管: 覃力　记账: 王小逸　出纳: 陈建忠　复核: 陈程　制单: 卫锋

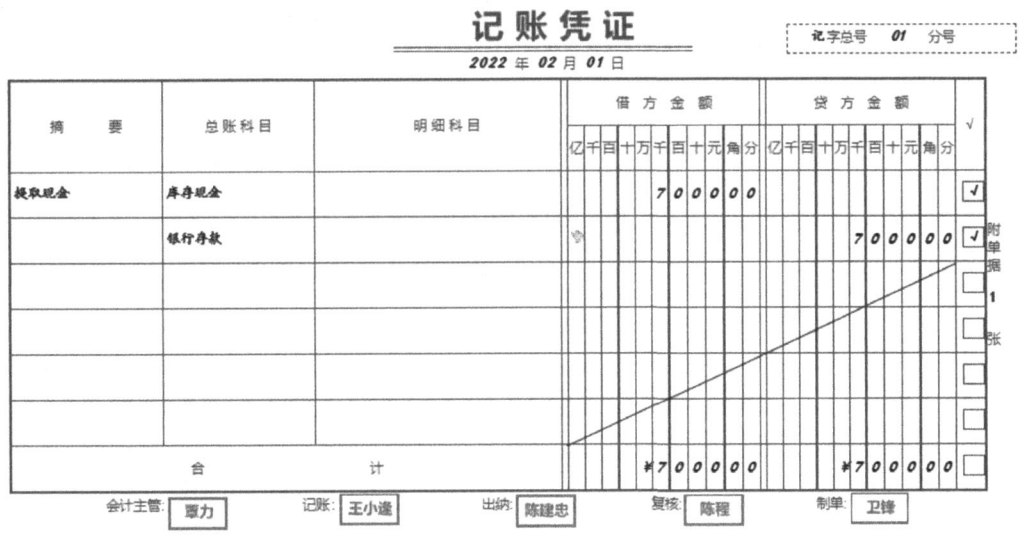

图 4－113　记账凭证 1

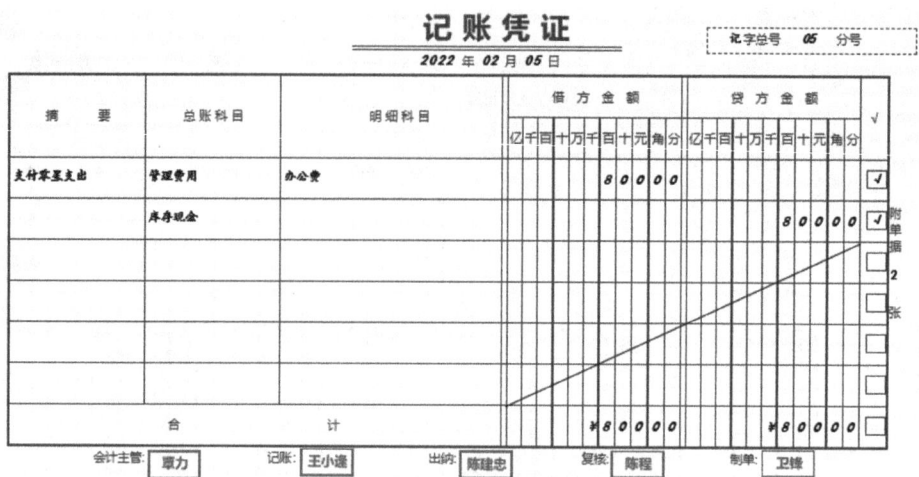

图 4-114　记账凭证 2

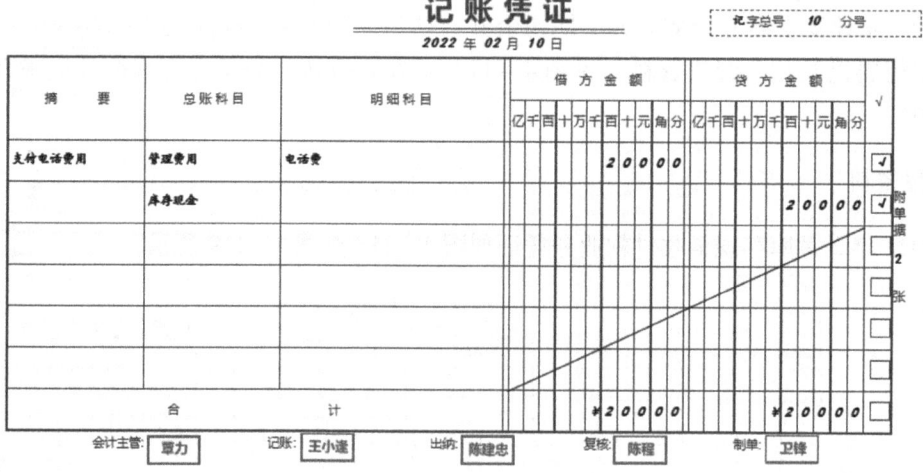

图 4-115　记账凭证 3

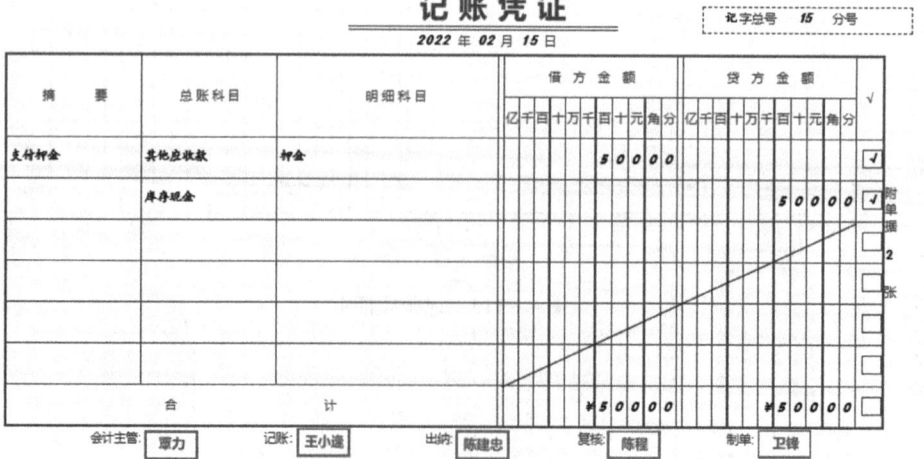

图 4-116　记账凭证 4

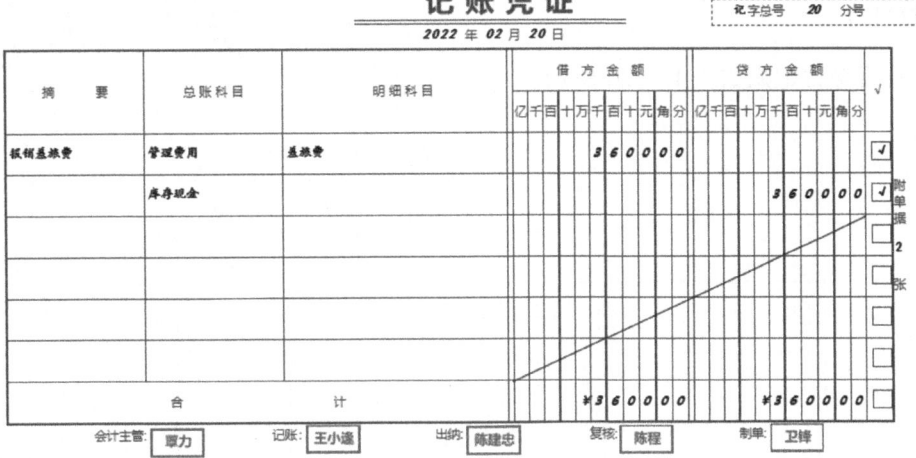

图 4-117 记账凭证 5

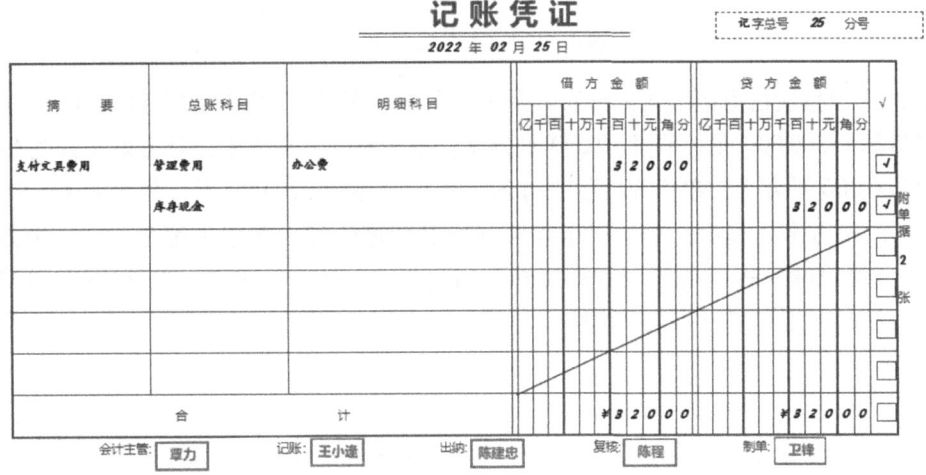

图 4-118 记账凭证 6

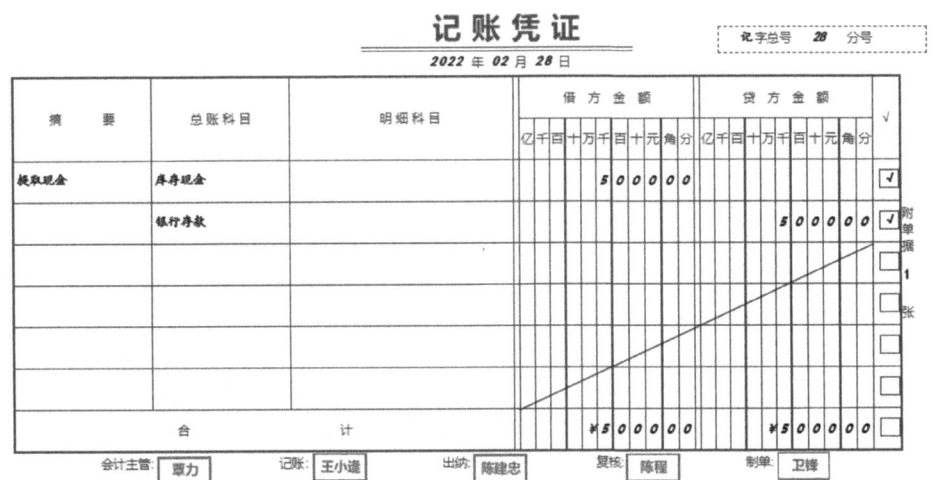

图 4-119 记账凭证 7

※ 实验材料

库存现金日记账如图 4－120 所示。

库存现金日记账 第 1 页

年		凭证		票据号数	摘要	借方	贷方	余额	核对
月	日	种类	号数			百十万千百十元角分	百十万千百十元角分	百十万千百十元角分	
									□
									□
									□
									□
									□
									□
									□
									□

图 4－120 库存现金日记账

5. 北京宏盛股份有限公司的库存商品——压缩板材账户 2022 年 03 月 01 日期初资料：借方发生额为 800 000 元，数量 10 000 平方米，单价 80 元/平方米；贷方发生额为 640 000 元，数量 6 000 平方米，单价 80 元/平方米；期末余额为 320 000 元，数量 4 000 平方米，单价 80 元/平方米（提示：本公司压缩板材所有的进价和出库单价都是 80 元/平方米）。根据上述库存商品——压缩板材期初资料及相关背景资料（见图 4－121 和图 4－122）登记库存商品——压缩板材明细分类账（见图 4－123）。

※ 背景资料

2022 年 3 月库存商品——压缩板材相关业务记账凭证如图 4－121 和图 4－122 所示。

记账凭证

2022 年 03 月 05 日 记字总号 06 分号

摘要	总账科目	明细科目	借方金额（亿千百十万千百十元角分）	贷方金额（亿千百十万千百十元角分）	√
购买商品-压缩板材	库存商品	压缩板材	160000000		√
入库（数量2000	在途物资			160000000	√
0平方，单价80元					
）					
合计			¥160000000	¥160000000	

附单据 2 张

会计主管：覃力 记账：王小莲 出纳： 复核：陈程 制单：卫锋

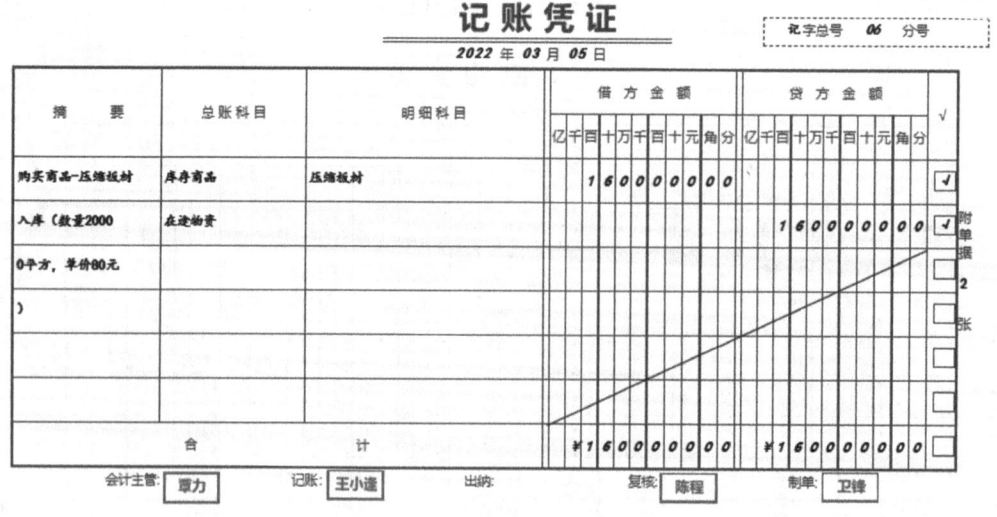

图 4－121 库存商品记账凭证 1

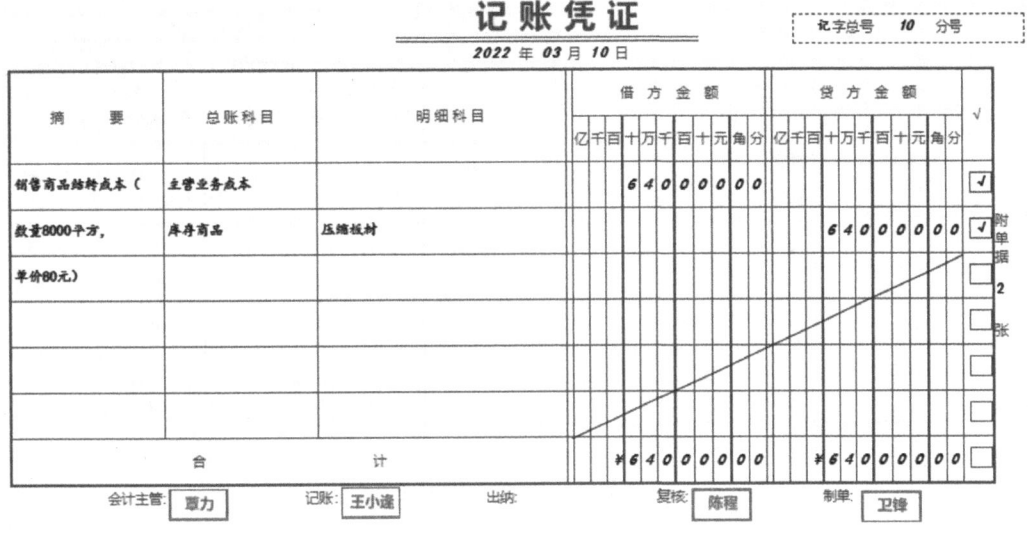

图 4－122　库存商品记账凭证 2

※ **实验材料**

库存商品——压缩板材明细分类账如图 4－123 所示。

图 4－123　库存商品——压缩板材明细分类账

6. 北京宏盛股份有限公司 2022 年 02 月 01 日管理费用明细分类账期初借方发生额和贷方发生额均为 18 752.00 元。根据上述管理费用明细分类账的期初资料及背景资料（见图 4－124 至图 4－128），登记管理费用明细分类账（见图 4－129）。

※ **背景资料**

管理费用 2022 年 02 月经济业务记账凭证如图 4－124 至图 4－128 所示。

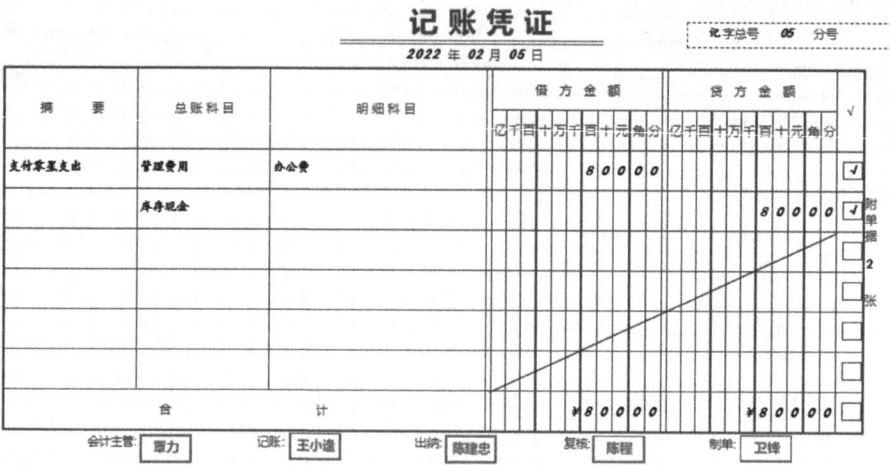

图 4-124　管理费用记账凭证 1

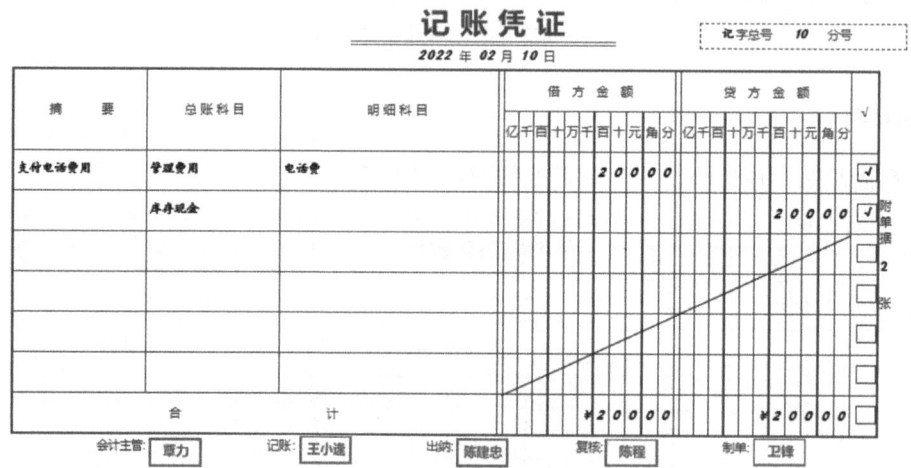

图 4-125　管理费用记账凭证 2

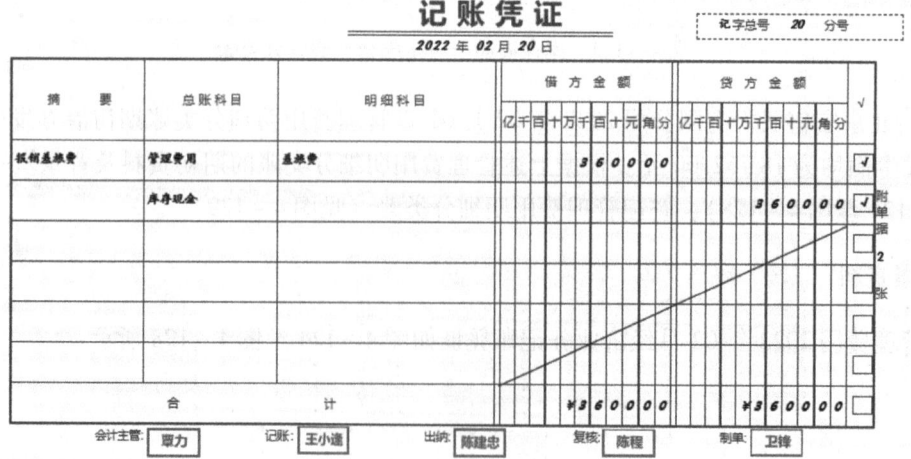

图 4-126　管理费用记账凭证 3

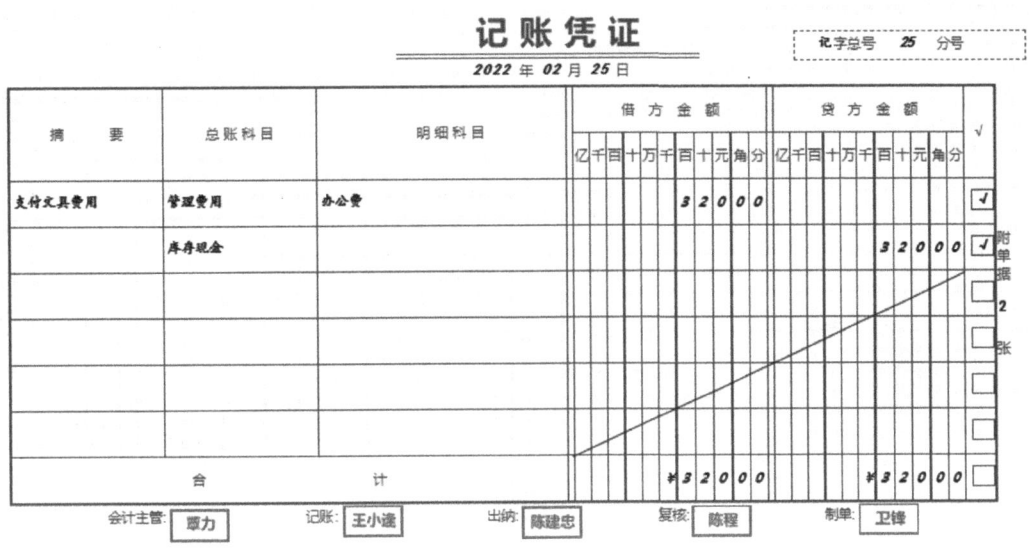

图4-127 管理费用记账凭证4

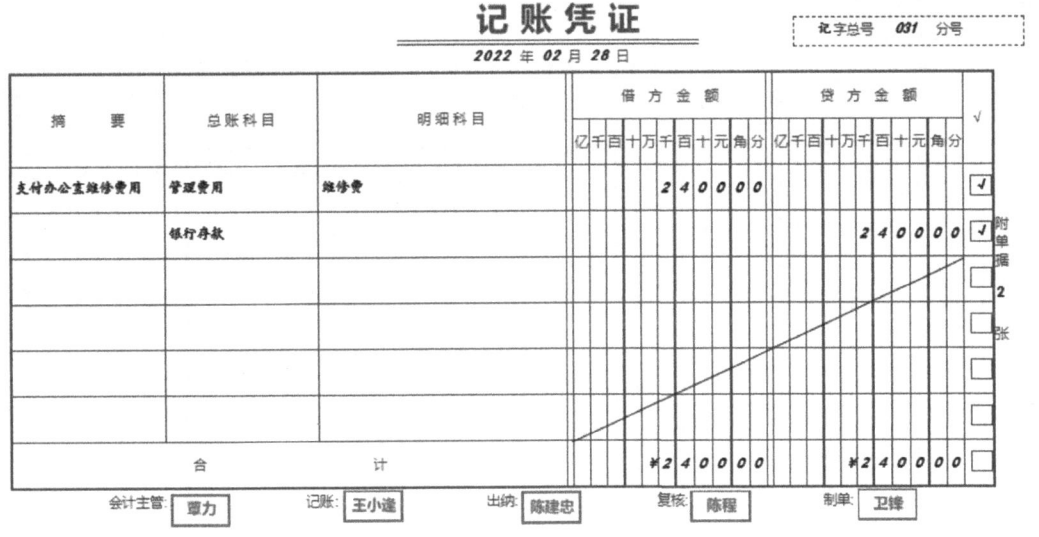

图4-128 管理费用记账凭证5

※ **实验材料**

管理费用明细分类账如图4-129所示。

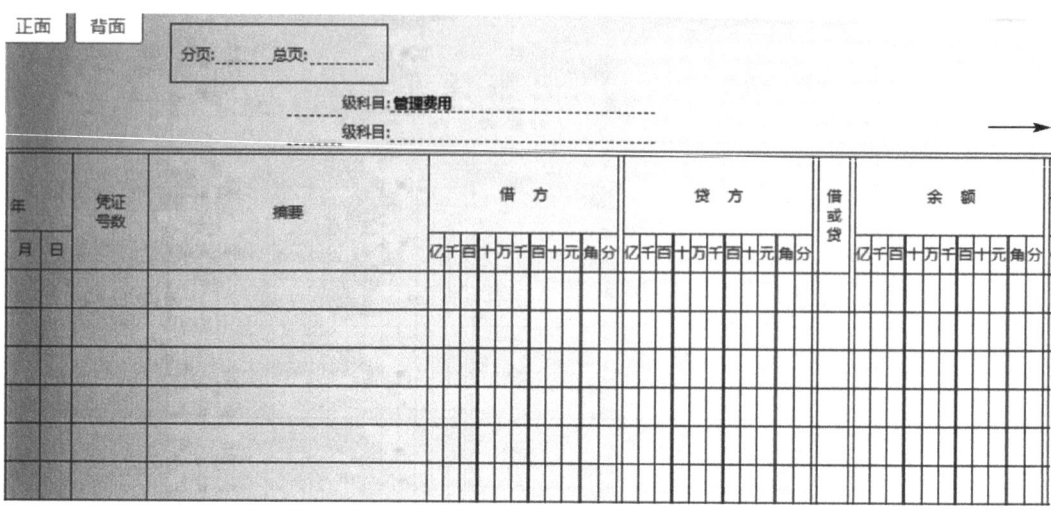

左图

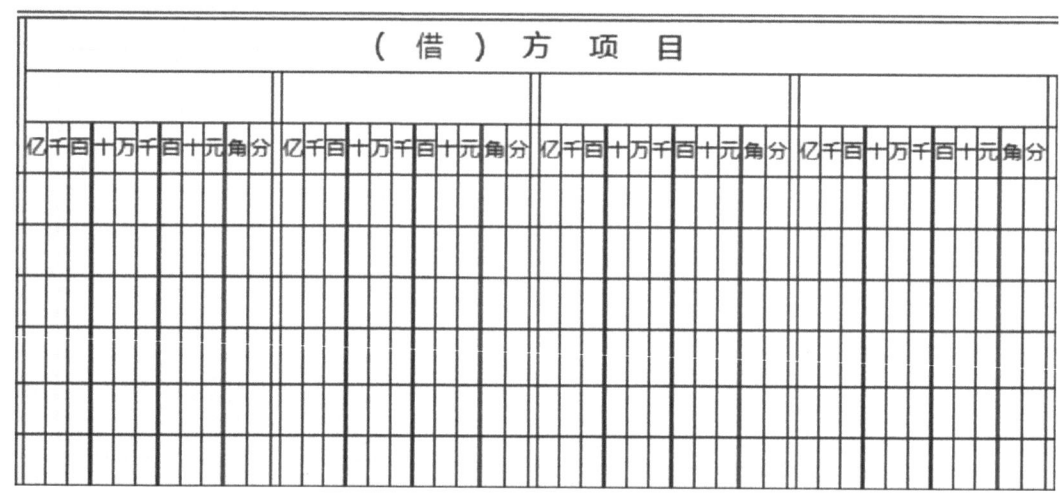

右图

图 4-129 管理费用明细分类账

7. 根据北京宏盛股份有限公司 2022 年 03 月 01 日至 03 月 31 日科目汇总表（见图 4-130）登记相关账户总分类账（见图 4-131 至图 4-138）。

※ **背景资料（实验材料）**

2022 年 03 月 01 日至 03 月 31 日科目汇总表如图 4-130 所示。

2022 年 03 月 01 日有关账户总分类账期初余额见图 4-131 至图 4-138。

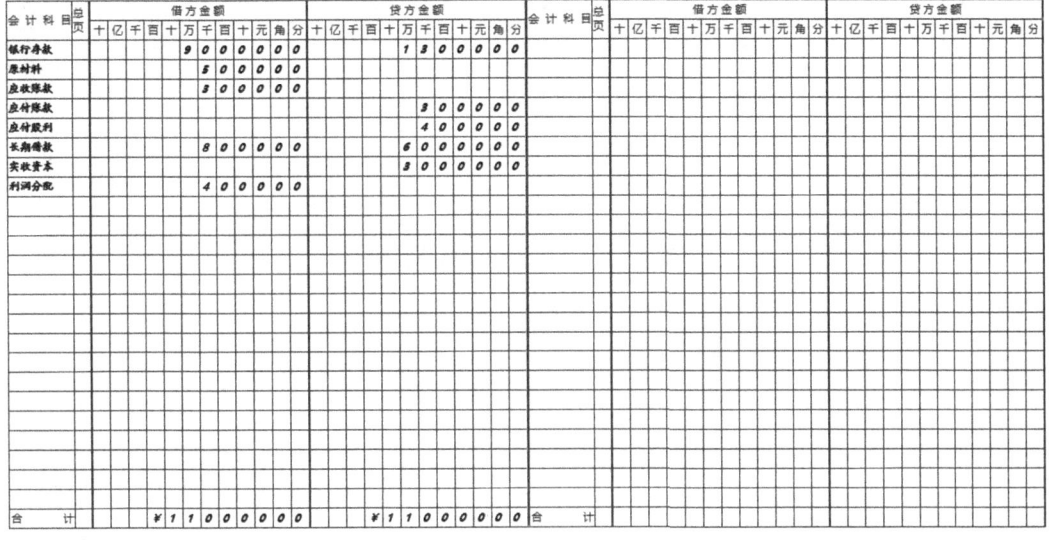

图 4-130 科目汇总表

图 4-131 银行存款总分类账

图 4-132 原材料总分类账

13 页

总分类账

科目: 应收账款

2022年 月	日	凭证 字	号	摘要	√	借方	贷方	借或贷	余额
03	01			承前页	□			借	2600000
					□				
					□				

图 4－133　应收账款总分类账

22 页

总分类账

科目: 应付账款

2022年 月	日	凭证 字	号	摘要	√	借方	贷方	借或贷	余额
03	01			承前页	□			贷	470000
					□				
					□				

图 4－134　应付账款总分类账

30 页

总分类账

科目: 应付股利

2022年 月	日	凭证 字	号	摘要	√	借方	贷方	借或贷	余额
03	01			承前页	□			贷	200000
					□				
					□				

图 4－135　应付股利总分类账

32 页

总分类账

科目: 长期借款

2022年 月	日	凭证 字	号	摘要	√	借方	贷方	借或贷	余额
03	01			承前页	□			贷	8000000
					□				
					□				

图 4－136　长期借款总分类账

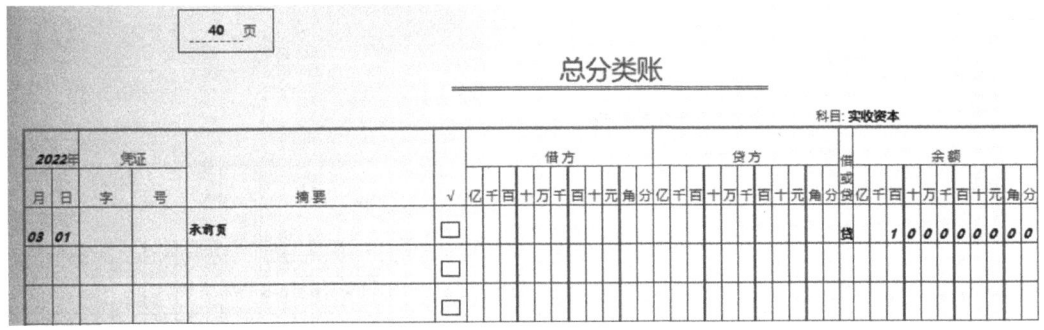

图 4-137 实收资本总分类账

图 4-138 利润分配总分类账

8. 根据资料（见图 4-139 至图 4-140）对库存现金日记账（见图 4-139）、管理费用明细分类账（见图 4-140）进行 2022 年 02 月月结操作。对应收账款总分类账（见图 4-141）账簿进行 2022 年年结操作。

※ **背景资料（实验材料）**

库存现金日记账、管理费用明细分类账和应收账款总分类账如图 4-139 至图 4-141 所示。

图 4-139 库存现金日记账

正面　背面

分页：　　总页：

一级科目：管理费用

级科目：

2022年 月	日	凭证号数	摘要	借方（亿千百十万千百十元角分）	贷方（亿千百十万千百十元角分）	借或贷	余额（亿千百十万千百十元角分）
02	01		承前页	1875200	1875200	平	000
02	05	记005	支付零星支出	80000		借	80000
02	10	记010	支付电话费	20000		借	100000
02	20	记020	报销差旅费	360000		借	460000
02	26	记026	购买文具费用	32000		借	492000
02	28	记031	支付修理费	240000		借	732000
02	28	记40	结转管理费用		732000	平	000

左图

管理费用明细分类账

（借）方项目			
办公费（亿千百十万千百十元角分）	电话费（亿千百十万千百十元角分）	差旅费（亿千百十万千百十元角分）	维修费（亿千百十万千百十元角分）
80000			
	20000		
		360000	
32000			
			2400000

右图

图 4－140　管理费用明细分类账

图 4-141 应收账款总分类账

9. 北京嘉泰股份有限公司 2022 年 03 月末将管理费用账户余额结转到本年利润账户，会计人员编制了记账凭证（见图 4-142），并根据记账凭证登记入管理费用及本年利润账簿（见图 4-143 和图 4-144）。经审核，该凭证会计科目借贷方向颠倒，请采用红字更正法进行更正（实验材料见图 4-145 和图 4-146）。

※ **背景资料**

2022 年 3 月原记账凭证如图 4-142 所示。

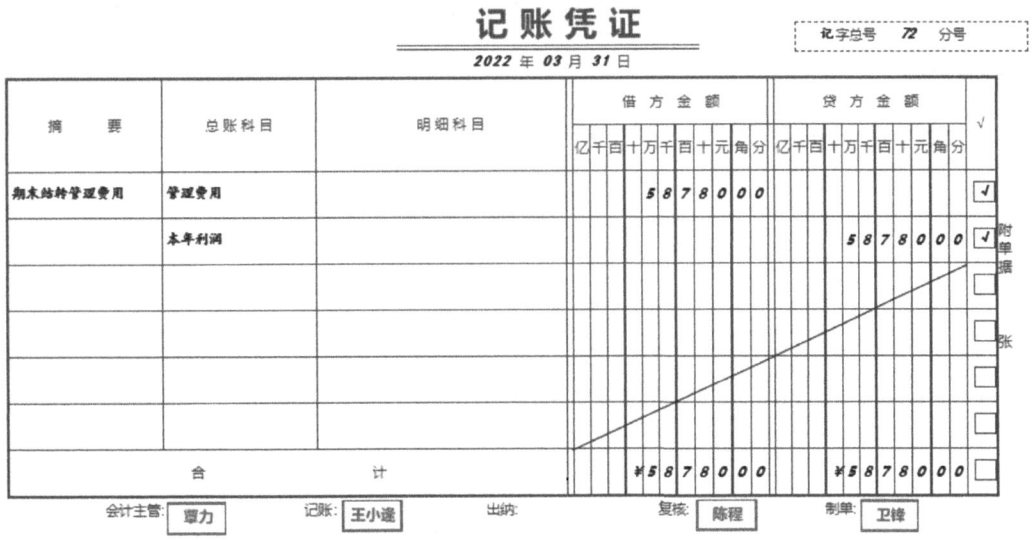

图 4-142 原记账凭证

原记账凭证据以入账，如图 4-143 和图 4-144 所示（实验材料）。

225

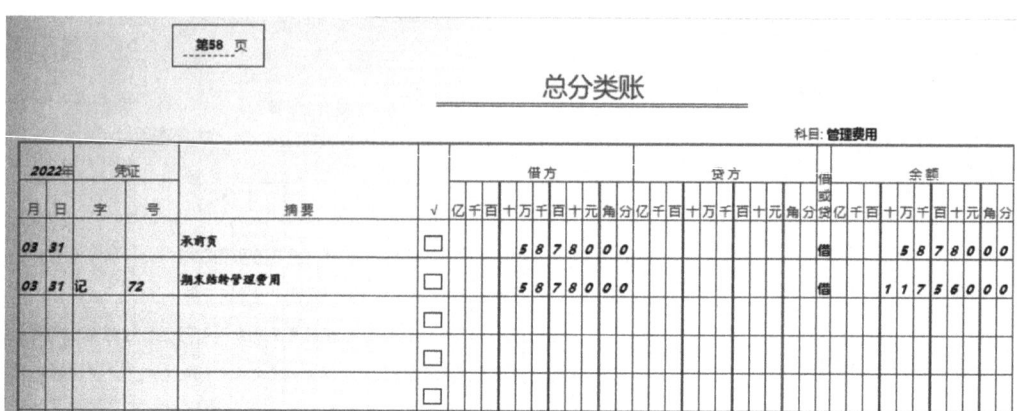

图 4-143 管理费用总账

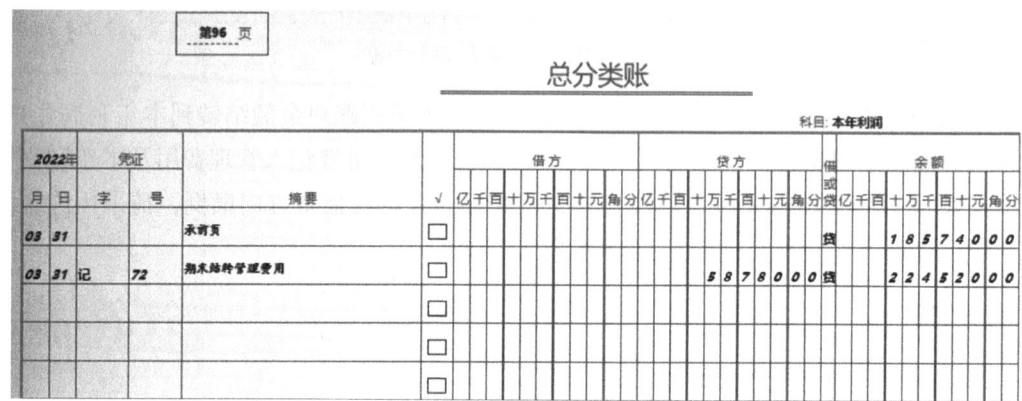

图 4-144 本年利润总账

※ 实验材料

更正错误的记账凭证如图 4-145 和图 4-146 所示

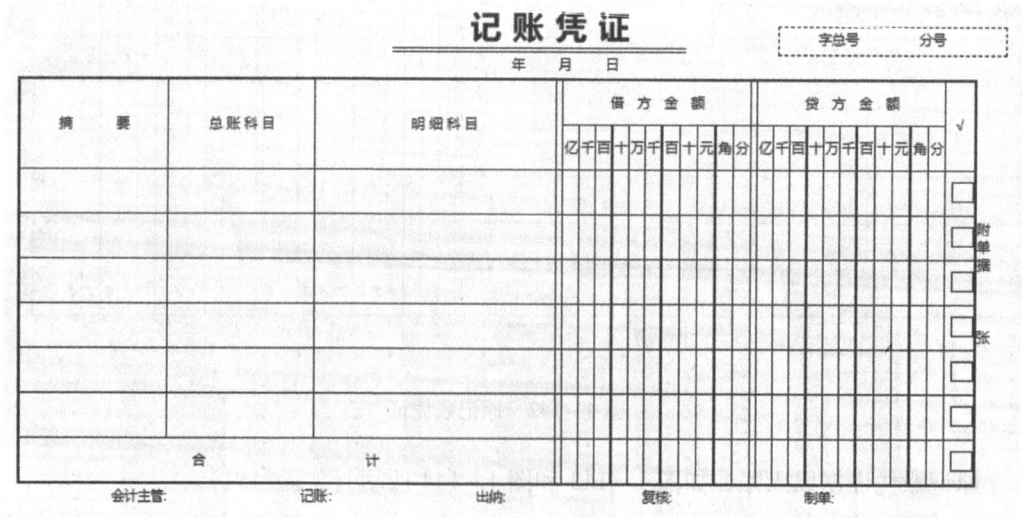

图 4-145 更正凭证 1

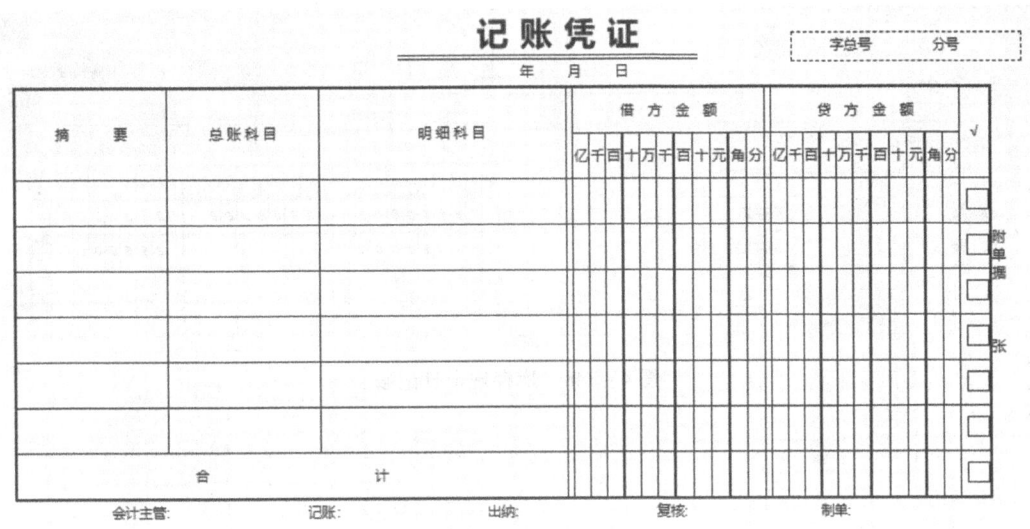

图 4－146　更正凭证 2

更正错误的记账凭证据以入账，见图 4－143 和图 4－144。

10. 北京嘉泰股份有限公司 2022 年 05 月 10 日收到购买材料企业交来包装物押金 5 000 元，公司会计人员根据原始凭证编制了记账凭证（见图 4－147），并根据记账凭证登记现金日记账及其他应付款总分类账（见图 4－148 和图 4－149）。05 月 20 日经核查，发现记账凭证少记金额 4 500 元，请采用补充登记法进行更正（实验材料见图 4－150，以及图 4－148 和图 4－149）。

※ **背景资料**

2022 年 5 月原记账凭证如图 4－147 所示。

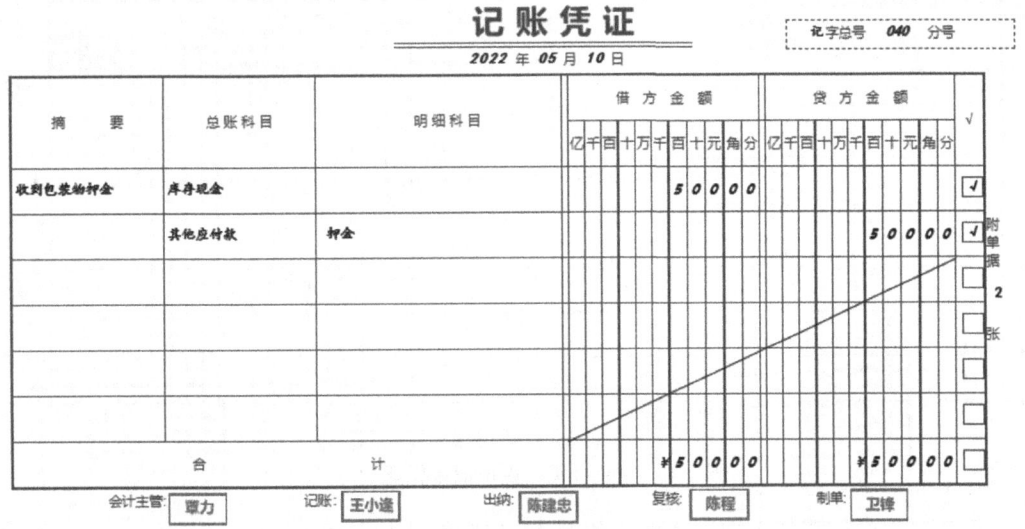

图 4－147　原记账凭证

原记账凭证据以入账，如图 4－148 和图 4－149 所示（实验材料）。

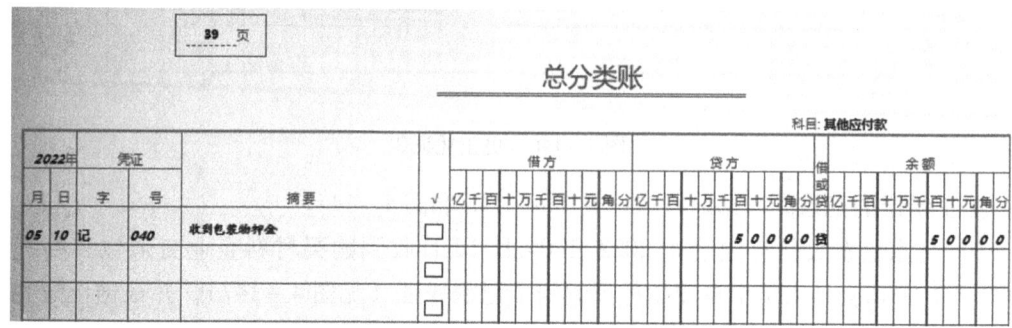

库存现金日记账　　第 8 页

2022年 月	日	凭证 种类	号数	票据号数	摘要	借方（百十万千百十元角分）	贷方（百十万千百十元角分）	余额（百十万千百十元角分）	核对
05	10				承前页	5160000	2860000	2300000	□
05	10	记	040		收到包装物押金	50000		2350000	□
									□
									□

图 4－148　库存现金日记账

39 页

总分类账

科目：其他应付款

2022年 月	日	凭证 字	号	摘要	√	借方（亿千百十万千百十元角分）	贷方（亿千百十万千百十元角分）	借或贷	余额（亿千百十万千百十元角分）
05	10	记	040	收到包装物押金	□		50000	贷	50000
					□				
					□				

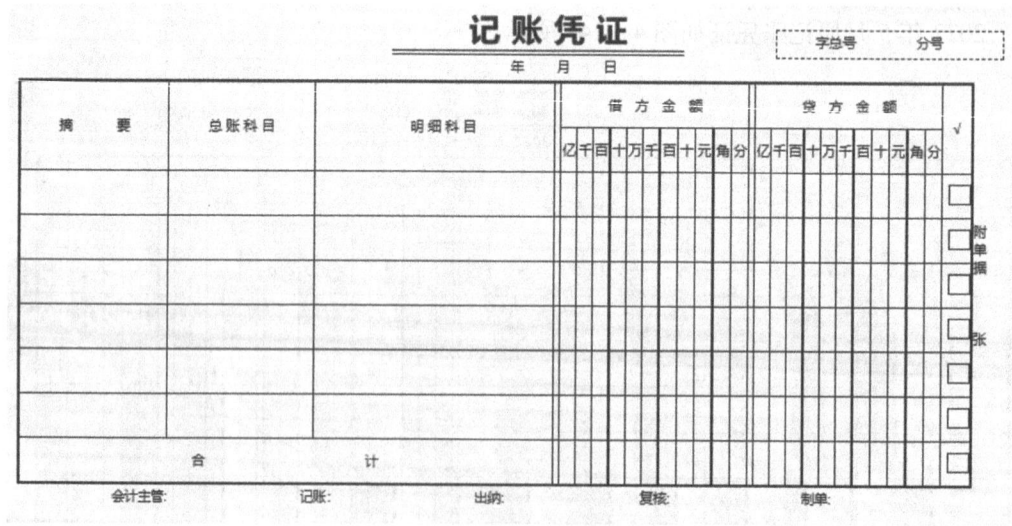

图 4－149　其他应付款总分类账

※ 实验材料

更正错误的记账凭证如图 4－150 所示。

记账凭证

年　月　日　　字总号　分号

摘要	总账科目	明细科目	借方金额（亿千百十万千百十元角分）	贷方金额（亿千百十万千百十元角分）	√
					□
					□
					□
					□
					□
					□
合计					□

附单据　张

会计主管：　记账：　出纳：　复核：　制单：

图 4－150　更正记账凭证

更正错误的记账凭证据以入账，如图 4－148 和图 4－149 所示。

第 5 章 会计报表的编制

在会计核算工作中,企业通过填制和审核会计凭证,登记账簿,把各项经济业务完整、连续、系统地登记在会计账簿中,但账簿提供的信息仍旧是分散的、零碎的信息,不能通过账簿记录揭示和反映企业特定会计期间经营活动及财务收支全貌。因此,在每个会计期末应根据账簿记录的内容,按照规定的内容、格式及编制方法,做进一步的归集、加工、汇总,形成一套全面、综合反映企业财务会计信息的系统文件,通常包括完整的报表体系及相关的文字说明。在会计实务中,编制会计报表是对会计凭证和会计账簿等日常核算资料所做的最后一步技术处理,会计报表体系所提供的会计信息,与凭证、账簿相比更为集中、概括、系统,使用上更为方便。

会计报表是以日常核算资料为依据,总括地反映会计主体在一定日期或一定会计期间的财务状况、经营成果和现金流量的总结性书面文件。会计报表至少应该包括资产负债表、利润表、现金流量表、所有者权益变动表及报表附注。其中附注是对资产负债表、利润表、现金流量表等报表中列示项目所做的进一步说明,以及对未能在报表中列示项目的说明等。通过编制报表附注可以对会计报表本身做补充说明。完整的会计报表可以更全面、系统地反映企业财务状况、经营成果和现金流量信息,有助于向决策者提供更为有用的会计信息,做出科学合理的决策。本章重点介绍资产负债表及利润表。

实验 5.1 资产负债表的编制

5.1.1 实验目的

在了解财务报表的作用、分类及编制要求的基础上,进一步了解资产负债表的概念与作用,熟悉资产负债表的一般格式以及资产负债表各项目具体列示内容,掌握资产负债表编制的基本方法。

5.1.2 预备知识

1. 资产负债表的概念

资产负债表是指反映企业某一时点(特定日期)的财务状况的财务报表。资产负债表反映了企业资产、负债、所有者权益总额及其构成。资产负债表根据"资产=负债+所有者权益"这一会计恒等式,依照一定的分类标准和顺序,将企业在某一特定日期的全部资产、负债和所有者权益进行适当的分类、汇总、排列后编制而成。

2. 资产负债表的列报内容

资产负债表列报包括资产、负债、所有者权益三方面内容。

（1）资产

资产负债表中资产是反映由过去的交易或事项形成并由企业在某一特定日期所拥有或控制的，预期给企业带来经济利益的资源。资产类至少应当列报流动资产、非流动资产以及资产的合计项目。

（2）负债

资产负债表中负债是指企业过去的交易或事项形成的、预期会导致经济利益流出企业的现时义务。负债类至少应该列报流动负债、非流动负债以及负债的合计项目。

（3）所有者权益

资产负债表中所有者权益是指企业资产扣除负债后由所有者享有的剩余权益。所有者权益按其构成内容不同分为实收资本（或股本）、其他权益工具、资本公积、其他综合收益、盈余公积和未分配利润。

3. 资产负债表的格式

资产负债表由表头和表体两部分组成。表头部分应列明报表名称、编制单位名称、资产负债表日、报表编号和计量单位；表体部分反映资产、负债和所有者权益的内容。其中，表体部分是资产负债表的主体和核心，各项资产、负债按流动性排列，所有者权益项目按稳定性排列。

资产负债表的格式主要有账户式和报告式两种。在我国，资产负债表采用账户式格式，格式如图5-1所示。

账户式资产负债表将报表分为左右两方，左方列示资产项目，并按资产流动性强弱依次有序排列；右方列示负债及所有者权益项目，先列示负债，并按流动性有序排列，后列示所有者权益，并按稳定性排列。根据会计恒等式"资产=负债+所有者权益"，资产项目金额合计数与负债及所有者权益项目金额合计数保持平衡。

4. 资产负债表的填列方法

资产负债表的各项目都必须填列"期末余额"与"上年年末余额"两栏。

（1）"上年年末余额"栏的填列方法

资产负债表的"上年年末余额"栏通常根据上年末有关项目的期末余额填列，且与上年末资产负债表"期末余额"栏一致。如果企业上年度资产负债表规定的项目名称和内容与本年度不一致，应当对上年年末资产负债表相关项目的名称和数字按照本年度的规定进行调整后填入"上年年末余额"栏。

（2）"期末余额"栏的填列方法

资产负债表"期末余额"栏内各项数字，一般应根据资产、负债和所有者权益类账户的期末余额填列，具体方法如下：

①根据总账账户期末余额直接填列

资产负债表中如"交易性金融资产""递延所得税资产""短期借款""交易性金融负债""递延所得税负债""实收资本""资本公积""盈余公积"项目，根据各总账账户期末余额直接填列。

②根据同类总账账户余额计算填列

"货币资金" = "库存现金"+"银行存款"+"其他货币资金"。

资产负债表

会企01表

编制单位：　　　　　　　　　　　　　　　年　月　日　　　　　　　　　　　　　　　单位：元

资产	行次	期末余额	上年年末余额	负债和所有者权益（或股东权益）	行次	期末余额	上年年末余额
流动资产：				流动负债：			
货币资金	1			短期借款	35		
交易性金融资产	2			交易性金融负债	36		
衍生金融资产	3			衍生金融负债	37		
应收票据	4			应付票据	38		
应收账款	5			应付账款	39		
应收款项融资	6			预收款项	40		
预付款项	7			合同负债	41		
其他应收款	8			应付职工薪酬	42		
存货	9			应交税费	43		
合同资产	10			其他应付款	44		
持有待售资产	11			持有待售负债	45		
一年内到期的非流动资产	12			一年内到期的非流动负债	46		
其他流动资产	13			其他流动负债	47		
流动资产合计	14			流动负债合计	48		
非流动资产：				非流动负债：			
债权投资	15			长期借款	49		
其他债权投资	16			应付债券	50		
长期应收款	17			其中：优先股	51		
长期股权投资	18			永续债	52		
其他权益工具投资	19			租赁负债	53		
其他非流动金融资产	20			长期应付款	54		
投资性房地产	21			预计负债	55		
固定资产	22			递延收益	56		
在建工程	23			递延所得税负债	57		
生产性生物资产	24			其他非流动负债	58		
油气资产	25			非流动负债合计	59		
使用权资产	26			负债合计	60		
无形资产	27			所有者权益（或股东权益）：			
开发支出	28			实收资本（或股本）	61		
商誉	29			其他权益工具	62		
长期待摊费用	30			其中：优先股	63		
递延所得税资产	31			永续债	64		
其他非流动资产	32			资本公积	65		
非流动资产合计	33			减：库存股	66		
				其他综合收益	67		
				专项储备	68		
				盈余公积	69		
				未分配利润	70		
				所有者权益（或股东权益）合计	71		
资产总计	34			负债和所有者权益（或股东权益）总计	72		

单位负责人：　　　　　　主管会计工作负责人：　　　　　　会计机构负责人：

图5-1　账户式资产负债表

③根据明细账期末余额分析计算填列

资产负债表中部分项目的"期末余额"栏金额需要根据有关账户明细分类账期末余额分析计算填列。

"应付账款"="应付账款"明细分类账户期末贷方余额+"预付账款"明细分类账户期末贷方余额。

"应收账款"="应收账款"明细分类账户期末借方余额+"预收账款"明细分类账户期末借方余额-"坏账准备"账户中相关坏账准备期末余额。

"预收账款"="预收账款"明细分类账户期末贷方余额+"应收账款"账户明细分类账户期末贷方余额。

"预付款项"="预付账款"明细分类账户期末借方余额(如有坏账准备需减去相关坏账准备)+"应付账款"明细分类账户期末借方余额。

"开发支出"项目,需要根据"研发支出"账户中所属的"资本化支出"明细账户期末余额计算填列。

"应付职工薪酬"项目,需要根据"应付职工薪酬"所属明细账户期末余额计算填列。

"一年内到期的非流动资产"项目及"一年内到期的非流动负债",需要根据非流动资产和非流动负债相关明细账户期末余额计算填列。

"未分配利润"项目,需要根据"利润分配"账户中所属的"未分配利润"明细账户期末余额计算填列。

④根据总账与明细账期末余额分析计算填列

资产负债表中部分项目的"期末余额"栏金额需要根据有关账户总账期末余额和所属明细分类账期末余额分析计算填列。

"长期借款"="长期借款"总账账户余额-"长期借款"账户所属明细账户中将在一年内到期、且企业不能自主将清偿义务延期的数额。

"长期待摊费用"="长期待摊费用"总账账户余额-"长期待摊费用"账户所属明细账户中将在一年内(含一年)摊销的金额。

"其他非流动资产"=相关其他非流动资产账户余额-一年内(含一年)收回金额。

"其他非流动负债"=相关其他非流动负债账户余额-一年内(含一年)到期偿还金额。

⑤根据有关总账账户期末余额减去其备抵账户余额后的净额填列

资产负债表中部分项目的"期末余额"栏金额按有关账户期末余额减去其备抵调整账户余额后的净额填列。

"应收票据""应收账款""长期股权投资""在建工程"等项目根据上述账户期末余额减去相关账户"坏账准备""减值准备"等备抵账户余额后的净额填列。

"存货"是根据"在途物资""材料采购""原材料""周转材料""生产成本""库存商品""委托加工物资""材料成本差异"(借方余额为加,贷方余额为减)等账户期末余额相加后,再减去"存货跌价准备"账户期末余额后的净额列示。

"固定资产"、"投资性房地产"等项目根据上述账户期末余额减去相关账户"累计折旧""相关资产减值准备"等备抵账户余额以及"固定资产清理"期末账户余额后的净额填列。

"无形资产"根据账户期末余额减去"累计摊销""无形资产减值准备"备抵账户余额的净额填列。

"投资性房地产"（采用成本模式计量）根据账户期末余额减去"投资性房地产累计折旧""投资性房地产减值准备"备抵账户余额的净额填列。

⑥根据表内已填列项目计算填列

对表内已填列项目数额进行计算后填列。如"流动资产合计""非流动资产合计""资产总计""流动负债合计""非流动负债合计""负债合计""所有者权益合计""负债和所有者权益总计"项目的填列。

5. 资产负债表各项目具体填列方法

（1）资产项目的填列方法

①"货币资金"

"货币资金"项目，反映企业库存现金、银行存款、外埠存款、银行汇票存款、银行本票存款、信用卡存款、信用证保证金存款等合计数。本项目根据"库存现金""银行存款""其他货币资金"总账账户期末余额合计数填列。

②"交易性金融资产"

"交易性金融资产"项目，反映企业资产负债表日分类为以公允价值计量且其变动计入当期损益的金融资产的期末账面价值。本项目应根据"交易性金融资产"账户的相关明细账户期末余额分析填列。

③"应收票据"

"应收票据"项目，反映资产负债表日以摊余成本计量的，企业因销售商品、提供劳务等收到的商业汇票，包括银行承兑汇票和商业承兑汇票。本项目应根据"应收票据"账户的期末余额，减去"坏账准备"账户中相关坏账准备期末余额后的净额填列。

④"应收账款"

"应收账款"项目，反映资产负债表日以摊余成本计量的，企业因销售商品、提供劳务等应收取的款项。本项目应根据"应收账款"明细账户的期末借方余额，加上"预收账款"明细账户的期末借方余额，减去"坏账准备"账户中相关坏账准备期末余额后的净额分析计算填列。

⑤"应收款项融资"

"应收款项融资"项目，反映资产负债表日以公允价值计量且其变动计入其他综合收益的应收票据和应收账款等。

⑥"预付账款"

"预付账款"项目，反映企业按照购货合同规定预付给供应单位的款项。本项目应根据"预付账款"明细账户的期末借方余额，加上"应付账款"明细账户的期末借方余额，减去"坏账准备"账户中相关坏账准备期末余额后的净额分析计算填列。

⑦ "其他应收款"

"其他应收款"项目，反映企业除应收票据、应收账款、预付账款等经营活动以外的其他各种应收、暂付的款项。本项目应根据"应收利息""应收股利""其他应收款"账户期末余额合计数，减去"坏账准备"账户中相关坏账准备期末余额后的净额分析计算填列。

⑧ "存货"

"存货"项目，反映企业期末在库、在途和加工中的各种存货的可变现净值或成本。存货包括各种材料、商品、在产品、半成品、包装物、低值易耗品、发出商品等，本项目是根据"原材料""库存商品""委托加工物资""周转材料""发出商品""材料采购""在途物资""生产成本""受托代销商品"等账户期末余额合计数减去"受托代销商品款""存货跌价准备"账户期末余额后的净额填列。材料采用计划成本核算，以及库存商品采用计划成本核算或售价核算企业，还应该加或减"材料成本差异""商品进销差价"账户期末余额后的金额填列。

⑨ "合同资产"

"合同资产"项目，反映企业按照《企业会计准则第14号——收入》（2018）的相关规定，根据本企业履行履约义务与客户付款之间的关系在资产负债表中列示的合同资产。本项目应根据"合同资产"账户的相关明细账户期末余额分析计算填列。

⑩ "持有待售资产"

"持有待售资产"项目，反映资产负债表日划分为持有待售类别的非流动资产以及划分为持有待售类别的处置组中的流动资产和非流动资产的期末账面价值。本项目应根据"持有待售资产"账户的期末余额，减去"持有待售资产减值准备"账户期末余额后的净额填列。

⑫ "一年内到期的非流动资产"

"一年内到期的非流动资产"项目，反映企业自资产负债表日起一年内变现的非流动资产项目金额。本项目应根据有关账户期末余额分析填列。

⑬ "债权投资"

"债权投资"项目，反映资产负债表日企业以摊余成本计量的长期债权投资的账面价值，该项目应根据"债权投资"账户的相关明细账户期末余额，减去"债权投资减值准备"账户中相关减值准备的期末余额后的净额分析填列。自资产负债表日起一年内到期的长期债权投资的期末账面价值，在"一年内到期的非流动资产"项目反映。企业购入的以摊余成本计量的一年内到期的债权投资的期末账面价值，在"其他流动资产"项目中反映。

⑭ "其他债权投资"

"其他债权投资"项目，反映资产负债表日企业分类为以公允价值计量且其变动计入其他综合收益的长期债权投资的账面价值，该项目应根据"其他债权投资"账户的相关明细账户期末余额分析填列。自资产负债表日起一年内到期的长期债权投资的期末账面价值，在"一年内到期的非流动资产"项目反映。企业购入的以公允价值计量且其变动计入其他综合收益的一年内到期的长期债权投资的期末账面价值，在"其他流动资产"项目中反映。

⑮ "长期应收款"

"长期应收款"项目，反映企业租赁产生的应收款项和采用递延方式分期收款、实质上具有融资性质的销售商品和提供劳务等经营活动产生的应收款项。本项目应根据"长期应收款"账户期末余额，减去相应"未实现融资收益"账户和"坏账准备"所属相关明细账户期末余额后的净额填列。

⑯ "长期股权投资"

"长期股权投资"项目，反映投资方对被投资单位实施控制、重大影响的权益性投资，以及对其合营企业的权益性投资。本项目应根据"长期股权投资"账户期末余额，减去相应"长期股权投资减值准备"账户的期末余额后的净额填列。

⑰ "其他权益工具投资"

"其他权益工具投资"项目，反映资产负债表日企业指定为以公允价值计量且其变动计入其他综合收益的非交易性权益工具投资的期末账面价值。本项目应根据"其他权益工具投资"账户期末余额填列。

⑱ "固定资产"

"固定资产"项目，反映资产负债表日企业固定资产的期末账面价值和企业尚未清理完毕的固定资产清理净损益。本项目应根据"固定资产"账户期末余额减去"累计折旧"和"固定资产减值准备"账户期末余额以及"固定资产清理"期末账户余额后的净额填列。

⑲ "在建工程"

"在建工程"项目，反映资产负债表日企业尚未达到预定可使用状态的在建工程的期末账面价值和企业为在建工程准备的各种物资的期末账面价值。本项目应根据"在建工程"账户期末余额减去"在建工程减值准备"账户期末余额的金额，以及"工程物资"账户的期末余额，减去"工程物资减值准备"账户的期末余额后的净额填列。

⑳ "使用权资产"

"使用权资产"项目，反映资产负债表日承租人企业持有的使用权资产的期末账面价值。本项目应根据"使用权资产"账户期末余额减去"使用权累计折旧"和"使用权资产减值准备"账户期末余额的净额填列。

㉑ "无形资产"

"无形资产"项目，反映资产负债表日企业持有的专利权、非专利技术、商标权、著作权、土地使用权等无形资产的成本减去累计摊销和减值准备后的净值。本项目应根据"无形资产"账户期末余额减去"累计摊销"和"无形资产减值准备"账户期末余额的净额填列。

㉒ "开发支出"

"开发支出"项目，反映企业开发无形资产过程中能够资本化形成无形资产成本的支出部分。本项目应根据"研发支出"账户所属的"资本化支出"明细账户期末余额填列。

㉓ "长期待摊费用"

"长期待摊费用"项目，反映企业已经发生但应由本期和以后各期负担的期限在一年以上的各项费用。该项目应根据"长期待摊费用"账户的期末余额减去将于一年内（含一年）摊销的数额后的金额分析填列。长期待摊费用的摊销年限只剩一年或不足一年，或预计在一年内（含一年）进行摊销的部分，不得归类为流动资产，仍在非流动资产项目中列报。

㉔"递延所得税资产"

"递延所得税资产"项目，反映企业根据所得税准则确认的可抵扣暂时性差异产生的所得税资产。本项目应根据"递延所得税资产"账户期末余额填列。

㉕"其他非流动资产"

"其他非流动资产"项目，反映企业除上述非流动资产以外的其他非流动资产。本项目根据相关账户期末余额填列。

（2）负债项目的填列方法

① "短期借款"

"短期借款"项目，反映企业向银行或其他金融机构借入的期限在一年以内（含一年）的各种借款金融。本项目根据"短期借款"总账账户期末余额填列。

② "交易性金融负债"

"交易性金融负债"项目，反映企业资产负债表日承担的交易性金融负债，以及企业以公允价值计量且其变动计入当期损益的金融负债的期末账面价值。本项目应根据"交易性金融负债"账户的相关明细账户期末余额分析填列。

③ "应付票据"

"应付票据"项目，反映资产负债表日以摊余成本计量的，企业因购买商品、接受劳务等开出的商业汇票，包括银行承兑汇票和商业承兑汇票。本项目应根据"应付票据"账户的期末余额填列。

④ "应付账款"

"应付账款"项目，反映资产负债表日以摊余成本计量的，企业因购买商品、接受劳务等应支付的款项。本项目应根据"应付账款"明细账户的期末贷方余额，"预付账款"明细分类账户期末贷方余额分析计算填列。

⑤ "预收账款"

"预收账款"项目，反映企业按照购货合同规定预收的款项。本项目应根据"预收账款"明细分类账户的期末贷方余额，加上"应收账款"明细分类账户期末贷方余额分析计算填列。

⑥ "合同负债"

"合同负债"项目，反映企业已收或应收客户对价而应向客户转让商品的义务。根据本企业履行履约义务与客户付款之间的关系在资产负债表中列示为合同负债，"合同负债"项目根据相关明细分类账户期末余额分析填列。

⑦ "应付职工薪酬"

"应付职工薪酬"项目，反映企业为获得职工提供的服务或解除劳动关系而给予的各种形式的报酬或补偿。本项目应根据"应付职工薪酬"所属明细分类账户期末贷方余额分析填列。

⑧ "应交税费"

"应交税费"项目，反映企业按照税法的相关规定计算应缴纳的各种税费，包括增值税、消费税、城市建设维护税、教育费附加、企业所得税、资源税、土地增值税、房产税、城镇土地使用税、车船税、环境保护税等。企业代扣代缴的个人所得税也通过本项目列示。本项目应根据"应交税费"账户的期末贷方余额填列。"应交税费"所属"应交增值税""未交增值税""待抵扣进项税额""待认证进行税额""增值税留抵税额"等明细分类账户有借方余额，应根据实际在资产负债表中"其他流动资产"或"其他非流动资产"项目填列；"待转销项税额"等明细账户贷方余额应在资产负债表中"其他流动负债"或"其他非流动负债"项目列示。"应交税费"账户下的"未交增值税""简易计税""转让金融商品应交增值税""代扣代交增值税"等账户贷方余额应在资产负债表中"应交税费"项目列示。

⑨ "其他应付款"

"其他应付款"项目，反映企业除应付票据、应付账款、预收账款、应付职工薪酬、应交税费等经营活动以外的其他各项应付、暂收款项。该项目应根据"应付利息"、"应付股利"、"其他应付款"账户期末余额合计数填列。

⑩ "持有待售负债"

"持有待售负债"项目，反映资产负债表日处置组中与划分为持有待售类别的资产直接相关的负债的期末账面价值。本项目应根据"持有待售负债"账户的期末余额填列。

⑪ "一年内到期的非流动负债"

"一年内到期的非流动负债"项目，反映企业非流动负债中将于资产负债表日起一年内到期的非流动负债项目金额。本项目应根据有关账户期末余额分析填列。

⑫ "长期借款"

"长期借款"项目，反映企业向银行或其他金融机构借入的期限在一年以内（不含一年）的各种借款。本项目根据"长期借款"总账账户期末余额填列。"长期借款"账户中所属的明细分类账户中将在一年内到期且企业不能自主将清偿义务展期的长期借款不列入本项目。

⑬ "应付债券"

"应付债券"项目，反映企业为筹集长期资金而发行的债券本金及应付的利息。本项目应根据"应付债券"账户的期末余额分析填列。

⑭ "租赁负债"

"租赁负债"项目，反映资产负债表日承租人企业尚未支付的租赁付款额的期末账面价值。本项目应根据"租赁负债"账户的期末余额填列。自资产负债表日起一年内应予以清偿的租赁负债的期末账面价值，在"一年内到期的非流动负债"项目中列示。

⑮ "长期应付款"

"长期应付款"项目，本项目应根据"长期应付款"账户的期末余额，减去"未确认融资费用"账户期末余额的金额，以及"专项应付款"账户的期末余额分析计算填列。

⑯ "预计负债"

"预计负债"项目，反映企业根据或有事项等相关准则确认的各项预计负债。本项目应根据"预计负债"账户的期末余额填列。

⑰ "递延收益"

"递延收益"项目，反映企业尚待确认的收入或收益。本项目应根据"递延收益"账户的期末余额填列。本项目中摊销年限只剩一年或不足一年，或预计在一年内（含一年）进行摊销的部分，不得归类为流动负债，仍在本项目中填列。

⑱ "递延所得税负债"

"递延所得税负债"项目，反映企业根据所得税准则确认的应纳税暂时性差异产生的所得税负债。本项目应根据"递延所得税负债"账户期末余额填列。

⑲ "其他非流动负债"

"其他非流动负债"项目，反映企业除上述非流动负债以外的其他非流动负债。本项目根据相关账户期末余额填列。

（3）所有者权益项目的填列方法

① "实收资本（或股本）"

"实收资本（或股本）"项目，反映企业各投资者实际投入的资本（或股本）总额。本项目根据"实收资本（或股本）"账户期末余额填列。

② "其他权益工具"

"其他权益工具"项目，反映企业发行除普通股以外分类为权益工具的金融工具的账面价值。本项目下设"优先股"和"永续债"两个项目，根据相关账户期末余额填列。

③ "资本公积"

"资本公积"项目，反映企业收到投资者出资超出其在注册资本或股本中所占的份额以及直接计入所有者权益的利得和损失。本项目根据"资本公积"账户期末余额填列。

④ "其他综合收益"

"其他综合收益"项目，反映企业其他综合收益的期末余额。本项目根据"其他综合收益"账户期末余额填列。

⑤ "专项储备"

"专项储备"项目，反映高危行业企业按照国家规定提前的安全生产费用的期末余额。本项目根据"专项储备"账户期末余额填列。

⑥ "盈余公积"

"盈余公积"项目，反映企业盈余公积的期末余额。本项目根据"盈余公积"账户期末余额填列。

⑦ "未分配利润"

"未分配利润"项目，反映企业尚未分配利润的金额。本项目应根据"利润分配"账户所属的"未分配利润"明细科目余额填列。未弥补亏损在本项目内以"－"号填列。

5.1.3 实验案例

根据广东威士达有限公司 2022 年 12 月 31 日各总账账户及所属明细分类账余额资料

（见表5-1），编制该公司2022年12月31日资产负债表（见图5-2）。（单位负责人：陈星；主管会计工作负责人：林舒；会计机构负责人：覃力）

※ **背景资料**

表5-1　总分类账户余额表

编制单位：广东威士达有限公司　　　　2022年12月31日　　　　　　　　　　单位：元

科目名称	借方余额	账户名称	贷方余额
库存现金	2 000	短期借款	0
银行存款	120 000	应付票据	30 000
其他货币资金	34 000	应付账款	86 000
交易性金融资产	48 000	预收账款	0
应收账款	65 000	应付职工薪酬	58 600
应收票据	50 000	其他应付款	4 500
预付账款	28 000	应交税费	7 800
其他应收款	7 800	长期借款	280 000
原材料	58 000	实收资本	100 0000
库存商品	65 000	资本公积	230 000
委托加工产品	25 000	盈余公积	60 000
生产成本	62 800	利润分配	25 700
长期股权投资	356 000	累计折旧	680 000
固定资产	1 250 000	累计摊销	95 000
无形资产	500 000	坏账准备	5 000
		存货跌价准备	59 000

部分明细分类账户余额资料：

（1）应收账款总账所属明细分类账余额。

"应收账款——长青股份有限公司"借方余额40 000元；

"应收账款——沈海股份有限公司"借方余额35 000元；

"应收账款——金元发展有限公司"贷方余额10 000元。

（2）应付账款总账所属明细分类账余额。

"应付账款——金裕股份有限公司"贷方余额90 000元；

"应付账款——万事达制造公司"借方余额4 000元。

（3）预付账款总账所属明细分类账余额。

"预付账款——创新贸易公司"借方余额20 000元；

"预付账款——元鹿明文化公司"借方余额8 000元。

（4）长期借款总分类账贷方余额280 000元，其中80 000元将在一年内到期。

（5）坏账准备总分类账贷方余额5 000元，均为应收账款产生的坏账。

（6）"利润分配——未分配利润"明细分类账贷方余额25 700元。

※ 实验材料

资产负债表

会企01表

编制单位：　　　　　　　　　　　　　年　月　日　　　　　　　　　　　　　单位：元

资产	行次	期末余额	上年年末余额	负债和所有者权益（或股东权益）	行次	期末余额	上年年末余额
流动资产：				流动负债：			
货币资金	1			短期借款	35		
交易性金融资产	2			交易性金融负债	36		
衍生金融资产	3			衍生金融负债	37		
应收票据	4			应付票据	38		
应收账款	5			应付账款	39		
应收款项融资	6			预收款项	40		
预付款项	7			合同负债	41		
其他应收款	8			应付职工薪酬	42		
存货	9			应交税费	43		
合同资产	10			其他应付款	44		
持有待售资产	11			持有待售负债	45		
一年内到期的非流动资产	12			一年内到期的非流动负债	46		
其他流动资产	13			其他流动负债	47		
流动资产合计	14			流动负债合计	48		
非流动资产：				非流动负债：			
债权投资	15			长期借款	49		
其他债权投资	16			应付债券	50		
长期应收款	17			其中：优先股	51		
长期股权投资	18			永续债	52		
其他权益工具投资	19			租赁负债	53		
其他非流动金融资产	20			长期应付款	54		
投资性房地产	21			预计负债	55		
固定资产	22			递延收益	56		
在建工程	23			递延所得税负债	57		
生产性生物资产	24			其他非流动负债	58		
油气资产	25			非流动负债合计	59		
使用权资产	26			负债合计	60		
无形资产	27			所有者权益（或股东权益）：			
开发支出	28			实收资本（或股本）	61		
商誉	29			其他权益工具	62		
长期待摊费用	30			其中：优先股	63		
递延所得税资产	31			永续债	64		
其他非流动资产	32			资本公积	65		
非流动资产合计	33			减：库存股	66		
				其他综合收益	67		
				专项储备	68		
				盈余公积	69		
				未分配利润	70		
				所有者权益（或股东权益）合计	71		
资产总计	34			负债和所有者权益（或股东权益）总计	72		

单位负责人：　　　　　　　　主管会计工作负责人：　　　　　　　　会计机构负责人：

图 5-2　资产负债表

5.1.4　实验步骤

（1）填写表头信息：编制单位、编制日期、货币单位。
（2）根据资料填写表内相关项目。

①本例中,直接根据相关账户期末余额填列。

"交易性金融资产"(48 000)、"应收票据"(50 000)、"其他应收款"(7 800)、"长期股权投资"(356 000)、"短期借款"(50 000)、"应付票据"(30 000)、"应付职工薪酬"(58 600)、"应交税费"(7 800)、"其他应付款"(4 500)、"实收资本"(1 000 000)、"资本公积"(230 000)、"盈余公积"(60 000)及"未分配利润"(25 700)等项目是根据相关账户期末余额填列。

②本例中,根据同类总账账户期末余额分析计算填列。

"货币资金":根据"库存现金"、"银行存款"及"其他货币资金"账户期末余额合计填列,即:156 000(2 000 + 120 000 + 34 000)。

③本例中,根据明细账期末余额分析计算填列。

"应收账款":根据"应收账款"明细账户的期末借方余额,"预收账款"明细账户期末借方余额,减去"坏账准备"账户中相关坏账准备期末余额后的净额分析计算填列。即:70 000(40 000 + 35 000 − 5 000)。

"预付账款":根据"预付账款"明细账户的期末借方余额,"应付账款"明细账户期末借方余额,分析计算填列。即:32 000(28 000 + 4 000)。

"应付账款":根据"应付账款"明细账户的期末贷方余额,"预付账款"明细账户期末贷方余额分析计算填列。即应付账款所属明细账贷方余额 90 000 元。

"预收账款":根据"预收账款"明细账户的期末贷方余额,"应收账款"明细账户期末贷方余额分析计算填列。即"预收账款"账户期末无余额,根据"应收账款——金元发展有限公司"贷方余额 10 000 元填列。

④本例中,根据总账与明细分类账期末余额分析计算填列。

"长期借款"及"一年内到期的非流动负债",长期借款总账期末贷方余额 280 000元,但其中 80 000 元将在一年内到期。因此"长期借款"按 200 000 元填列,80 000 元则填列在"一年内到期的非流动负债"项目中。

⑤根据总账账户期末余额减去备抵账户后的净额填列。

"存货":根据"原材料""库存商品""委托加工物资""生产成本"账户期末余额合计数减去"存货跌价准备"账户期末余额后的净额填列。即:151 800(58 000 + 65 000 + 25 000 + 62 800 − 59 000)。

"固定资产":根据"固定资产"账户期末余额减去"累计折旧"账户期末余额后的净额填列。即:570 000(1250 000 − 680 000)。

"无形资产":根据"无形资产"账户期末余额减去"累计摊销"账户期末余额的净额填列。即:405 000(500 000 − 95 000)。

⑥根据表内已填列项目计算填列。

"流动资产合计"515 600(156 000 + 48 000 + 50 000 + 70 000 + 32 000 + 78 00 + 151 800);

"非流动资产合计"1 331 000(356 000 + 570 000 + 405 000);

"资产总计"1 846 600(515 600 + 1 331 000);

"流动负债合计"330 900(50 000 + 30 000 + 90 000 + 10 000 + 58 600 + 7 800 + 4 500 + 80 000);

"非流动负债合计"200 000;

"负债合计"530 900(330 900 + 200 000);

"所有者权益合计"1 315 700(1 000 000 + 230 000 + 60 000 + 25 700);

"负债及所有者权益总计" 1 846 600 （530 900 + 1 315 700）。

（3）相关负责人签名盖章。

以上编制资产负债表的实验结果如图 5-3 所示。

资产负债表

会企01表

编制单位：广东盛士达有限公司　　2022 年 12 月 31 日　　单位：元

资产	行次	期末余额	上年年末余额	负债和所有者权益（或股东权益）	行次	期末余额	上年年末余额
流动资产：				流动负债：			
货币资金	1	156 000		短期借款	35	50 000	
交易性金融资产	2	48 000		交易性金融负债	36		
衍生金融资产	3			衍生金融负债	37		
应收票据	4	50 000		应付票据	38	30 000	
应收账款	5	70 000		应付账款	39	90 000	
应收款项融资	6			预收款项	40	10 000	
预付款项	7	32 000		合同负债	41		
其他应收款	8	7 800		应付职工薪酬	42	58 600	
存货	9	151 800		应交税费	43	7 800	
合同资产	10			其他应付款	44	4 500	
持有待售资产	11			持有待售负债	45		
一年内到期的非流动资产	12			一年内到期的非流动负债	46	80 000	
其他流动资产	13			其他流动负债	47		
流动资产合计	14	515 600		流动负债合计	48	330 900	
非流动资产：				非流动负债：			
债权投资	15			长期借款	49	200 000	
其他债权投资	16			应付债券	50		
长期应收款	17			其中：优先股	51		
长期股权投资	18	356 000		永续债	52		
其他权益工具投资	19			租赁负债	53		
其他非流动金融资产	20			长期应付款	54		
投资性房地产	21			预计负债	55		
固定资产	22	570 000		递延收益	56		
在建工程	23			递延所得税负债	57		
生产性生物资产	24			其他非流动负债	58		
油气资产	25			非流动负债合计	59	200 000	
使用权资产	26			负债合计	60	530 900	
无形资产	27	405 000		所有者权益（或股东权益）：			
开发支出	28			实收资本（或股本）	61	1 000 000	
商誉	29			其他权益工具	62		
长期待摊费用	30			其中：优先股	63		
递延所得税资产	31			永续债	64		
其他非流动资产	32			资本公积	65	230 000	
非流动资产合计	33	1 331 000		减：库存股	66		
				其他综合收益	67		
				专项储备	68		
				盈余公积	69	60 000	
				未分配利润	70	25 700	
				所有者权益（或股东权益）合计	71	1 315 700	
资产总计	34	1 846 600		负债和所有者权益（或股东权益）总计	72	1 846 600	

单位负责人：陈星　　主管会计工作负责人：林舒　　会计机构负责人：覃力

图 5-3　资产负债表

实验 5.2　利润表的编制

5.2.1　实验目的

在了解财务报表的作用、分类及编制要求的基础上，进一步了解利润表的概念与作用，熟悉利润表的一般格式以及利润表各项目具体列示内容，掌握利润表编制的基本方法。

5.2.2　预备知识

1. 利润表的概念

利润表是反映企业在一定会计期间的经营成果的财务报表。一定会计期间包括会计月份、会计季度、半年度及会计年度，经营成果是将一定会计期间的收入与相对应的费用进行配比后的结果，表现为企业的盈利或亏损。利润表以"收入-费用=利润"这一会计等式作为理论依据。

2. 利润表的格式与内容

利润表的格式主要有单步式和多步式两种。单步式利润表将本期各项收入与本期各项费用分别进行合计，直接根据"收入-费用=利润"这一会计等式计算出本期利润净额。单步式利润表编制简单，但收入、费用的性质没有进行区分，不利于报表分析。我国企业采用多步式利润表，多步式利润表将企业一定期间实现的收入和对应发生的各项费用，按其性质进行归类，按照利润形成过程分步计算出本期利润。通过对不同性质的收入和费用进行对比，反映了企业经营成果的不同的来源，有助于报表使用者进行报表分析。多步式利润表逐步计算出净利润。净利润计算步骤如下：

第一步，营业利润=营业收入-营业成本-税金及附加-销售费用-管理费用-研发费用-财务费用-资产减值损失-信用减值损失+公允价值变动收益（-公允价值变动损失）+投资收益（-投资损失）+资产处置收益（-资产处置损失）+其他收益；

第二步，利润总额=营业利润+营业外收入-营业外支出；

第三步，净利润=利润总额-所得税费用。

利润表通常包括表头和表体两部分组成。表头部分应列明报表名称、编制单位名称、编制日期、报表编号和计量单位；表体部分反映形成经营成果的各个项目和计算过程。多步式利润表基本格式如图 5-4 所示。

3. 利润表的填列方法

利润表各项目主要依据各损益类账户的发生额分析填列，各项目均需填列"本期金额"和"上期金额"。利润表中"上期金额"各项目数字，应根据上年度"本期金额"栏内数字填列，如上年度该期利润表规定的各项目名称和内容与本年度不一致，应对上年度该期利润表各项目的名称和数字按照本年度的规定进行调整，填入利润表中"上期金额"栏内。利润表中"本期金额"栏内数字，应当按照相关账户发生额分析填列。

利润表

会企02表

编制单位：　　　　　　　　　　　　年　　月　　　　　　　　　　　　　　单位：元

项目	行次	本期金额	上期金额
一、营业收入	1		
减：营业成本	2		
税金及附加	3		
销售费用	4		
管理费用	5		
研发费用	6		
财务费用	7		
其中：利息费用	8		
利息收入	9		
加：其他收益	10		
投资收益（损失以"-"号填列）	11		
其中：对联营企业和合营企业的投资收益	12		
以摊余成本计量的金融资产终止确认收益（损失以"-"号填列）	13		
净敞口套期收益（损失以"-"号填列）	14		
公允价值变动收益（损失以"-"号填列）	15		
信用减值损失（损失以"-"号填列）	16		
资产减值损失（损失以"-"号填列）	17		
资产处置收益（损失以"-"号填列）	18		
二、营业利润（亏损以"-"号填列）	19		
加：营业外收入	20		
减：营业外支出	21		
三、利润总额（亏损总额以"-"号填列）	22		
减：所得税费用	23		
四、净利润（净亏损以"-"号填列）	24		
（一）持续经营净利润（净亏损以"-"号填列）	25		
（二）终止经营净利润（净亏损以"-"号填列）	26		
五、其他综合收益的税后净额	27		
（一）不能重分类进损益的其他综合收益	28		
1．重新计量设定受益计划变动额	29		
2．权益法下不能转损益的其他综合收益	30		
3．其他权益工具投资公允价值变动	31		
4．企业自身信用风险公允价值变动	32		
……	33		
（二）将重分类进损益的其他综合收益	34		
1．权益法下可转损益的其他综合收益	35		
2．其他债权投资公允价值变动	36		
3．金融资产重分类计入其他综合收益的金额	37		
4．其他债权投资信用减值准备	38		
5．现金流量套期储备	39		
6．外币财务报表折算差额	40		
……	41		
六、综合收益总额	42		
七、每股收益：	43		
（一）基本每股收益	44		
（二）稀释每股收益	45		

单位负责人：　　　　　　主管会计工作负责人：　　　　　　会计机构负责人：

图 5-4　多步式利润表

利润表中各项目"本期金额"栏的填列方法：

（1）"营业收入"

"营业收入"项目，反映企业经营的主要业务和其他业务所取得的收入总额。本项目根据"主营业务收入"和"其他业务收入"账户的发生额计算填列。

（2）"营业成本"

"营业成本"项目，反映企业经营的主要业务和其他业务发生的实际成本，本项目根据"主营业务成本"和"其他业务成本"账户的发生额计算填列。

（3）"税金及附加"

"税金及附加"项目，反映企业日常经营活动应负担的消费税、城市维护建设税、资源税、土地增值税、教育费附加等。本项目根据"税金及附加"账户的发生额分析填列。

（4）"销售费用"

"销售费用"项目，反映企业在销售商品过程中发生的费用以及为销售本企业商品专设的销售机构的职工薪酬、业务费用等经营费用。本项目根据"销售费用"账户的发生额分析填列。

（5）"管理费用"

"管理费用"项目，反映企业日常组织和管理生产经营发生的费用。本项目根据"管理费用"账户的发生额分析填列。

（6）"研发费用"

"研发费用"项目，反映企业研究与开发过程中发生的费用化的支出。本项目根据"管理费用"账户下所属"研发费用"明细账户的发生额以及"管理费用"账户下所属"无形资产摊销"明细账户的发生额分析填列。

（7）"财务费用"

"财务费用"项目，反映企业筹集生产经营所需资金等发生的筹资费用。本项目根据"财务费用"账户的发生额分析填列。

（8）"资产减值损失"

"资产减值损失"项目，反映企业各项资产发生的减值损失，本项目根据"资产减值损失"账户发生额分析填列。

（9）"信用减值损失"

"信用减值损失"项目，反映企业计提的各项金融工具减值准备所形成的预期信用损失，本项目根据"信用减值损失"账户发生额分析填列。

（10）"其他收益"

"其他收益"项目，反映企业计入其他收益的政府补助等。本项目根据"其他收益"账户发生额分析填列。

（11）"投资收益"

"投资收益"项目，反映企业对外投资所取得的收益。本项目根据"其他收益"账户发生额分析填列。如为投资损失，应以"-"号填列。

(12)"净敞口套期收益"

"净敞口套期收益"项目，反映企业净敞口套期下被套期项目累计公允价值变动转让当期损益的金额或现金流量套期储备转让当期损益的金额。本项目根据"净敞口套期收益"账户的发生额分析填列，如为套期损失，应以"-"号填列。

(13)"公允价值变动收益"

"公允价值变动收益"项目，反映企业应计入当期损益的资产或负债公允价值变动收益。本项目根据"公允价值变动损益"账户发生额分析填列，如为公允价值变动损失，应以"-"号填列。

(14)"资产处置收益"

"资产处置收益"项目，反映企业出售划分为持有待售的非流动资产（金融工具、长期股权投资和投资性房地产除外）或处置组（子公司业务除外）时确认的处置利得或损失，以及处置为未划分为持有待售的固定资产、在建工程、生产性生物资产以及无形资产而产生的处置利得或损失，债务重组中因处置非流动资产产生的利得或损失、非货币性资产交换中换出的非流动资产产生的利得或损失也包括在本项目内。本项目项目根据"资产处置损益"账户发生额分析填列，如为处置损失，应以"-"号填列。

(15)"营业利润"

"营业利润"项目，反映企业实现的营业利润。如为亏损，应以"-"号填列。本项目依据前述项目计算金额填列。

(16)"营业外收入"

"营业外收入"项目，反映企业与日常生产经营活动无直接关系的各项利得。本项目根据"营业外收入"账户发生额分析填列。

(17)"营业外支出"

"营业外支出"项目，反映企业与日常生产经营活动无直接关系的各项损失。本项目根据"营业外支出"账户发生额分析填列。

(18)"利润总额"

"利润总额"项目，反映企业实现的利润总额。如为亏损，应以"-"号填列。本项目依据"营业利润"项目加上"营业外收入"项目减去"营业外支出"项目计算填列。

(19)"所得税费用"

"所得税费用"项目，反映企业按规定从本年利润总额中扣除的所得税费用，根据"所得税费用"账户发生额分析填列。

(20)"净利润"

"净利润"项目，反映企业实现的净利润。如为亏损，应以"-"号填列。本项目依据"利润总额"项目减去"所得税费用"项目计算填列。

(21)"其他综合收益的税后净额"

"其他综合收益的税后净额"项目，反映企业根据企业会计准则规定未在损益中确认的各项利得和损失扣除所得税影响后的净额。

(22) "综合收益总额"

"综合收益总额"项目,反映企业净利润与其他综合收益(税后净额)的合计金额。

(23) "每股收益"

"每股收益"项目,包括基本每股收益与稀释每股收益两项指标,反映普通股或潜在普通股已公开交易的企业,以及正处于公开发行普通股或潜在普通股过程中的企业每股收益的信息。

5.2.3 实验案例

根据广东泰和股份有限公司2022年12月相关损益类账户发生额(见表5-2)资料,编制该公司2022年12月利润表(见图5-5)。(单位负责人:陈星;主管会计工作负责人:林舒;会计机构负责人:覃力)

※ 背景资料

表5-2 损益类账户发生额表

编制单位:广东泰和股份有限公司　　　　2022年12月　　　　　　　　　　　单位:元

会计科目	借方发生额	贷方发生额
主营业务收入		856 300
其他业务收入		35 000
主营业务成本	458 000	
其他业务成本	20 000	
税金及附加	18 450	
销售费用	100 900	
管理费用	83 000	
财务费用	51 000	3 800
投资收益	7 300	30 000
资产减值损失	15 000	
营业外收入		3 800
营业外支出	6 000	
所得税费用	8 465	

※ 实验材料

利润表

会企02表

编制单位：　　　　　　　　　　年　　月　　　　　　　　　　　　　单位：元

项　目	行次	本期金额	上期金额
一、营业收入	1		
减：营业成本	2		
税金及附加	3		
销售费用	4		
管理费用	5		
研发费用	6		
财务费用	7		
其中：利息费用	8		
利息收入	9		
加：其他收益	10		
投资收益（损失以"-"号填列）	11		
其中：对联营企业和合营企业的投资收益	12		
以摊余成本计量的金融资产终止确认收益（损失以"-"号填列）	13		
净敞口套期收益（损失以"-"号填列）	14		
公允价值变动收益（损失以"-"号填列）	15		
信用减值损失（损失以"-"号填列）	16		
资产减值损失（损失以"-"号填列）	17		
资产处置收益（损失以"-"号填列）	18		
二、营业利润（亏损以"-"号填列）	19		
加：营业外收入	20		
减：营业外支出	21		
三、利润总额（亏损总额以"-"号填列）	22		
减：所得税费用	23		
四、净利润（净亏损以"-"号填列）	24		
（一）持续经营净利润（净亏损以"-"号填列）	25		
（二）终止经营净利润（净亏损以"-"号填列）	26		
五、其他综合收益的税后净额	27		
（一）不能重分类进损益的其他综合收益	28		
1. 重新计量设定受益计划变动额	29		
2. 权益法下不能转损益的其他综合收益	30		
3. 其他权益工具投资公允价值变动	31		
4. 企业自身信用风险公允价值变动	32		
……	33		
（二）将重分类进损益的其他综合收益	34		
1. 权益法下可转损益的其他综合收益	35		
2. 其他债权投资公允价值变动	36		
3. 金融资产重分类计入其他综合收益的金额	37		
4. 其他债权投资信用减值准备	38		
5. 现金流量套期储备	39		
6. 外币财务报表折算差额	40		
……	41		
六、综合收益总额	42		
七、每股收益：	43		
（一）基本每股收益	44		
（二）稀释每股收益	45		

单位负责人：　　　　　主管会计工作负责人：　　　　　会计机构负责人：

图 5-5　利润表

5.2.4 实验步骤

(1) 填写表头信息：编制单位、编制日期、货币单位。
(2) 根据资料数据填写表内相关项目。

①本例中，下列各项直接根据相关损益类账户发生额填列。

"税金及附加"（18 450）、"管理费用"（83 000）、"销售费用"（100 900）、"资产减值损失"（-15 000）、"营业外收入"（3 800）、"营业外支出"（6 000）、"所得税费用"（8 465）根据各损益类账户发生额直接填列。

②本例中，下列各项根据相关损益类账户借贷方发生额计算填列。

"营业收入"根据"主营业务收入"账户（856 300）和"其他业务收入"账户（35 000）的发生额计算填列，即：891 300（856 300 + 35 000）。

"营业成本"根据"主营业务成本"账户（458 000）和"其他业务成本"账户（20 000）的发生额计算填列，即：478 000（458 000 + 20 000）。

"财务费用"根据"财务费用"借发生额（51 000）和"财务费用"贷发生额（3 800）计算填列，即：47 200（51 000 - 3 800）。"财务费用"贷方发生额为利息收入。

"投资收益"根据"投资收益"借方发生额（7 300）和"投资收益"贷方发生额（30 000）计算填列，即：22 700（30 000 - 7 300）。

③下列各项根据表内项目计算填列。

"营业利润"、"利润总额"、"净利润"根据各表内项目计算填列。

"营业利润" 171 450（891 300 - 478 000 - 18 450 - 100 900 - 83 000 - 47 200 + 22 700 - 15 000）；

"利润总额" 169 250（171 450 + 3 800 - 6 000）；

"净利润" 16 0785（169 250 - 8 465）。

(3) 相关人员签字盖章。

以上编制利润表的实验结果如图 5-6 所示。

利润表

会企02表

编制单位：广东泰和股份有限公司　　2022年12月　　　　　　　　　　　　　　　　单位：元

项目	行次	本期金额	上期金额
一、营业收入	1	891 300	
减：营业成本	2	478 000	
税金及附加	3	18 450	
销售费用	4	100 900	
管理费用	5	83 000	
研发费用	6		
财务费用	7	47 200	
其中：利息费用	8	51 000	
利息收入	9	3 800	
加：其他收益	10		
投资收益（损失以"-"号填列）	11	22 700	
其中：对联营企业和合营企业的投资收益	12		
以摊余成本计量的金融资产终止确认收益（损失以"-"号填列）	13		
净敞口套期收益（损失以"-"号填列）	14		
公允价值变动收益（损失以"-"号填列）	15		
信用减值损失（损失以"-"号填列）	16		
资产减值损失（损失以"-"号填列）	17	-15 000	
资产处置收益（损失以"-"号填列）	18		
二、营业利润（亏损以"-"号填列）	19	171 450	
加：营业外收入	20	3 800	
减：营业外支出	21	6 000	
三、利润总额（亏损总额以"-"号填列）	22	169 250	
减：所得税费用	23	8 465	
四、净利润（净亏损以"-"号填列）	24	160 785	
（一）持续经营净利润（净亏损以"-"号填列）	25		
（二）终止经营净利润（净亏损以"-"号填列）	26		
五、其他综合收益的税后净额	27		
（一）不能重分类进损益的其他综合收益	28		
1. 重新计量设定受益计划变动额	29		
2. 权益法下不能转损益的其他综合收益	30		
3. 其他权益工具投资公允价值变动	31		
4. 企业自身信用风险公允价值变动	32		
……	33		
（二）将重分类进损益的其他综合收益	34		
1. 权益法下可转损益的其他综合收益	35		
2. 其他债权投资公允价值变动	36		
3. 金融资产重分类计入其他综合收益的金额	37		
4. 其他债权投资信用减值准备	38		
5. 现金流量套期储备	39		
6. 外币财务报表折算差额	40		
……	41		
六、综合收益总额	42		
七、每股收益：	43		
（一）基本每股收益	44		
（二）稀释每股收益	45		

单位负责人：陈星　　主管会计工作负责人：林舒　　会计机构负责人：覃力

图 5-6　利润表

练习题

1. 资产负债表的编制

根据宏远机械制造有限公司 2022 年 12 月 31 日各总分类账账户（见表 5 - 3）及所属明细分类账账户余额表资料，编制该公司 2022 年 12 月 31 日资产负债表（见图 5 - 7）。（单位负责人：王小逢；主管会计工作负责人：林舒；会计机构负责人：卫锋）

※ **背景资料**

表 5 - 3　总分类账户余额表

编制单位：宏远机械制造有限公司　　　2022 年 12 月 31 日　　　　　　　　　单位：元

账户名称	借方余额	账户名称	贷方余额
库存现金	10 000	短期借款	120 000
银行存款	120 000	应付票据	90 000
其他货币资金	20 000	应付账款	66 000
交易性金融资产	0	预收账款	3 000
应收账款	136 000	应付职工薪酬	145 000
应收票据	0	其他应付款	0
预付账款	0	应交税费	8 600
其他应收款	6 000	应付债券	700 000
原材料	280 000	长期借款	180 000
库存商品	420 000	实收资本	1 500 000
委托加工产品	0	资本公积	200 000
生产成本	240 000	盈余公积	34 000
长期股权投资	0	利润分配	123 000
固定资产	2 000 000	累计折旧	320 000
无形资产	353 000	累计摊销	80 000
递延所得税资产	74 600	坏账准备	20 000
		存货跌价准备	80 000

部分明细分类账户余额资料：

(1) 应收账款总账所属明细分类账余额。

"应收账款——A 公司"借方余额 100 000 元；

"应收账款——B 公司"借方余额 45 000 元；

"应收账款——C 公司"贷方余额 9 000 元。

(2) 应付账款总账所属明细分类账余额。

"应付账款——E 公司"借方余额 14 000 元；

"应付账款——F 公司"贷方余额 80 000 元。

(3) 预付账款总账所属明细分类账余额。

"预付账款——H公司"借方余额5 000元；

"预付账款——I公司"贷方余额5 000元。

（4）预收账款总账所属明细分类账余额。

"预收账款——J公司"借方余额2 000元；

"预收账款——K公司"贷方余额5 000元。

（5）应付债券总分类账贷方余额700 000元，其中200 000元将在一年内到期。

（6）坏账准备总分类账贷方余额20 000元，均为应收账款产生的坏账。

※ **实验材料**

资产负债表

会企01表

编制单位：　　　　　　　　　　　　年　月　日　　　　　　　　　　　　单位：元

资产	行次	期末余额	上年年末余额	负债和所有者权益（或股东权益）	行次	期末余额	上年年末余额
流动资产：				流动负债：			
货币资金	1			短期借款	35		
交易性金融资产	2			交易性金融负债	36		
衍生金融资产	3			衍生金融负债	37		
应收票据	4			应付票据	38		
应收账款	5			应付账款	39		
应收款项融资	6			预收款项	40		
预付款项	7			合同负债	41		
其他应收款	8			应付职工薪酬	42		
存货	9			应交税费	43		
合同资产	10			其他应付款	44		
持有待售资产	11			持有待售负债	45		
一年内到期的非流动资产	12			一年内到期的非流动负债	46		
其他流动资产	13			其他流动负债	47		
流动资产合计	14			流动负债合计	48		
非流动资产：				非流动负债：			
债权投资	15			长期借款	49		
其他债权投资	16			应付债券	50		
长期应收款	17			其中：优先股	51		
长期股权投资	18			永续债	52		
其他权益工具投资	19			租赁负债	53		
其他非流动金融资产	20			长期应付款	54		
投资性房地产	21			预计负债	55		
固定资产	22			递延收益	56		
在建工程	23			递延所得税负债	57		
生产性生物资产	24			其他非流动负债	58		
油气资产	25			非流动负债合计	59		
使用权资产	26			负债合计	60		
无形资产	27			所有者权益（或股东权益）：			
开发支出	28			实收资本（或股本）	61		
商誉	29			其他权益工具	62		
长期待摊费用	30			其中：优先股	63		
递延所得税资产	31			永续债	64		
其他非流动资产	32			资本公积	65		
非流动资产合计	33			减：库存股	66		
				其他综合收益	67		
				专项储备	68		
				盈余公积	69		
				未分配利润	70		
				所有者权益（或股东权益）合计	71		
资产总计	34			负债和所有者权益（或股东权益）总计	72		

单位负责人：　　　　　　主管会计工作负责人：　　　　　　会计机构负责人：

图5-7　资产负债表

2. 利润表的编制

根据宏远机械制造有限公司 2022 年 06 月相关损益类账户发生额资料（见表 5-4），编制该公司 2022 年 06 月利润表（见图 5-8）。（单位负责人：王小逢；主管会计工作负责人：林舒；会计机构负责人：卫锋）

※ 背景资料

表 5-4 损益类账户发生额表

编制单位：宏远机械制造有限公司　　　　2022 年 06 月　　　　　　　　　　　　单位：元

会计账户	借方发生额	贷方发生额
主营业务收入		843 000
其他业务收入		100 000
主营业务成本	453 000	
其他业务成本	50 000	
税金及附加	12 600	
销售费用	75 000	
管理费用	65 000	
财务费用	47 000	
投资收益	20 000	
资产减值损失	7 200	
营业外收入		35 000
营业外支出	4 500	
所得税费用	17 000	

※ 实验材料

利 润 表

会企02表

编制单位：　　　　　　　　　年　月　　　　　　　　　　　　　单位：元

项目	行次	本期金额	上期金额
一、营业收入	1		
减：营业成本	2		
税金及附加	3		
销售费用	4		
管理费用	5		
研发费用	6		
财务费用	7		
其中：利息费用	8		
利息收入	9		
加：其他收益	10		
投资收益（损失以"-"号填列）	11		
其中：对联营企业和合营企业的投资收益	12		
以摊余成本计量的金融资产终止确认收益（损失以"-"号填列）	13		
净敞口套期收益（损失以"-"号填列）	14		
公允价值变动收益（损失以"-"号填列）	15		
信用减值损失（损失以"-"号填列）	16		
资产减值损失（损失以"-"号填列）	17		
资产处置收益（损失以"-"号填列）	18		
二、营业利润（亏损以"-"号填列）	19		
加：营业外收入	20		
减：营业外支出	21		
三、利润总额（亏损总额以"-"号填列）	22		
减：所得税费用	23		
四、净利润（净亏损以"-"号填列）	24		
（一）持续经营净利润（净亏损以"-"号填列）	25		
（二）终止经营净利润（净亏损以"-"号填列）	26		
五、其他综合收益的税后净额	27		
（一）不能重分类进损益的其他综合收益	28		
1. 重新计量设定受益计划变动额	29		
2. 权益法下不能转损益的其他综合收益	30		
3. 其他权益工具投资公允价值变动	31		
4. 企业自身信用风险公允价值变动	32		
……	33		
（二）将重分类进损益的其他综合收益	34		
1. 权益法下可转损益的其他综合收益	35		
2. 其他债权投资公允价值变动	36		
3. 金融资产重分类计入其他综合收益的金额	37		
4. 其他债权投资信用减值准备	38		
5. 现金流量套期储备	39		
6. 外币财务报表折算差额	40		
……	41		
六、综合收益总额	42		
七、每股收益：	43		
（一）基本每股收益	44		
（二）稀释每股收益	45		

单位负责人：　　　　　　主管会计工作负责人：　　　　　　会计机构负责人：

图 5-8　利润表

第 6 章 账务处理程序

账务处理程序，又称会计核算形式、会计核算组织程序，是指会计凭证、会计账簿、财务报表相结合的方式，包括账簿组织和记账程序。账簿组织是指会计凭证和会计账簿的种类、格式，会计凭证与账簿之间的联系方法；记账程序是指由填制、审核原始凭证到填制、审核记账凭证，登记日记账、明细分类账和总分类账，编制财务报表的工作程序和方法等。

不同的账簿组织、记账程序和记账方法及其不同的结合方式，形成了不同种类的账务处理程序。根据我国会计工作的实践，目前在会计实务中企业常用的账务处理程序主要有以下三种：记账凭证账务处理程序、科目汇总表账务处理程序和汇总记账凭证账务处理程序。它们之间的主要区别为登记总分类账的依据和方法不同。

实验 6.1　记账凭证账务处理程序

6.1.1　实验目的

通过该实验，了解记账凭证账务处理程序及其特点，熟悉在记账凭证账务处理程序下凭证的设置、账簿的组织以及记账程序的基本内容，并能熟练掌握其操作的基本程序和根据记账凭证登记总分类账的方法。

6.1.2　预备知识

1. 记账凭证账务处理程序及其特点

记账凭证账务处理程序，是指对发生的经济业务，根据原始凭证或汇总原始凭证编制记账凭证，并直接根据记账凭证登记总分类账的一种会计核算形式。记账凭证账务处理程序是根据每张记账凭证来分别登记总账的，直接根据记账凭证逐笔登记总分类账既是其特点，也是其名称的由来。它是最基本的账务处理程序，其他几种账务处理程序都是在记账凭证账务处理程序的基础上，根据经济管理的需要发展起来的。

2. 记账凭证账务处理程序的凭证和账簿组织

在记账凭证账务处理程序下，凭证和账簿应如下设置：①记账凭证一般采用收款凭证、付款凭证和转账凭证三种格式（规模较小的企业也可以采用通用记账凭证）。②设置并采用"三栏式"的现金日记账和银行存款日记账。③明细分类账根据内容和管理上的要求，分别采用"三栏式""数量金额式"和"多栏式"明细账。④总分类账一般采用具有"对方科目"的"三栏式"总账。

3. 记账凭证账务处理程序的步骤

(1) 根据原始凭证填制汇总原始凭证。

(2) 根据原始凭证或汇总原始凭证，填制收款凭证、付款凭证和转账凭证，也可以填制通用记账凭证。

(3) 根据收款凭证和付款凭证逐笔登记现金日记账和银行存款日记账。

(4) 根据原始凭证、汇总原始凭证和记账凭证，登记各种明细分类账。

(5) 根据记账凭证逐笔登记总分类账。

(6) 期末，将库存现金日记账、银行存款日记账和各种明细分类账的余额与有关总分类账的余额核对相符。

(7) 期末，根据总分类账和明细分类账的记录编制财务报表。

记账凭证账务处理程序流程图如图6-1所示。

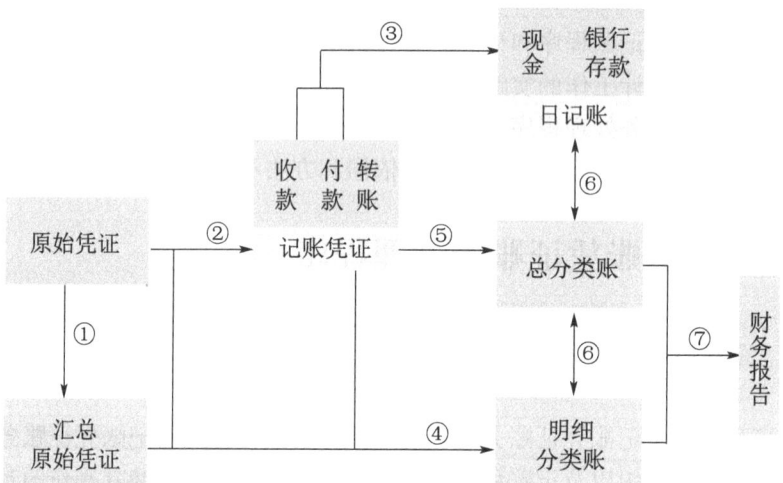

图6-1 记账凭证账务处理程序流程图

4. 记账凭证账务处理程序的优缺点及适用范围

(1) 优点

一是记账程序简单明了，易于理解掌握；二是总分类账能够详细反映各项经济业务的内容，便于了解经济业务的动态。

(2) 缺点

对于规模大、业务量多、凭证数量多的大中型企业，直接根据记账凭证登记总分类账的工作量大且效率低。

(3) 适用范围

一般适用于规模较小、经济业务量较少、记账凭证数量不多的单位。为了减轻登记总分类账的工作量，采用这种账务处理程序时，应尽量使用原始凭证汇总表，以减少记账凭证的数量。

6.1.3 实验案例

【案例 6-1】广东七星机械制造有限公司 2022 年 12 月 01 日"库存现金"总账账户借方本年累计发生额 80 000.00 元，贷方本年累计发生额 70 000.00 元，期初余额为借方 10 000.00 元。请根据上述"库存现金"总账账户的期初资料及相关背景资料（见图 6-2 至图 6-15），按顺序登记 2022 年 12 月"库存现金"总账（见图 6-16），并进行结账。

※ 背景资料

收款凭证 1，收款凭证 2，付款凭证 1，转账凭证 1，付款凭证 2，付款凭证 3，收款凭证 3，转账凭证 2，转账凭证 3，转账凭证 4，转账凭证 5，转账凭证 6，转账凭证 7，转账凭证 8。如图 6-2 至图 6-15 所示。

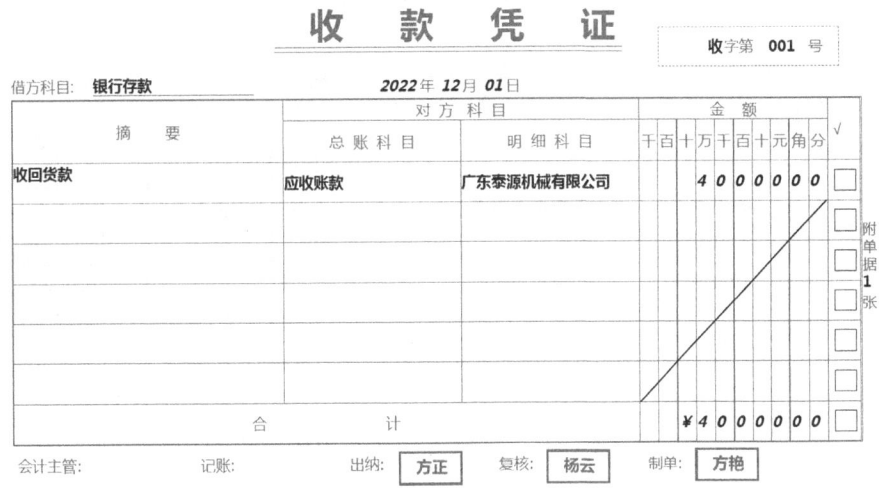

图 6-2 收款凭证 1

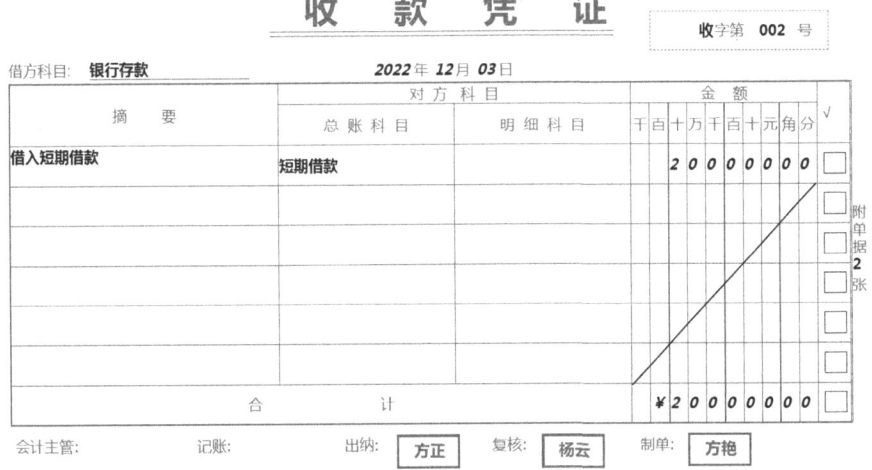

图 6-3 收款凭证 2

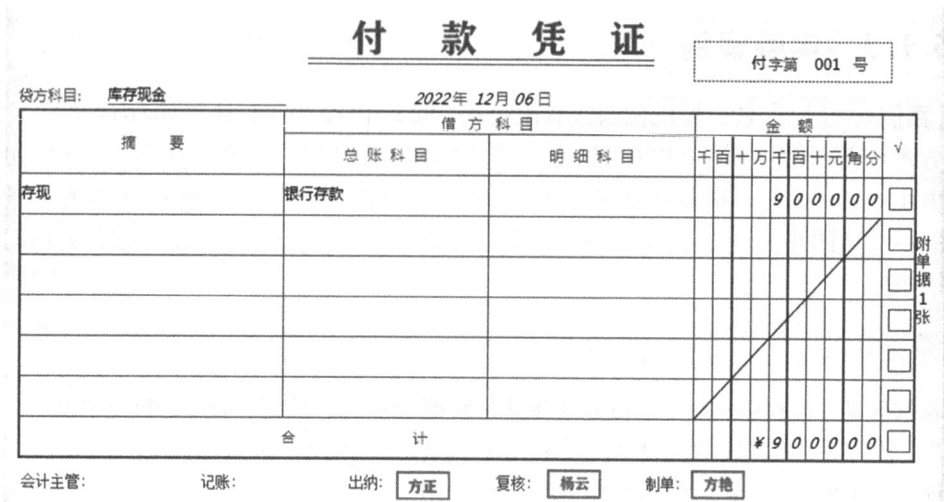

图 6-4 付款凭证 1

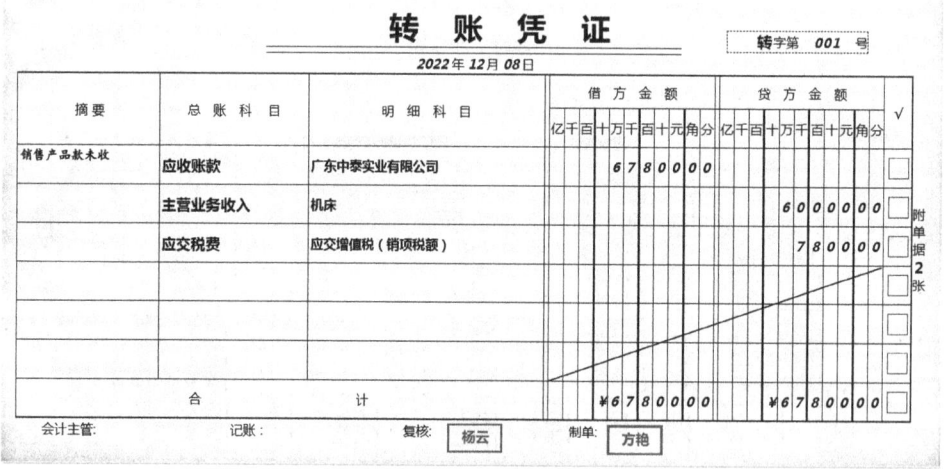

图 6-5 转账凭证 1

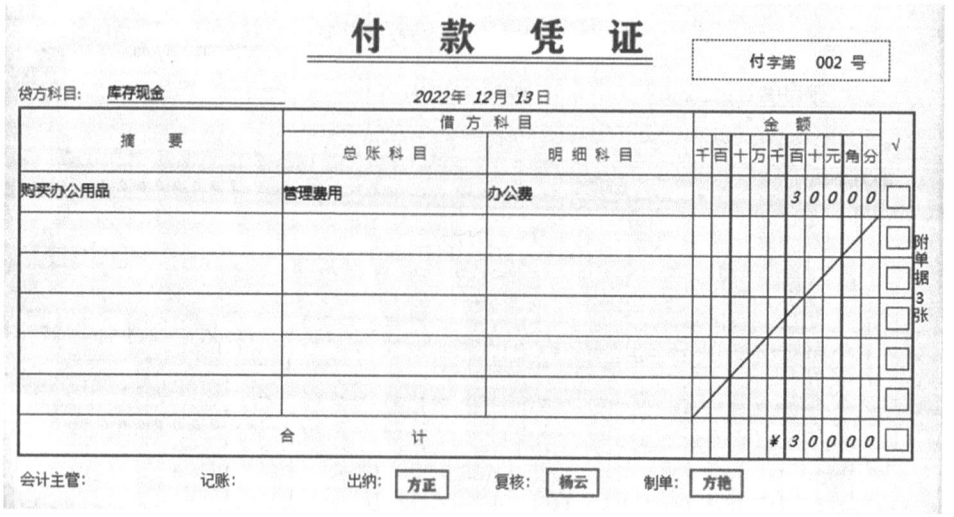

图 6-6 付款凭证 2

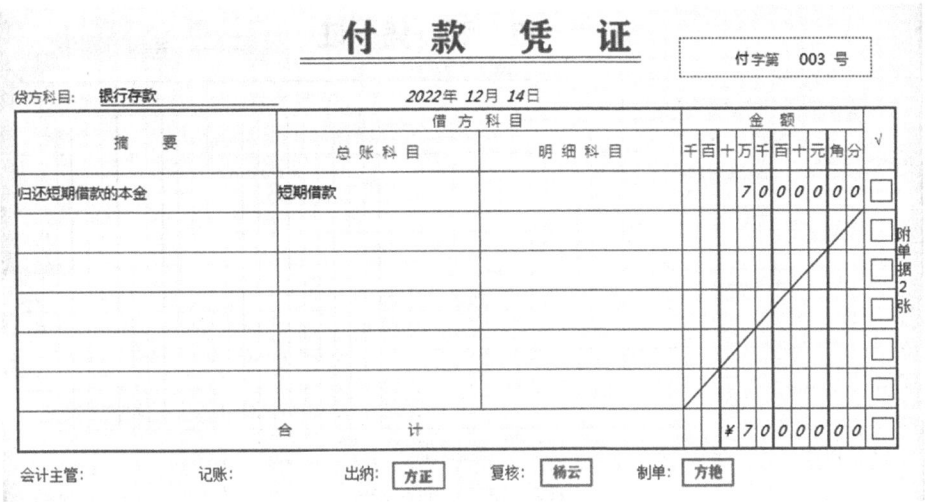

图 6-7 付款凭证 3

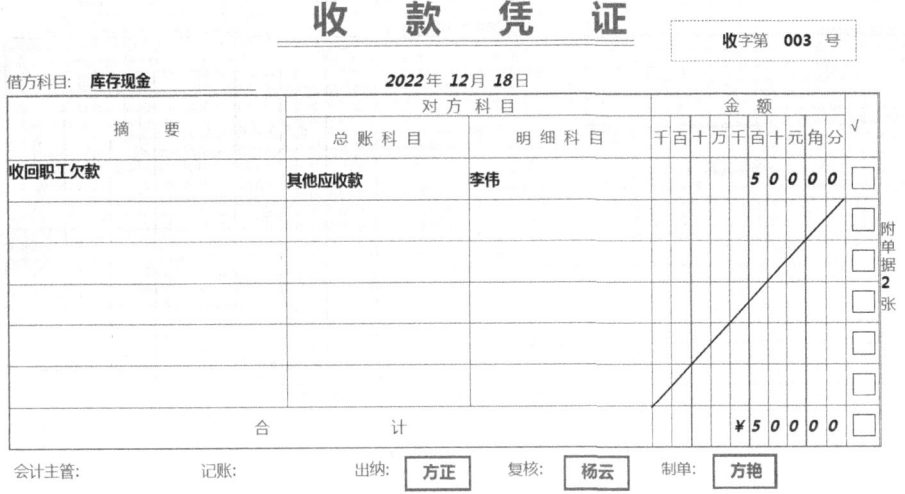

图 6-8 收账凭证 3

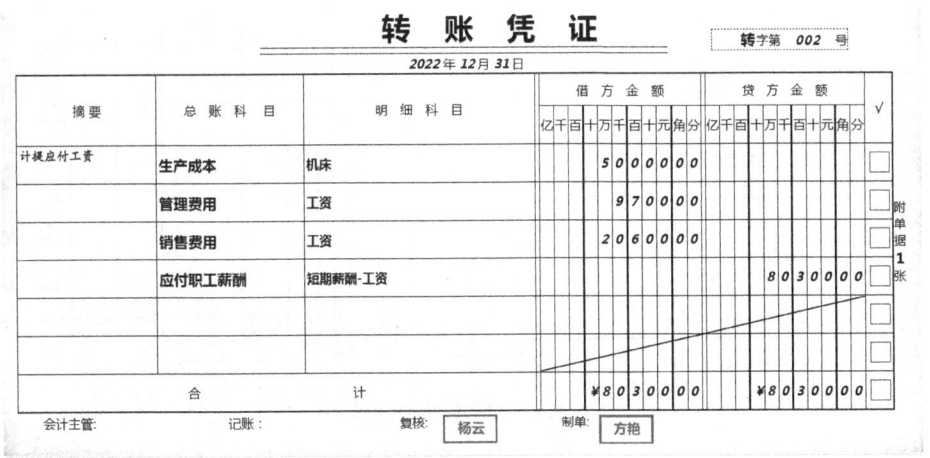

图 6-9 转账凭证 2

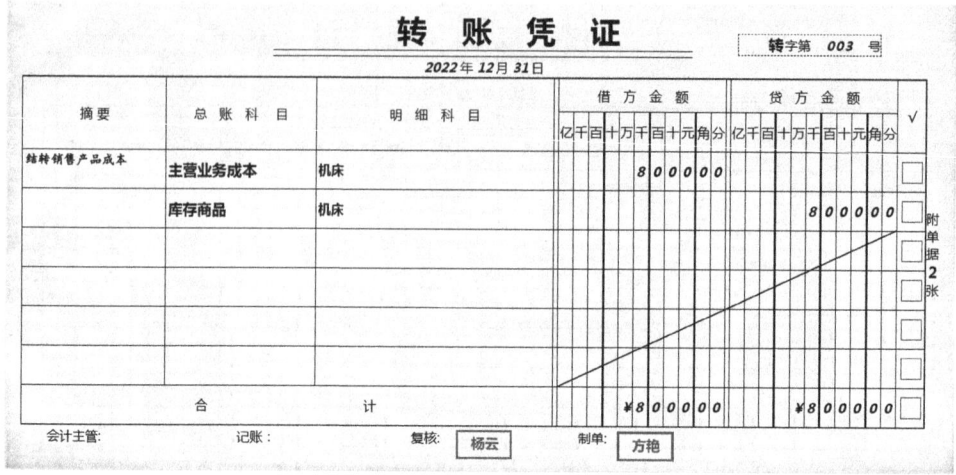

图 6-10 转账凭证 3

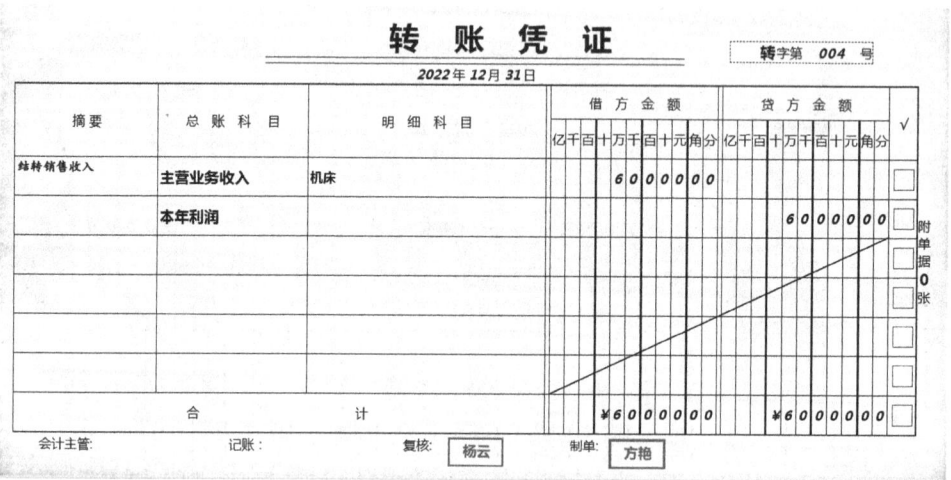

图 6-11 转账凭证 4

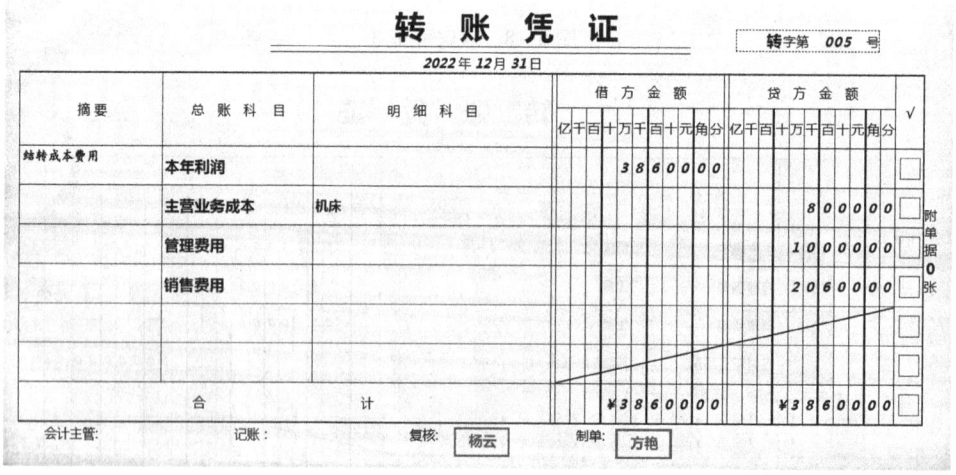

图 6-12 转账凭证 5

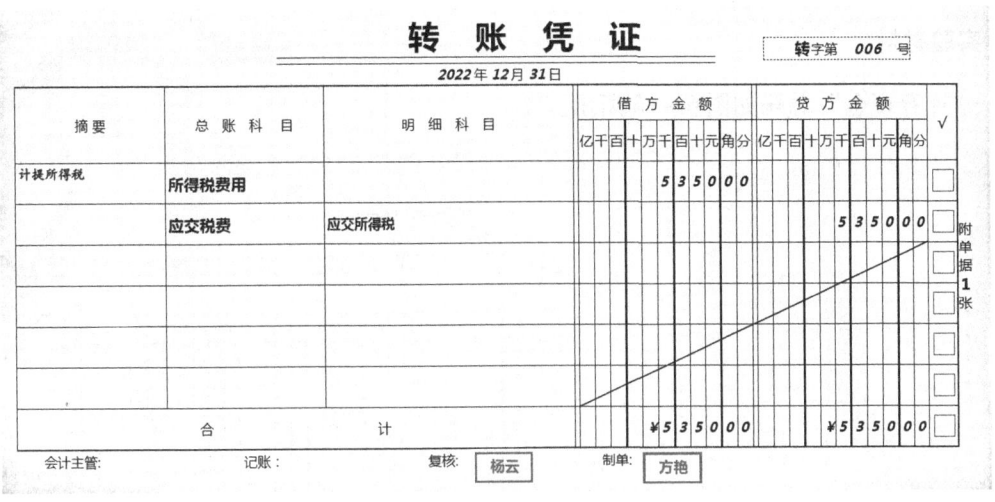

图 6-13 转账凭证 6

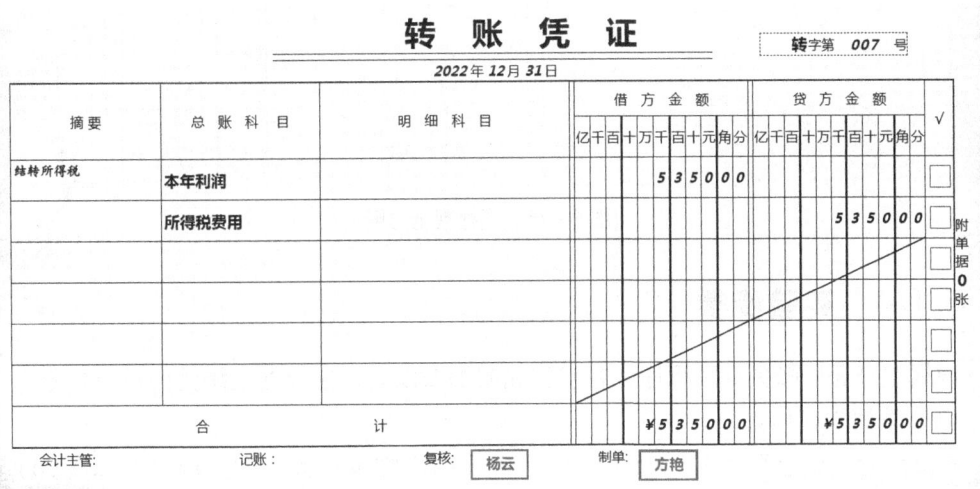

图 6-14 转账凭证 7

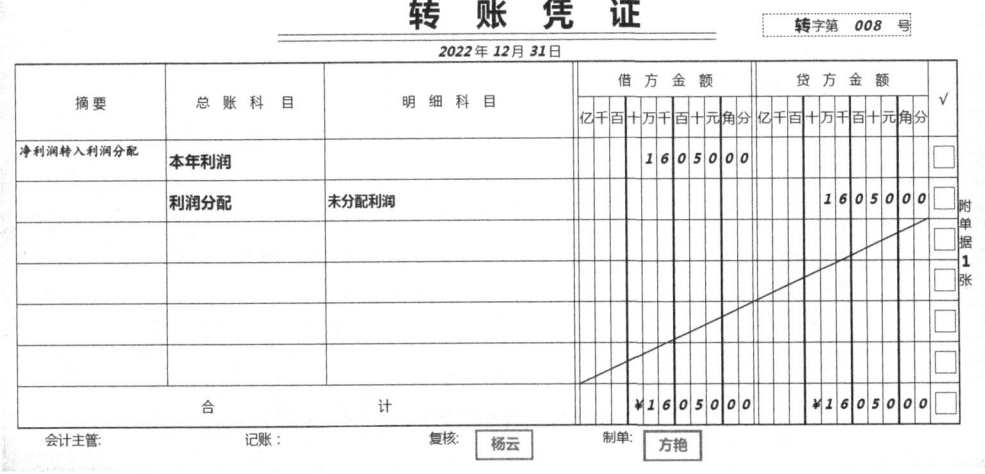

图 6-15 转账凭证 8

※ 实验材料

"库存现金"总账如图6-16所示。

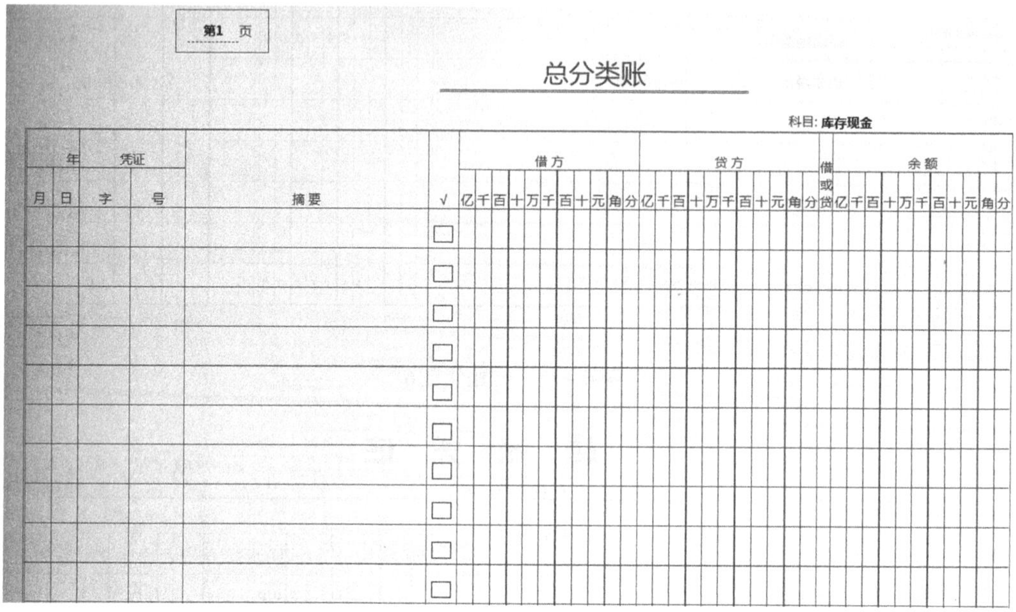

图6-16 库存现金总账

6.1.4 实验步骤

根据记账凭证账务处理程序，在登记完明细账以后，应根据记账凭证登记总分类账。

（1）填写期初信息。

根据库存现金总账账户2022年12月01日的借方本年累计发生额（80 000.00）、贷方本年累计发生额（70 000.00）和期初余额（10 000.00）等期初资料填写库存现金总账账户的期初信息，包括日期、凭证字号、摘要、金额和余额所在方向，如图6-17所示。

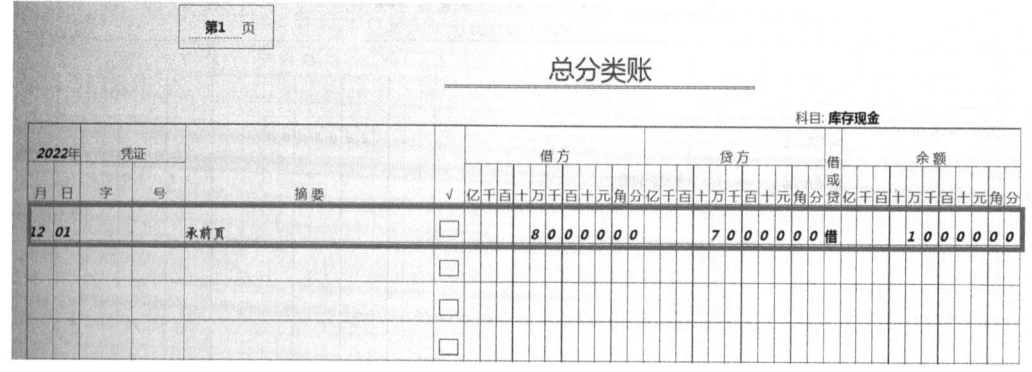

图6-17 库存现金总账的登记1（期初信息）

（2）填写经济业务。

根据背景资料中的库存现金收、付款凭证逐笔登记库存现金总账。

在2022年12月的收、付、转记账凭证中，找出借方或贷方科目为库存现金的收、付款凭证，共有3张，分别为付字第001号、付字第002号和收字第003号。此处仅以付字第001号付款凭证为例说明登记库存现金总账的具体步骤和方法，其他记账凭证类似登记。

①按照记账凭证记载的日期、凭证编号和摘要分别填写到账簿中对应的栏目位置。

根据付字第001号付款凭证上的日期（2022年12月06日）、凭证编号（付字第001号）和摘要（存现），分别登记到账簿的“日期、凭证字号和摘要”栏。

②将记账凭证的金额填写到账簿对应方向的金额栏。

因付字第001号付款凭证上库存现金科目是登记在贷方，所以将付字第001号付款凭证的金额（9 000.00）填写到账簿的贷方金额栏。

（3）结出余额。

本行余额的计算公式为：

①资产、成本、费用类账户

本行余额 = 上行余额 + 本行借方发生额 - 本行贷方发生额

②负债、收入、所有者权益类账户

本行余额 = 上行余额 - 本行借方发生额 + 本行贷方发生额

本例“库存现金”属于资产类账户，根据公式“本行余额 = 上行余额 + 本行借方发生额 - 本行贷方发生额”计算出本行的余额为1 000.00（10 000 + 0 - 9 000），并在“借或贷”栏填列余额所在的方向（借）。

根据付字第001号付款凭证登账的结果如图6-18所示。

第1 页

总分类账

科目：库存现金

2022年 月	日	凭证 字	号	摘要	√	借方（亿千百十万千百十元角分）	贷方（亿千百十万千百十元角分）	借或贷	余额（亿千百十万千百十元角分）
12	01			承前页		8000000	7000000	借	1000000
12	06	付	001	存现			900000	借	100000

图6-18 库存现金总账的登记2（付001业务）

实务工作中，会计人员将凭证中每个科目登账后，在凭证最右侧的小方框打勾表示该分录已经登账。整张凭证登账完成后，应在记账凭证签字栏“记账”处签名或盖章，实务工作中也称为"过账"。本例尚未过账。

根据付字第 002 号付款凭证和收字第 003 号收款凭证登记库存现金总账的方法与付字第 001 号付款凭证相同，不再赘述。根据付字第 002 号付款凭证和收字第 003 号收款凭证登账的结果如图 6-19 所示。

图 6-19 库存现金总账的登记 3（付 002、收 003 业务）

（4）期末结账。

年末，应对所有账簿结账，既要进行 12 月的月末结账，同时还要进行年末结账。本例仅对库存现金总账账户结账，计算出库存现金账户的发生额及期末余额，并结转余额。

①月末结账，结出"本月合计"。即月末结算出库存现金总账本月发生额及期末余额。在摘要栏注明"本月合计"，金额栏结算出 12 月库存现金账户本月借方发生额（80 500.00 元）、贷方发生额（79 300.00 元）和余额（1 200.00 元），并在月结行上、下方各画一条通栏单红线。画线要紧贴上一行的底线及下一行的顶线，尽量不占用账页格子的空白，以免影响下一行登账。

②年末结账，结出"本年累计"。年末，首先在月结行下面另起一行，摘要栏注明"本年累计"。然后结算出年初至本月末为止的借方累计发生额（80 500.00 元）、贷方累计发生额（79 300.00 元）和余额（1 200.00 元），截止本月的本年累计金额 = 上月末本年累计金额 + 本月发生额。最后，在本年累计行下方画通栏双红线封账。年末有余额的账户，还需将余额结转下年。即在结计"本年累计"后，在下一行摘要栏填写"结转下年"，并摘抄余额（1 200.00 元）。

库存现金账户期末结账如图 6-20 所示。

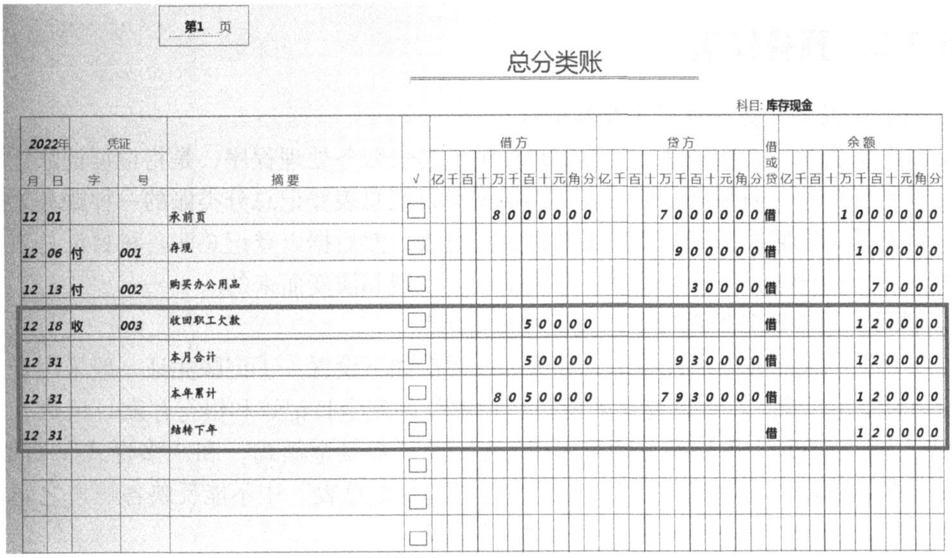

第1 页

总分类账

科目：库存现金

2022年 月	日	凭证 字	号	摘要	√	借方	贷方	借或贷	余额
12	01			承前页		8000000	7000000	借	1000000
12	06	付	001	存现			900000	借	100000
12	13	付	002	购买办公用品			30000	借	70000
12	18	收	003	收回职工欠款		50000		借	120000
12	31			本月合计		50000	930000	借	120000
12	31			本年累计		8050000	7930000	借	120000
12	31			结转下年				借	120000

图 6－20　库存现金总账的登记 4（期末结账）

以上根据记账凭证登记库存现金总账的实验结果如图 6－21 所示。

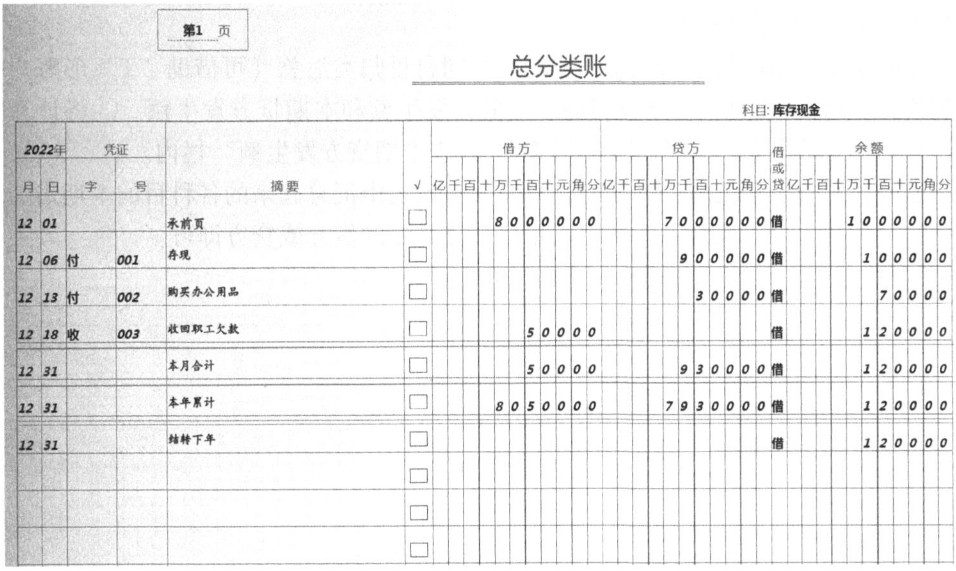

第1 页

总分类账

科目：库存现金

2022年 月	日	凭证 字	号	摘要	√	借方	贷方	借或贷	余额
12	01			承前页		8000000	7000000	借	1000000
12	06	付	001	存现			900000	借	100000
12	13	付	002	购买办公用品			30000	借	70000
12	18	收	003	收回职工欠款		50000		借	120000
12	31			本月合计		50000	930000	借	120000
12	31			本年累计		8050000	7930000	借	120000
12	31			结转下年				借	120000

图 6－21　库存现金总账的登记结果

实验 6.2　科目汇总表账务处理程序

6.2.1　实验目的

通过该实验，了解科目汇总表账务处理程序及其特点，熟悉在科目汇总表账务处理程序下，凭证的设置、账簿的组织以及记账程序的基本内容，并能熟练掌握其操作的基本程序和科目汇总表的编制方法。

6.2.2 预备知识

1. 科目汇总表账务处理程序及其特点

科目汇总表账务处理程序，又称记账凭证汇总表账务处理程序，是指根据记账凭证定期按会计科目汇总，编制科目汇总表，再根据科目汇总表登记总分类账的一种账务处理程序。其特点是：定期根据记账凭证编制科目汇总表，然后据以登记总账。科目汇总表账务处理程序，是在记账凭证账务处理程序的基础上发展和演变而来的。

2. 科目汇总表账务处理程序的凭证和账簿组织

在科目汇总表账务处理程序下，凭证和账簿应如下设置：①记账凭证一般采用专用记账凭证（收、付、转）。②设置并采用"三栏式"的现金日记账和银行存款日记账。③明细账根据内容和管理上的要求分别采用"三栏式""数量金额式"和"多栏式"明细账。④由于总账的登记依据是"科目汇总表"，而"科目汇总表"中不能反映各账户之间的对应关系，所以总账一般采用普通的"三栏式"总账。

3. 科目汇总表及其编制方法

科目汇总表，又称记账凭证汇总表，是企业定期对全部记账凭证进行汇总后，按照不同的会计科目分别列示各账户借方发生额和贷方发生额的一种汇总凭证。

（1）科目汇总表的编制方法

①将既定汇总期内的全部记账凭证按照相同科目归类汇总（可借助"T"形账户作为工作底稿）。②计算出每一总账科目的本期借方发生额和本期贷方发生额。③将计算结果填入"科目汇总表"的"本期借方发生额"和"本期贷方发生额"栏内。

根据科目汇总表登记总分类账时，只需要将该表中汇总起来的各科目的本期借、贷方发生额的合计数，分次或月末一次记入相应总分类账的借方或贷方即可。

"科目汇总表"的格式如图6-22所示。

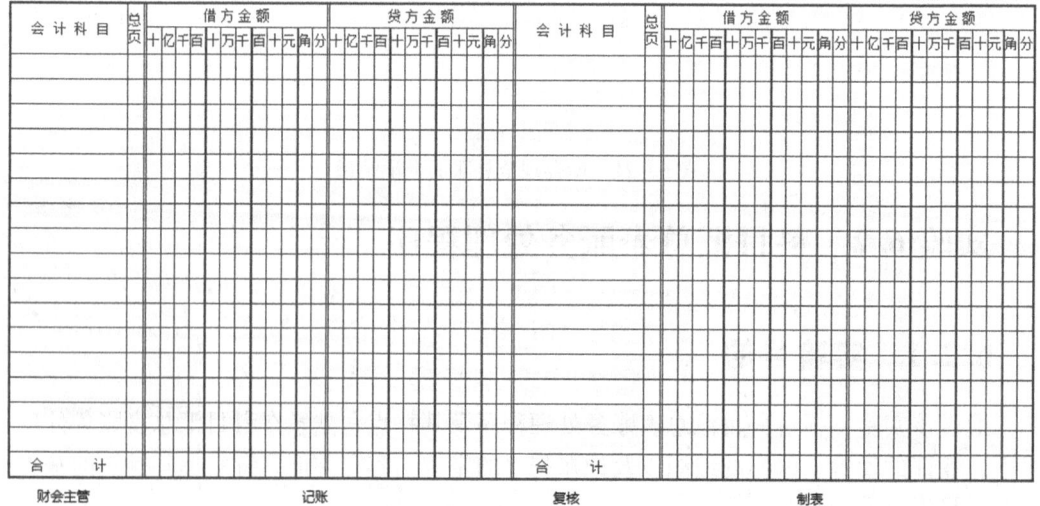

图6-22 科目汇总表

（2）科目汇总表的编制步骤

①编制科目汇总表工作底稿。在经济业务记账凭证中，编制的会计分录涉及很多会计科目，这些会计科目分别按借、贷方发生额进行汇总时，可利用编制科目汇总表工作底稿的方法进行。

②填列科目汇总表。科目汇总表工作底稿中采用的汇总形式从表面上看酷似"T"形账户，但并非"T"形账户。运用这种形式的目的是对各个会计科目的发生额进行汇总，无需反映期初、期末余额，以便于编制科目汇总表。另外，科目汇总表可以根据会计核算的需要定期（5日或10日）分次编制，也可以每月编制一次。

③根据科目汇总表登记总账。编制科目汇总表的作用是可以对总分类账进行汇总登记。根据科目汇总表登记总分类账时，只需要将科目汇总表中有关各账户的本期借、贷方发生额合计数，分次或月末一次记入相应总分类账的借方或贷方即可。采用科目汇总表时，登记总分类账所依据凭证的编号方法有一定变化，应以"科汇字第×号"字样按月连续编号。

4. 科目汇总表账务处理程序的步骤

① 根据原始凭证填制汇总原始凭证；
② 根据原始凭证或汇总原始凭证填制记账凭证；
③ 根据收款凭证、付款凭证逐笔登记现金日记账、银行存款日记账；
④ 根据原始凭证、汇总原始凭证和记账凭证，登记各种明细分类账；
⑤ 定期根据各种记账凭证编制科目汇总表；
⑥ 根据科目汇总表登记总分类账；
⑦ 期末，将库存现金日记账、银行存款日记账和明细分类账的余额与有关总分类账的余额核对相符；
⑧ 期末，根据总分类账和明细分类账的记录编制财务报表。

科目汇总表账务处理程序流程图如图6-23所示。

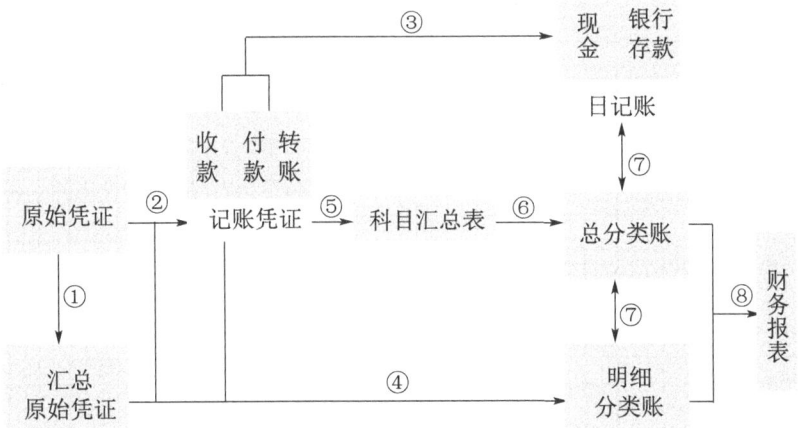

图6-23 科目汇总表账务处理程序流程图

5. 科目汇总表账务处理程序的优缺点及适用范围

（1）优点

①可以进行账户发生额的试算平衡。科目汇总表上的汇总结果体现了一定会计期间内所有账户的借方发生额和贷方发生额之间的相等关系，利用这种发生额的相等关系，可以进行全部账户记录的试算平衡，借以检验账户发生额的准确性，从而减少登账的错误。

②可以减轻登记总分类账的工作量。在科目汇总表账务处理程序下，可以根据科目汇总表上有关账户的汇总发生额，在月中定期或月末一次性登记总分类账。

（2）缺点

科目汇总表是按各个会计科目归类汇总其发生额的，在该表中不能清楚地显示出各个账户之间的对应关系。与专用记账凭证和汇总记账凭证比较，不能清晰地反映经济业务的来龙去脉，也不利于对账目进行检查。

（3）适用范围

科目汇总表账务处理程序一般适用于经营规模较大、经济业务较多的单位。

6.2.3 实验案例

【案例6-2】根据背景资料（见图6-2至图6-15），编制广东七星机械制造有限公司2022年12月01日—15日的科目汇总表（见图6-24）。编表日期为本月15日。

※ **背景资料**

背景资料见本章图6-2至图6-15所示的记账凭证。

※ **实验材料**

科目汇总表如图6-24所示。

图6-24 科目汇总表

6.2.4 实验步骤

（1）编制科目汇总表工作底稿。

①归类。根据 2022 年 01—15 日的全部记账凭证，分别按相同账户的借、贷方发生额进行归类（借助"T"形账户）。只对各个会计科目的发生额进行归类登记，无需反映期初、期末余额，如图 6-25 所示。

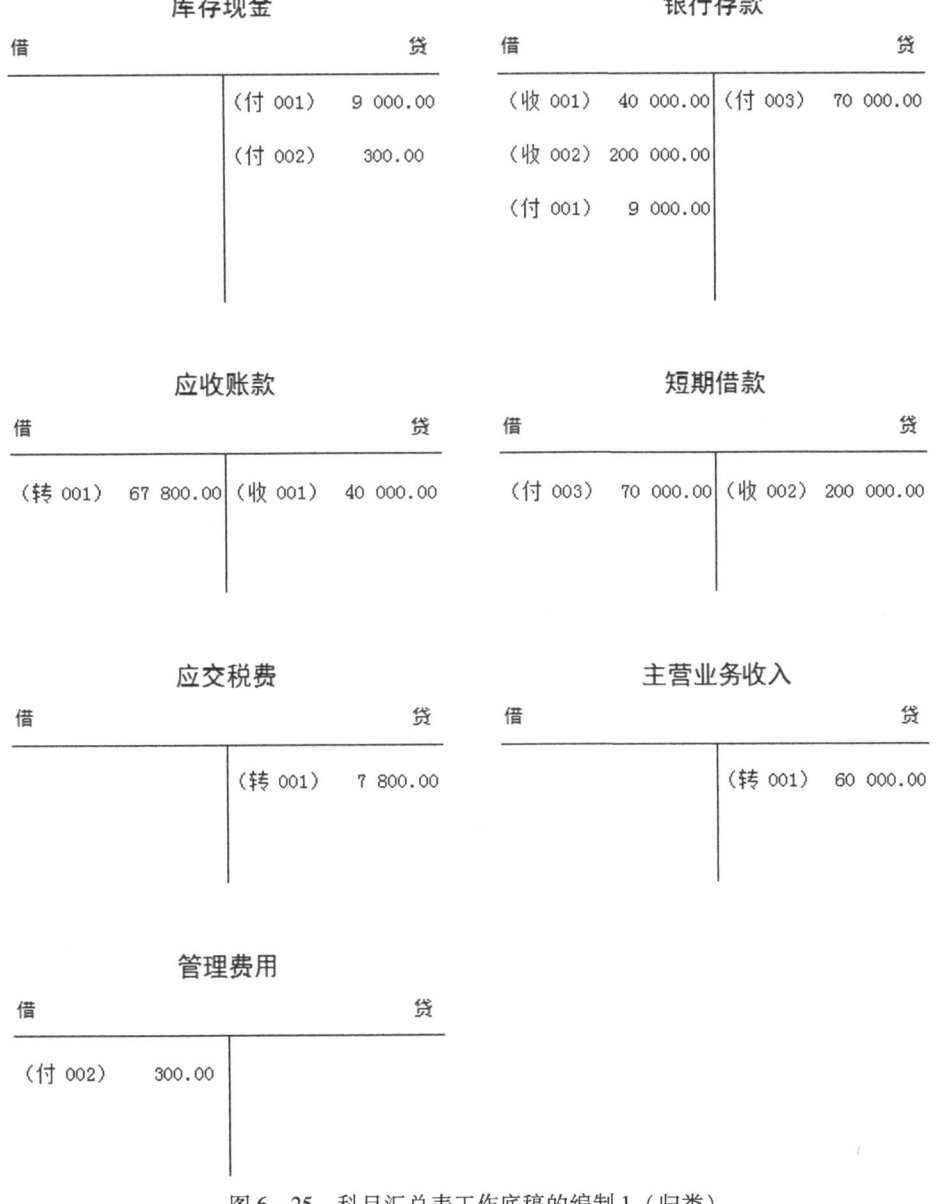

图 6-25 科目汇总表工作底稿的编制 1（归类）

②汇总。汇总计算出每个总账账户的本期借方发生额和本期贷方发生额，如图6-26所示。

科目汇总表工作底稿

2022年12月1-15日

库存现金		
借		贷
	（付001） 9 000.00	
	（付002） 300.00	
本期发生额	本期发生额 9 300.00	

银行存款		
借		贷
（收001） 40 000.00		（付003） 70 000.00
（收002） 200 000.00		
（付001） 9 000.00		
本期发生额 249 000.00		本期发生额 70 000.00

应收账款		
借		贷
（转001） 67 800.00		（收001） 40 000.00
本期发生额 67 800.00		本期发生额 40 000.00

短期借款		
借		贷
（付003） 70 000.00		（收002） 200 000.00
本期发生额 70 000.00		本期发生额 200 000.00

应交税费		
借		贷
		（转001） 7 800.00
本期发生额		本期发生额 7 800.00

主营业务收入		
借		贷
		（转001） 60 000.00
本期发生额		本期发生额 60 000.00

管理费用		
借		贷
（付002） 300.00		
本期发生额 300.00		本期发生额

图6-26 科目汇总表工作底稿的编制2（汇总）

（2）填列科目汇总表。

先填列科目汇总表表头信息，然后将科目汇总表工作底稿计算结果填入"科目汇总表"中各科目对应的"借方金额"和"贷方金额"栏内，并分别计算"借方金额"栏和"贷方金额"栏的合计数。

①填写表头基础信息，包括编制日期、编号、附件数和凭证号数等。编制时，日期应

按实际编制日期填写,编号和凭证号数按实际填写,凭证号数分别按收款凭证(收)、付款凭证(付)和转账凭证(转)填写,如图 6-27 所示。

科目汇总表
2022年 12月 01日至 12月 15日

编号:18			附件共 6	张
凭证号数	收	第001	号至002	号共2 张
	付	第001	号至003	号共3 张
	转	第001	号至001	号共1 张

图 6-27 科目汇总表的编制 1(基础信息)

②根据汇总结果(见图 6-26)填写正表科目汇总信息,包括会计科目、借方金额和贷方金额,并分别计算"借方金额"栏和"贷方金额"栏的合计数,如图 6-28 所示。

会计科目	总页	借方金额										贷方金额									
		十	亿	千	百	十	万	千	百	十	元	角	分	十	亿	千	百	十	万	千	百	十	元	角	分
库存现金																			9	3	0	0	0
银行存款					2	4	9	0	0	0	0	0						7	0	0	0	0	0
应收账款						6	7	8	0	0	0	0							4	0	0	0	0
短期借款						7	0	0	0	0	0	0						2	0	0	0	0	0
应交税费																			7	8	0	0	0
主营业务收入																		6	0	0	0	0	0
管理费用								3	0	0	0	0											
合计					¥	3	8	7	1	0	0	0	0				¥	3	8	7	1	0	0	0	0

图 6-28 科目汇总表的编制 2(科目汇总信息)

③填写表尾签章信息。由填表人在科目汇总表制表处签名或盖章,如图 6-29 所示。

财会主管   记账   复核   制表林野

图 6-29 科目汇总表的编制 3(签章信息)

以上根据记账凭证（收、付、转）编制科目汇总表的实验结果，如图6-30所示。

图6-30 科目汇总表的编制结果

实验6.3 汇总记账凭证账务处理程序

6.3.1 实验目的

通过该实验，了解汇总记账凭证账务处理程序及其特点，熟悉在汇总记账凭证账务处理程序下，凭证的设置、账簿的组织以及记账程序的基本内容，并能熟练掌握其操作的基本程序以及编制汇总记账凭证的方法。

6.3.2 预备知识

1. 汇总记账凭证账务处理程序及其特点

汇总记账凭证账务处理程序，是指先根据原始凭证或汇总原始凭证填制记账凭证，定期根据记账凭证分类编制汇总收款凭证、汇总付款凭证和汇总转账凭证，再根据汇总记账凭证登记总分类账的一种账务处理程序。根据记账凭证定期编制汇总记账凭证，再据以登记总分类账，是这种账务处理程序区别于其他账务处理程序的主要特点。

2. 汇总记账凭证账务处理程序的凭证和账簿组织

在汇总记账凭证账务处理程序下，凭证和账簿应如下设置：①记账凭证必须采用收款凭证、付款凭证和转账凭证三种格式；②设置相应的汇总收款凭证、汇总付款凭证与汇总转账凭证；③由于汇总记账凭证能够反映账户之间的对应关系，所以，总账采用具有

"对方科目"的"三栏式"总账。

3. 汇总记账凭证的编制方法

汇总记账凭证，是指根据一定时期内各种专用记账凭证定期加以汇总而重新编制的记账凭证。可以5天、10天或一个月汇总一次，具体视单位情况而定。汇总记账凭证分为汇总收款、汇总付款和汇总转账凭证三种，因汇总记账凭证的种类不同，其编制的方法也有所不同。汇总记账凭证是登记总分类账的方法及依据之一。

（1）汇总收款凭证的设置及编制方法

汇总收款凭证，是分别以"库存现金"和"银行存款"的借方为主体科目，定期汇总与主体科目对应科目的贷方发生额的一种记账凭证。汇总收款凭证包括以"库存现金"科目和以"银行存款"科目为主体科目的两种"汇总收款凭证"。汇总收款凭证的编制方法如下：

①定期（如5天或10天）进行汇总，可每汇总一次编制一张，也可多次汇总每月填制一张。

②根据专用记账凭证中的收款凭证"按分录中相应的贷方科目汇总"，计算出每个贷方科目发生额合计数。

③经过汇总得到各个贷方科目发生额合计数，即该账户在汇总期间发生额的总和。

④将各科目的贷方发生额合计数进行合计，即可得到"库存现金"或"银行存款"科目在该汇总期间的借方发生额总额。

汇总收款凭证的编号方法为：汇总记账凭证，应按"汇现收字第×号""汇银收字第×号""汇现付字第×号""汇银付字第×号""汇转字第×号"的方式进行编号。

特别注意：与借记"库存现金"科目对应的贷记"银行存款"科目金额，在编制"汇现收字"凭证时，不予汇总，因为与贷记"银行存款"科目对应的借记"库存现金"科目金额，已包含在"汇银付字"凭证中。

（2）汇总付款凭证的设置及编制方法

汇总付款凭证，是分别以"库存现金"和"银行存款"科目的贷方为主体科目，定期汇总与主体科目对应科目的借方发生额的一种记账凭证。包括以"库存现金"科目和以"银行存款"科目为主体科目的两种"汇总付款凭证"。汇总付款凭证的编制方法如下：

①定期（如5天或10天）进行汇总，可每汇总一次编制一张，也可多次汇总每月填制一张。

②根据专用记账凭证中的付款凭证"按分录中相应的借方科目汇总"，计算出每个借方科目发生额合计数。

③经过汇总得到各个借方科目发生额合计数，即该科目在汇总期间发生额的总和。

④将各科目的借方发生额合计数进行合计，即可得到"库存现金"或"银行存款"科目在该汇总期间的贷方发生额总额。

特别注意：与借记"银行存款"科目对应的贷记"库存现金"科目金额，在编制"汇银收字"凭证时，不予汇总。因为与贷记"库存现金"科目对应的借记"银行存款"科目金额，已包含在"汇现付字"凭证中。

（3）汇总转账凭证的设置及编制方法

汇总转账凭证，应按转账凭证的每一贷方科目分别设置，并按与其对应的借方科目进行归类，定期汇总与主体科目贷方对应的借方科目的发生额的一种记账凭证。汇总转账凭证的编制方法如下：

①定期（如5天或10天）填制一次，可每汇总一次编制一张，也可多次汇总每月填制一张。

②根据专用记账凭证中的转账凭证"按分录中相应的借方科目汇总"，计算出每个借方科目发生额合计数。

③经过汇总得到各个借方科目发生额合计数，即该科目在汇总期间发生额的总和。

④如果某一贷记科目的转账凭证数量不多，如"销售费用""管理费用""主营业务成本""其他业务成本"等费用类科目，通常每月只编制一张转账凭证，也可以不编制汇总转账凭证，直接根据转账凭证登记总分类账。

⑤将各科目的借方发生额合计数进行合计，即可得到主体科目在该汇总期间的贷方发生额总额。

专用记账凭证的转账凭证中，贷记会计科目中涉及的会计科目数量，即为汇总转账凭证应设置的数量。

特别注意：因汇总转账凭证按照贷方科目设置，为便于填制汇总转账凭证，平时填制转账凭证时，一般应编制"一借一贷"或"多借一贷"会计分录的转账凭证。

4. 汇总记账凭证账务处理程序的步骤

① 根据原始凭证填制汇总原始凭证。
② 根据原始凭证或汇总原始凭证，填制收款凭证、付款凭证和转账凭证。
③ 根据收款凭证、付款凭证逐日逐笔登记现金日记账及银行存款日记账。
④ 根据原始凭证、汇总原始凭证和记账凭证，登记各种明细分类账。
⑤ 根据各种记账凭证编制有关汇总记账凭证。
⑥ 根据各种汇总记账凭证登记总分类账。
⑦ 期末，将库存现金日记账、银行存款日记账和明细分类账的余额与有关总分类账的余额核对相符。
⑧ 期末，根据总分类账和明细分类账的记录编制财务报表。

汇总记账凭证账务处理程序流程图如图6-31所示。

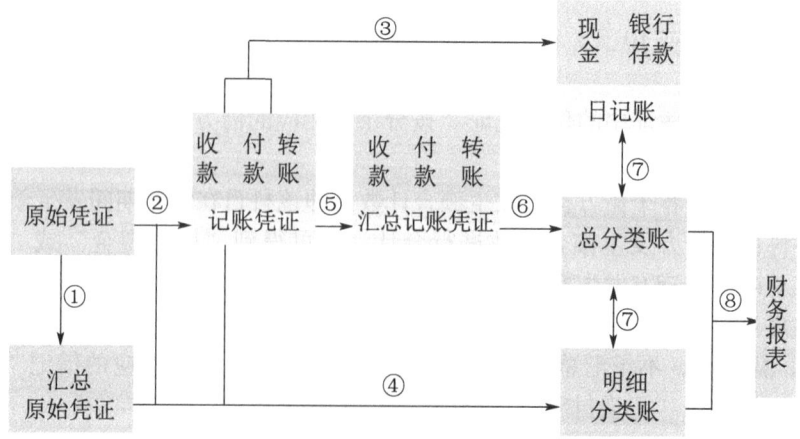

图6-31 汇总记账凭证账务处理程序流程图

5. 汇总记账凭证账务处理程序的优缺点及适用范围

（1）优点

①由于汇总记账凭证是根据记账凭证，按照会计科目对应关系进行归类、汇总而编制的，因而汇总记账凭证清晰地反映了会计科目之间的对应关系，便于查对和分析账目，克服了科目汇总表账务处理程序的缺点。

②总分类账根据汇总记账凭证登记，减轻了登记总分类账的工作量。业务量越大，汇总记账凭证账务处理程序的优势越明显。

（2）缺点

当转账凭证较多时，编制汇总转账凭证的工作量较大。按每一贷方账户编制汇总转账凭证，不利于会计核算的日常分工。

（3）适用范围

汇总记账凭证账务处理程序一般适用于规模较大，经济业务较多且大量重复使用某些会计科目的单位，特别是转账业务较少，而收付款业务较多的单位。

6. 汇总记账凭证账务处理程序下总账的格式及登记方法

为使总账的内容与汇总记账凭证相一致，应设置具有对方科目的"三栏式"总账。月终，根据汇总记账凭证金额栏各行的合计数分别登记主体总账金额以及各个对应总账的金额。总账的具体登记方法如下：

（1）根据"现汇收字"凭证金额栏各行的合计数，分行（对应科目）记入"库存现金"总账的借方，以及各个对应账户的贷方。

（2）根据"现汇付字"凭证金额栏各行的合计数，分行（对应科目）记入"库存现金"总账的贷方，以及各个对应总账的借方。

（3）根据"银汇收字"凭证金额栏各行的合计数，分行（对应科目）记入"银行存款"总账的借方，以及各个对应总账的贷方。

（4）根据"银汇付字"凭证金额栏各行的合计数，分行（对应科目）记入"银行存款"总账的贷方，以及各个对应总账的借方。

（5）根据每一张"汇转字"凭证金额栏各行的合计数，分行（对应科目）记入主体总账的贷方，以及各个对应总账的借方。

6.3.3 实验案例

根据背景资料（见图6-2至图6-15），按顺序编制广东七星机械制造有限公司2022年12月汇总库存现金付款凭证（见图6-32）。本例假定按旬汇总编制。

※ **背景资料**

背景资料见本章图6-2至图6-15所示的记账凭证。

※ **实验材料**

汇总库存现金付款凭证如图6-32所示。

汇总付款凭证

贷方科目：库存现金　　　　　　　　　2022年12月　　　　　　　　　　　第 1 号

借方科目	金　额				记　账	
	1—10日	11—20日	21—31日	合计	借方	贷方
合　计						

附件　（1）自01日至10日付凭证共　　　张
　　　（2）自11日至20日付凭证共　　　张
　　　（3）自21日至31日付凭证共　　　张

图 6-32　汇总库存现金付款凭证

6.3.4　实验步骤

（1）在 2022 年 12 月的付款凭证中，找出贷方科目为库存现金的付款凭证，分别有付字第 001 号、付字第 002 号两张凭证。

（2）填写汇总付款凭证表头的贷方账户、日期和编号。

① 在汇总付款凭证左上角填写与付款凭证相对应的贷方科目"库存现金"；

② 日期栏填写所要汇总的付款凭证的年月，2022 年 12 月；

③ 在汇总付款凭证右上角编号栏填写汇总付款凭证的编号，编号为第 1 号。

填写结果如图 6-33 所示。

汇总付款凭证

贷方科目：库存现金　　　　　　　2022年12月　　　　　　　　　第 1 号

图 6-33　汇总库存现金付款凭证的编制 1（表头信息）

（3）填写汇总付款凭证表内的借方账户和金额。

① 将付字第 001 号凭证上借方对应的总账科目"银行存款"填入汇总付款凭证借方科目栏；根据付字第 001 号凭证上的日期 12 月 06 日，找到汇总付款凭证上相应的日期范围 1—10 日，在借方科目相对应的地方填写金额 9 000.00；然后计算此会计科目本月的合计金额 9 000.00。

填写结果如图 6-34 所示。

汇总付款凭证

贷方科目：库存现金　　　　　　　　2022年12月　　　　　　　　　第1号

借方科目	金额				记账	
	1-10日	11-20日	21-31日	合计	借方	贷方
银行存款	9000.00			9000.00		
合计						

图 6-34　汇总库存现金付款凭证的编制 2（表内项目，付 001 业务）

② 根据付字第 002 号凭证上借方对应的总账科目"管理费用"填入汇总付款凭证借方账户；根据付字第 002 号凭证上的日期 12 月 13 日，找到汇总付款凭证上相应的日期范围 11—20 日，在借方科目相对应的地方填写金额 300.00；然后计算此会计科目本月的合计金额 300.00。

填写结果如图 6-35 所示。

汇总付款凭证

贷方科目：库存现金　　　　　　　　2022年12月　　　　　　　　　第1号

借方科目	金额				记账	
	1-10日	11-20日	21-31日	合计	借方	贷方
银行存款	9000.00			9000.00		
管理费用		300.00		300.00		
合计						

图 6-35　汇总库存现金付款凭证的编制 3（表内项目，付 002 业务）

③ 分别计算汇总付款凭证 1—10 日，11—20 日，21—31 日的合计金额，以及全月合计金额，填写在表格最后一行合计栏。

填写结果如图 6-36 所示。

汇总付款凭证

贷方科目：库存现金　　　2022年12月　　　　　　　　第1号

借方科目	金额				记账	
	1-10日	11-20日	21-31日	合计	借方	贷方
银行存款	9000.00			9000.00		
管理费用		300.00		300.00		
合计	9000.00	300.00		9300.00		

图6-36 汇总库存现金付款凭证的编制4（表内项目，合计）

（4）表尾如实填写本次汇总的相关付款凭证的信息。

填写结果如图6-37所示。

附件
（1）自01日至10日付 凭证共　1　张
（2）自11日至20日付 凭证共　1　张
（3）自21日至31日付 凭证共　0　张

图6-37 汇总库存现金付款凭证的编制5（表尾附件信息）

以上填制汇总库存现金付款凭证的实验结果如图6-38所示。

汇总付款凭证

贷方科目：库存现金　　　2022年12月　　　　　　　　第1号

借方科目	金额				记账	
	1-10日	11-20日	21-31日	合计	借方	贷方
银行存款	9000.00			9000.00		
管理费用		300.00		300.00		
合计	9000.00	300.00		9300.00		

附件
（1）自01日至10日付 凭证共　1　张
（2）自11日至20日付 凭证共　1　张
（3）自21日至31日付 凭证共　0　张

图6-38 汇总库存现金付款凭证填制结果

练习题

1. 广东七星机械制造有限公司 2022 年 12 月 01 日“银行存款”总账账户借方本年累计发生额 650 000. 00 元，贷方本年累计发生额 500 000. 00 元，期初余额为借方 200 000. 00 元。请根据上述“银行存款”总账账户的期初资料及相关背景资料（见图 6 – 2 至图 6 – 15），按顺序登记 2022 年 12 月“银行存款”总账（见图 6 – 39），并进行结账。

※ 背景资料

见本章图 6 – 2 至图 6 – 15 所示的记账凭证。

※ 实验材料

“银行存款”总账如图 6 – 39 所示。

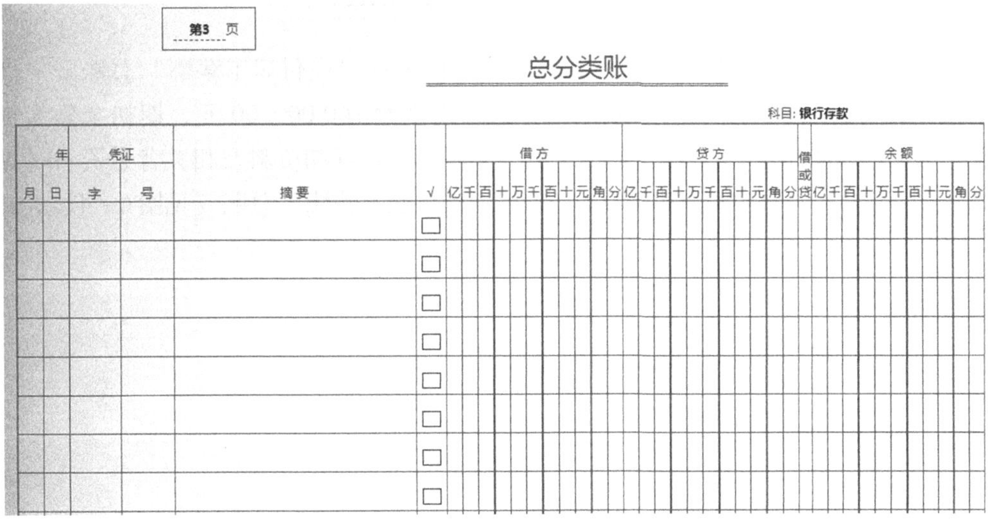

第3 页

总分类账

科目: 银行存款

年		凭证		摘要	√	借方											贷方											借或贷	余额										
月	日	字	号			亿	千	百	十	万	千	百	十	元	角	分	亿	千	百	十	万	千	百	十	元	角	分		亿	千	百	十	万	千	百	十	元	角	分

图 6 – 39　“银行存款”总账

2. 广东七星机械制造有限公司 2022 年 12 月 01 日“应收账款”总账账户借方本年累计发生额 55 000. 00 元，贷方本年累计发生额 10 000. 00 元，期初余额为借方 45 000. 00 元。请根据上述“应收账款”总账账户的期初资料及相关背景资料（见图 6 – 2 至图 6 – 15），按顺序登记 2022 年 12 月“应收账款”总账（见图 6 – 40），并进行结账。

※ 背景资料

见本章图 6 – 2 至图 6 – 15 所示的记账凭证。

※ 实验材料

“应收账款”总账如图 6-40 所示。

第8 页

总分类账

科目: 应收账款

年		凭证		摘要	√	借方											贷方											借或贷	余额										
月	日	字	号			亿	千	百	十	万	千	百	十	元	角	分	亿	千	百	十	万	千	百	十	元	角	分		亿	千	百	十	万	千	百	十	元	角	分
					□																																		
					□																																		
					□																																		
					□																																		
					□																																		
					□																																		

图 6-40　“应收账款”总账

3. 广东七星机械制造有限公司 2022 年 12 月 01 日“应付职工薪酬”总账账户借方本年累计发生额 100 000.00 元，贷方本年累计发生额 160 000.00 元，期初余额为贷方 18 000.00 元。请根据上述“应付职工薪酬”总账账户的期初资料及相关背景资料（见图 6-2 至图 6-15），按顺序登记 2022 年 12 月“应付职工薪酬”总账（见图 6-41），并进行结账。

※ 背景资料

见本章图 6-2 至图 6-15 所示的记账凭证。

※ 实验材料

“应付职工薪酬”总账如图 6-41 所示。

第18 页

总分类账

科目: 应付职工薪酬

年		凭证		摘要	√	借方											贷方											借或贷	余额										
月	日	字	号			亿	千	百	十	万	千	百	十	元	角	分	亿	千	百	十	万	千	百	十	元	角	分		亿	千	百	十	万	千	百	十	元	角	分
					□																																		
					□																																		
					□																																		
					□																																		
					□																																		

图 6-41　“应付职工薪酬”总账

4. 广东七星机械制造有限公司2022年12月01日“应交税费”总账账户借方本年累计发生额130 000.00元，贷方本年累计发生额130 500.00元，期初余额为贷方500.00元。请根据上述“应交税费”总账账户的期初资料及相关背景资料（见图6－2至图6－15），按顺序登记2022年12月“应交税费”总账（见图6－42），并进行结账。

※ 背景资料

见本章图6－2至图6－15所示的记账凭证。

※ 实验材料

“应交税费”总账如图6－42所示。

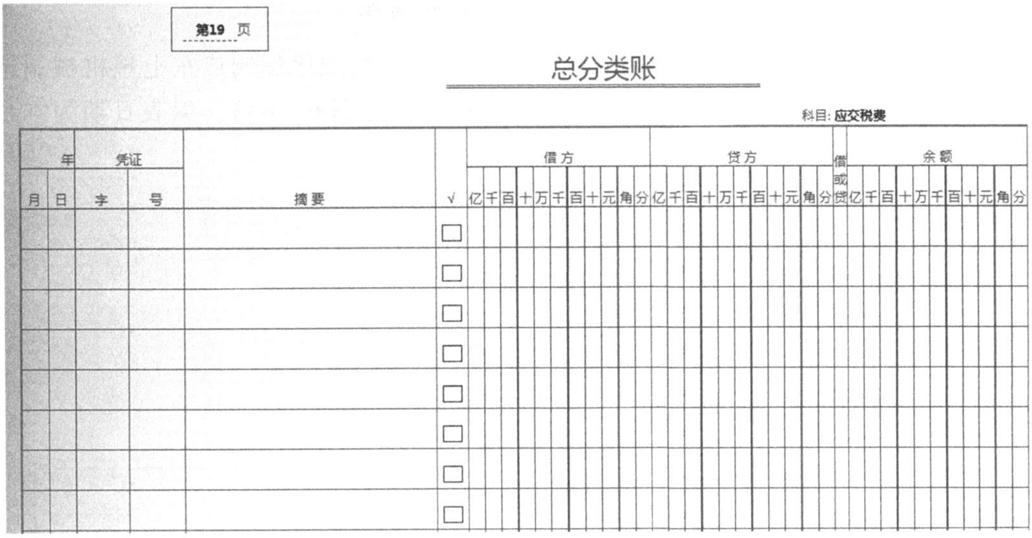
第19 页

总分类账

科目：应交税费

年 | 凭证 | 摘要 | √ | 借方 | 贷方 | 借或贷 | 余额

月 | 日 | 字 | 号 | 亿 千 百 十 万 千 百 十 元 角 分 | 亿 千 百 十 万 千 百 十 元 角 分 | 亿 千 百 十 万 千 百 十 元 角 分

图6－42　“应交税费”总账

5. 广东七星机械制造有限公司2022年12月01日“所得税费用”总账账户借方本年累计发生额150 000.00元，贷方本年累计发生额150 000.00元，期初余额为0元，提示：税率为25%。请根据上述“所得税费用”总账账户的期初资料及相关背景资料（见图6－2至图6－15），按顺序登记2022年12月“所得税费用”总账（见图6－43），并进行结账。

※ 背景资料

见本章图6－2至图6－15所示的记账凭证。

※ 实验材料

“所得税费用”总账如图6－43所示。

第23 页

总分类账

科目：所得税费用

年		凭证		摘要	√	借方	贷方	借或贷	余额
月	日	字	号			亿千百十万千百十元角分	亿千百十万千百十元角分		亿千百十万千百十元角分
					□				
					□				
					□				
					□				
					□				
					□				

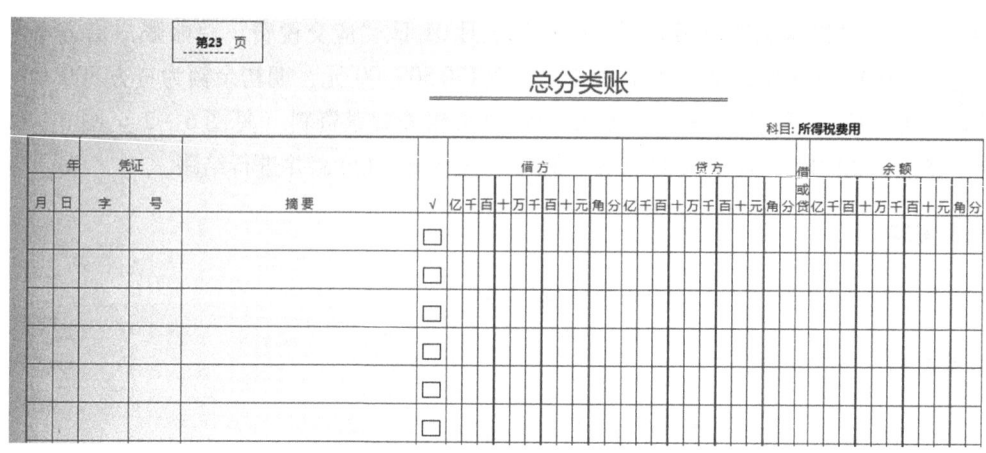

图 6－43 “所得税费用”总账

6. 根据相关背景资料（见图 6－2 至图 6－15），按顺序编制广东七星机械制造有限公司 2022 年 12 月 16 日—31 日的科目汇总表（见图 6－44）。编表日期为本月 31 日。

※ 背景资料

见本章图 6－2 至图 6－15 所示的记账凭证。

※ 实验材料

科目汇总表如图 6－44 所示。

科目汇总表

年 月 日至 月 日

	编号：19		附件共		张
凭证号数		第	号至	号共	张
		第	号至	号共	张
		第	号至	号共	张

会计科目	总页	借方金额	贷方金额	会计科目	总页	借方金额	贷方金额
		十亿千百十万千百十元角分	十亿千百十万千百十元角分			十亿千百十万千百十元角分	十亿千百十万千百十元角分
库存现金							
其他应收款							
库存商品							
应付职工薪酬							
应交税费							
生产成本							
本年利润							
主营业务收入							
主营业务成本							
管理费用							
销售费用							
所得税费用							
利润分配							
合计				合计			

财会主管　　记账　　复核　　制表林野

图 6－44 科目汇总表

7. 根据相关背景资料（见图 6-2 至图 6-15），按顺序编制广东七星机械制造有限公司 2022 年 12 月汇总银行存款付款凭证（见图 6-45）。本题假定是按旬汇总编制。

※ **背景资料**

见本章图 6-2 至图 6-15 所示的记账凭证。

※ **实验材料**

汇总银行存款付款凭证如图 6-45 所示。

汇总付款凭证

贷方科目：银行存款　　　　　2022年12月　　　　　　　　第2号

借方科目	金额				记账	
	1-10日	11-20日	21-31日	合计	借方	贷方
合计						
附件	（1）自01日至10日付凭证共　　张 （2）自11日至20日付凭证共　　张 （3）自21日至31日付凭证共　　张					

图 6-45　汇总银行存款付款凭证

8. 根据相关背景资料（见图 6-2 至图 6-15），按顺序编制广东七星机械制造有限公司 2022 年 12 月汇总应交税费转账凭证（见图 6-46）。本题假定是按旬汇总编制。

※ **背景资料**

见本章图 6-2 至图 6-15 所示的记账凭证。

※ **实验材料**

汇总应交税费转账凭证如图 6-46 所示。

汇总转账凭证

贷方科目：应交税费　　　　　2022年12月　　　　　　　　　　第 3 号

借方科目	金　额				记　账	
	1-10日	11-20日	21-31日	合计	借方	贷方
合　计						
附件	（1）自 01 日至 10 日付 凭证共　　张 （2）自 11 日至 20 日付 凭证共　　张 （3）自 21 日至 31 日付 凭证共　　张					

图 6-46　汇总应交税费转账凭证

9. 根据相关背景资料（见图 6-2 至图 6-15），按顺序编制广东七星机械制造有限公司 2022 年 12 月汇总库存现金收款凭证（见图 6-47）。本题假定是按旬汇总编制。

※ **背景资料**

见本章图 6-2 至图 6-15 所示的记账凭证。

※ **实验材料**

汇总库存现金收款凭证如图 6-47 所示。

汇总收款凭证

借方科目：库存现金　　　　　2022年12月　　　　　　　　　　第 4 号

贷方科目	金　额				记　账	
	1-10日	11-20日	21-31日	合计	借方	贷方
合　计						
附件	（1）自 01 日至 10 日付 凭证共　　张 （2）自 11 日至 20 日付 凭证共　　张 （3）自 21 日至 31 日付 凭证共　　张					

图 6-47　汇总库存现金收款凭证

10. 根据相关背景资料（见图6-2至图6-15），按顺序编制广东七星机械制造有限公司2022年12月汇总银行存款收款凭证（见图6-48）。本题假定是按旬汇总编制。

※ **背景资料**

见本章图6-2至图6-15所示的记账凭证。

※ **实验材料**

汇总银行存款收款凭证如图6-48所示。

汇总收款凭证

借方科目：银行存款　　　　　　　2022年12月　　　　　　　　第5号

贷方科目	金　额				记　账	
	1-10日	11-20日	21-31日	合　计	借方	贷方
合　计						

附件　（1）自01日至10日付凭证共　　张
　　　（2）自11日至20日付凭证共　　张
　　　（3）自21日至31日付凭证共　　张

图6-48　汇总银行存款收款凭证

参 考 文 献

[1] 财政部会计资格评价中心. 初级会计实务 [M]. 北京：经济科学出版社，2020.

[2] 正保会计网校. 会计基础 [M]. 上海：上海交通大学出版社，2023.

[3] 陈国辉，迟旭升. 基础会计 [M]. 大连：东北财经大学出版社，2021.

[4] 李海波，蒋瑛. 新编会计学原理——基础会计 [M]. 上海：立信会计出版社，2019.

[5] 中华人民共和国财政部. 企业会计准则（2023 年版）[M]. 上海：立信会计出版社，2023.

[6] 李占国. 基础会计学综合模拟实训 [M]. 4 版. 北京：高等教育出版社，2020.

[7] 张志康，梁媛媛. 会计学原理课程实验 [M]. 5 版. 大连：东北财经大学出版社，2019.

[8] 会计专业资格考试辅导教材编委会. 初级会计实务 [M]. 广州：广东人民出版社，2023.

[9] 企业会计准则编审委员会. 企业会计准则详解与实务 [M]. 北京：人民邮电出版社，2019.

[10] 崔智敏，陈爱玲. 会计学基础 [M]. 北京：中国人民大学出版社，2019.

[11] 李占国. 基础会计学 [M]. 4 版. 北京：高等教育出版社，2020.

[12] 吴云端，杨敏. 会计学原理 [M]. 北京：中国财政经济出版社，2017.

[13] 厦门网中网软件有限公司，中华会计网校. 精编基础会计实务 [M]. 北京：高等教育出版社，2019.

[14] 厦门网中网软件有限公司，中华会计网校. 精编出纳岗位实务 [M]. 北京：高等教育出版社，2020.

[15] 李占国. 基础会计 [M]. 4 版. 北京：高等教育出版社，2017.

[16] 赵丽生. 基础会计 [M]. 5 版. 北京：高等教育出版社，2017.

[17] 朱小平，秦玉熙，袁蓉丽. 基础会计 [M]. 11 版. 北京：中国人民大学出版社，2021.

[18] 李梅. 基础会计实训 [M]. 上海：立信会计出版社，2020.

[19] 李长青. 会计基本技能实训 [M]. 3 版. 北京：高等教育出版社，2020.

[20] 高杉. 会计基本技能学习指导书 [M]. 2 版. 上海：立信会计出版社，2020.

[21] 高杉. 会计基本技能 [M]. 2 版. 上海：立信会计出版社，2019.

会计学原理实验教程

Experimental Course of Accounting Principles

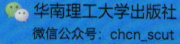

ISBN 978-7-5623-7442-8

定价：45.00元